평생교육의 접속:

다양한 논의 층위

윤여각

교육과학사

생애 전반에 걸쳐 진행되는 교육이 학교의 등장과 더불어 제도교육의 형태로 학교 안으로 분절되면서 나타난 여러 가지 문제점에 대한 논의가 계기가 되어 이러한 문제들을 풀어나가는 실마리 용어로 '평생교육'이라는 용어가 조어되었다. 여기에는 우리가 수행하는 많은 과제에는 교육의 매개가 필요한데 이 교육이 학교에서 참여하는 것만으로는 한계가 있으므로 그 교육을 생애 전반으로 확장해야 한다는 문제의식이 있었다. 그런데 당시 교육에 관한 사유가 제도교육인 학교교육에 관한 사유 안에 갇혀 있는 형국이어서 그 타개책으로 '교육'에 '평생'을 붙인 '평생교육'이라는 용어를 조어하고, '평생교육'의 개념화를 시도하였다.

'교육'이 삶의 형식 중 하나라는 관점에서 보면, 교육은 성격상 평생교육이다. 학교에서 진행하는 교육을 별도로 구분하는 것은 가능하지만, 인간의 생애에서 교육은 학교 안에서의 교육과 학교 밖에서의 교육으로 분절되지 않는다. 학교교육(schooling)은 교육을 학교화한 것이다. 학교가 제도이므로 학교화는 제도화이기도 하다. 다시 말하면, 학교라는 제도에 따라 변경한 교육이 학교교육이다. 그러므로 학교교육에 대한 수많은 비판은 삶의 형식 중 하나인 교육에 대한 비판이 아니라 제도화된 교육에 대한 비판이라고 보아야 한다. 그런데 교육학계에는 삶의 형식으로서의 교육과 제도로서의 교육에 대한 혼돈이 있다.

랑그랑(P. Lengrand)은 평생교육을 하나의 이념으로 제시하였다. 랑그랑에게 평생교육은 교육이 지향해야 하는 이념으로서의 개념인 셈이다. 다베(R. H. Dave)도 이 기조를 이어받아 평생교육이라는 이념에 비추어 학교교육을 재구조화하는 사유와 실천을 전개하였다. 이 과정에서 '평생교육' 개념도 체계화되었다. 이후 평생교육은 점점 전문가들만 사용하는 개념이 아니라 일반인도 일상에서 사용하는 용어가 되었다. 그리고 학습권 논의와 맞물리면서 '평생학습'이라는 용어도 조어되었고, 이 용어도 '평생교육'과 마찬가지로 일상어가 되었다. 급변하는 시대 상황 속에서 이에 적응하는 과제가 강조되면서 현재 평생교육이라는 용어보다 평생학습이라는 용어가 더 널리 사용되고 있다.

'경제' 개념에 비추어 인간은 전 생애에 걸쳐 어떤 장에서든 경제 활동을 한다고 보려고 하고, '정치' 개념에 비추어 인간은 전 생애에 걸쳐 어떤 장에서든 정치 활동을 한다고 보려고 한다. 그렇다고 해서 평생경제나 평생정치와 같은 개념을 사용하지는 않는다. 그런데 유독 교육의 경우에만 평생교육이라는 개념이 생성되었다. 왜 그럴까? 한 가지 가능한 대답은 현실에서 경제나 정치가 교육을 수단화하려는 힘이 강하게 작용하는데 그게 주로 학교교육을 통해 이루어졌으므로 이에 대한 반작용으로 학교교육에 갇히지 않으려는 흐름의 연장선에서 평생교육에 관한 사유가 나왔다는 것이다.

학교교육의 부정적인 모습 또는 학교교육으로 인한 폐해에 대해 문제삼으면서 평생교육 개념의 도입에 앞장섰던 일부 학자가 학습에 대립하는 개념으로 교육 개념을 제시하고, 평생교육 개념 대신 평생학습 개념을 중심으로 새로운 학문체계를 정립하고자 하는 흐름도 나타났다. 그러나 그렇게 한다고 해서 제도 운영에서 나타나는 문제가 해결될지는 의문이다. 경제나 정치도 제도로 운영하는 양태를 피하기 어렵고, 여기서 비롯되는 많은 문제가 있어도 경제나 정치 개념을 부정하지 않는다. 그런데 유독 교육의 경우에만 비판을 넘어서서 부정하는 모습이 나타나고 있다. 왜 그럴까? 한 가지 가능한 대답은 이데올로기의 영향을 받는 교육의 실제에 대해 비판적으로 논의하면서 스스로 교육을 검열하고 더 나아가 배제하는 경향이 나타났다는 것이다.

이러한 문제의식에 천착해서 풀어나가는 작업을 하지 못하고 틈틈이 다른 사람들과 소통할 기회가 있을 때 그 일단을 공유하는 시도만 하였다. 교육은 학문과도 접속하고 국가정책과도 접속한다. 교육은 또한 지역 또는 마을과도 접속하고, 미래 의제와도 접속한다. 역도 성립한다. 학문은 교육과 접속하고, 국가정책도 교육과 접속하며, 지역 또는 마을이 교육과 접속하고, 미래 의제도 교육과 접속한다. 여기에는 사람의 매개가 있다. 매개하는 사람이 교육에 대해 어떤 관점을 취하는지에 따라 접속의 양태가 달라진다. 이것이 어떤 경우든 당사자가 사용하는 '교육' 개념의 검토가 필요한 이유다.

이 책은 3부로 구성하였다. 제1부에서는 평생교육과 학문 및 국가정책이 접속하는 층위에 주목하였다. 교육부 출연기관인 한국교육개발원에서 연구원으로 일하면서부터 교육부의 평생교육 관련 정책 구상이나 추진 또는 평가에 참여하게 되었다. 2018년부터 3년 동안 국가평생교육진흥원 원장으로 일하면서 이러한 참여의 강밀도가 높아졌다. 이 경험을 통해 제도로 인해 여러 문제가 나타날 수 있지만, 그 문제를 풀어나가는 것 역시 제도라는 걸 알게 되었다. 물론, 이 제도는 법과 맞물려 있고, 법을 집행하는 행정과 맞물려 있다. 이러한 맞물림을 놓치게 되면 관념적 사유에 빠지게 되는 오류를 범할 수 있다. 그리고 이러한 맞물림을 의식하고 이에 대해 논의하는 가운데 평생교육의 개념도 가다듬을 수 있다.

대통령자문 교육개혁위원회에서 문명사적 대전환을 화두로 삼은 이래 최근에는 디지털 대전환에 대한 논의가 이어지고 있다. 이전의 삶의 방식을 넘어서서 새로운 삶의 방식으로 전환하지 않으면 안 되는 상황이 조성되고 있고, 여기서 교육의 과제가 언급되고 있다. 시대적 과제가 밀려올 때 이에 대해 학문의 맥락에서 답신을 준비하는 것은 학자의 직무 중 하나다. 제1장은 그 일환이다. 제2장에서는 그동안의 경험을 통해 가다듬은 평생교육 개념으로 교육학과 평생교육정책을 되돌아보았다. 제3장에서는 평생학습도시로 지정하는 정책사업이 거의 정착된 상태에서 평생학습도시와 관련된 명제를 도출하고 이에 대해 논의하는 방식을 취하였다. 제4장에서는 지방자치가 확대되는 흐름 속에서 조례의 중요성이 인식되고 평생교육이 지역화되는 양태에 대해 논의하였다. 제5장에서는 국가자격이기도 한 평생교육사라는 제도를 교육의 맥락에서 재검토하였다.

제2부에서는 평생교육과 지역 또는 마을이 접속하는 층위에 주목하였다. 삶의 형식으로 교육 개념을 이해하면 지역 또는 마을에는 교육이 편재해 있다. 그러나 지역 전체를 교육의 시각으로 바라보기 시작한 건 평생학습도시가 처음이다. 아직은 이 작업이 익숙하지 않고, 그래서 시행착오를 겪고 있다. 그러나 지역 또는 마을에서부터 주민들이 교육을 의식하는 변화가 서서히 나타나고 있다. 무엇보다도 마을을 중심으로 공동체성을 회복하려는 마을활동가들의 노력이 이어지면서 마을에서 평생교육과 접속하는 현실을 실감해 가고 있다. 물론 이러한 경험도 교육학과 교육정책에 되돌려지고 있다. 제2부에서는 제자이기도 한 마을활동가들과의 소통에서 얻은 주제를 다루었다.

제6장에서는 지역에서 교육이 하나의 흐름을 이루고 있으며, 이 흐름이 원활해야 한다는 점에 대해 논의하였다. 제7장에서는 마을공동체를 형성하고 유지하는 데는 긴 호흡이 필요하다는 점과 정책으로 개입하는 사업에는 마을의 지속 가능성을 염두에 둔 평가가 필요하다는 점에 대해 논의하

였다. 제8장에서는 이러한 지속 가능성은 저절로 이루어지지 않으므로 이를 염두에 두고 몇 가지 전제와 조건을 살펴보았다. 제9장에서는 다시 지역으로 돌아가서 마을공동체를 이해해 보는 시도를 하였다. 나와 너에 갇히지 않고 이를 넘어서서 우리의 마을로 만들어 가는 일은 쉽지도 않고 가볍지도 않다.

제3부에서는 평생교육과 미래 의제가 접속하는 층위에 주목하였다. 지역, 크게는 국가에는 다양한 의제가 있다. 현재의 시점에서 이 의제를 풀어나가려고 노력하지만, 여전히 해결하지 못해 미래의 의제가 되는 게 있고, 새롭게 등장하는 미래의 의제도 있다. 모두를 위한 교육이 전자에 해당한다면, 인공지능에 대처하는 교육이 후자에 해당한다. 그러나 새롭게 등장하는 미래의 의제라고 하더라도 현재로부터 시작되지 않는 미래의 의제는 존재하지 않는다. 그러므로 현재의 시점에서 의제를 설정하고 풀어나가려고 다각도로 노력하는 건 언제나 의미가 있다. 시행착오가 불가피하고, 간혹 실패할 수도 있지만, 이러한 경험의 축적을 통해 우리는 한 걸음 앞으로 나갈 수 있다. 제3부에서는 나와 인연이 있는 전문조직과의 소통에서 얻은 주제를 다루었다.

제10장에서는 미래사회를 대비하는 차원에서 지역에서 교육 프로그램을 개발하는 과제에 대해 논의하였다. 여기서는 학교교육과의 분절이 아닌 통합을 염두에 둔 사유가 필요하다. 제11장에서는 디지털 전환의 과정에서 회복력을 갖추는 게 필요한데 이를 위해 함께 실행해 나가는 리더십에 대해 논의하였다. 여기에는 모두가 참여할 수밖에 없으며, 이들이 참여하는 교육은 질적 수준이 높아야 한다. 제12장에서는 인구 감소가 분명한 경향을 보이는 현재 인구 문제와 관련하여 오해하는 점과 이러한 오해에서 벗어나

려면 가능한 대안에 대해 논의하였다. 마지막으로 제13장에서는 노년의 시기가 길어지고 삶의 스펙트럼도 다양해진 상황에서 노년도 학습권에서 예외가 될 수 없으므로 평생학습에 정당하게 참여하는 노년의 과제에 대해 논의하였다.

이 글들은 처음부터 내 생각을 정리한 게 아니다. 내가 스스로 인식한 요청 또는 타자가 제시한 요청과 함께 던져진 주제에 관해 당시에 할 수 있는 생각을 최대한 해서 정리한 것이다. 그래서 강하게 주장하는 데 초점이 있는 게 아니라 쟁점이 있음을 드러내고 논의를 이어가기를 기대하는 마음으로 정리하였다. 이 책은 긴 여정에서 또 하나의 매듭을 짓는 셈인데, 이 책에 다룬 주제와 관련하여 논의하게 초대해 주신 모든 분께 감사의 인사를 전하며, 특히 모든 글을 읽고 조언을 해준 지희숙 박사에게 고마운 마음을 전한다.

2024년 5월

윤여각 씀

차 례

제1부 학문 및 국가정책과 접속: 평생교육의 진전과 과제

제2부 지역(마을)과 접속: 평생교육담론의 생성과 과제

제 1 부

학문 및 국가정책과 접속: 평생교육의 진전과 과제

제1장

교육에 관한 사유와 교육 실천의 대전환[1)]

2020년대 들어 각계에서 '대전환'을 언급하고 있다. 김영삼 정부 대통령 자문 교육개혁위원회에서 당시를 '문명사적 대전환'의 시기로 읽어낸 이후 최근에 그 흐름을 다시 확인하고, 각계에서 본격적으로 이에 부합하는 실천을 하려는 모습을 보인다. 대전환한다고 해서 이전 것을 한꺼번에 버릴 수는 없다. 대전환의 방향을 설정하고, 모든 부분에서 전면적으로 변화를 시도해 나갈 수 있을 뿐이다. 여기에는 부분 간에 시차나 격차가 있을 수 있다. 그러나 대세를 거스를 수는 없을 것이다. 변화하면서 변화하기 이전을 부정한다고 해서 부정되는 것은 아니다. 그것은 역사를 부정하는 것으로서 오히려 교육적이지도 않다.[2)] 시간이 흐르면서 시대의 아픔이 되었으므로, 교육적 맥락에서는 이를 품으면서 앞으로 나아가야 한다.

---

1) 제20대 대통령 선거 기간에 대전환이라는 화두에 교육학자로서 나는 뭐라 답할 수 있을지 숙고하였으며, 이 글은 선거가 끝난 2022년 3월에야 마무리하였다.

2) 혁신 세력은, 혁신의 타당한 명분에도 불구하고, 이 지점에서 오만에 빠질 수 있으므로 경계해야 한다.

1. 학교 중심 공교육체제에서 사람 중심 평생공교육체제로 전환

근대 이후 교육사는 학교교육 발전사라고 말할 수 있을 정도로 학교교육이 확대되었고, 학교교육에 관한 담론이 풍성하게 이루어졌다. 흔히 근대 이후 학교교육은 '학교의 팽창'이라고 표현할 정도의 확대 바람을 타고 역시 팽창되었다. 국가의 관심 속에서 학교교육은 공교육으로 규정되었고, 이러한 맥락에서 공교육은 학교 중심으로 체계화되었다. 이러한 흐름 속에서 우리나라 국민은, 중학교 교육까지 의무교육임에도 불구하고, 대부분 고등학교까지 진학하고, 진학 지체기를 겪는다고 하더라도, 대학교에 진학하는 것도 당연시하고 있다. 그 결과 우리나라에서 학교교육은 보편화되어 있다.

국가가 설계한 교과과정과 국가가 검・인정한 교과서로 전국 어디서나 유사한 방식으로 진행되는 초・중등학교 교육은, 차이가 거의 없는 과정에 접근할 수 있다는 점에서, 평등한 기회를 제공하는 것으로 인식되었다. 이러한 교육방식은 근대 산업사회의 대량생산체제와도 유사하여 산업인력 양성에 도움이 되는 것으로 긍정적으로 평가되었다. 여기서는 교사의 주도로 일괄적으로 수업하는 것이 당연시되었고, 이러한 모습은 대학교 교육에서도 거의 그대로 유지되었다. 우리나라에서 제조업 중심으로 수출을 주도함으로써 경제를 성장시키는 데 이러한 교육의 기여도가 높은 것으로 평가되었고, 우리나라는 발전교육론[3]에서 언급하는 대표적 사례가 되었다.

비판이론가들에 의해 학교교육은 그 고유한 목적을 실현하기보다 자본주의 체제를 유지하는 도구로서 수단화되었다는 비판이 제기되었다. 유엔을 중심으로 인권을 중시하는 논의가 확산하고, 이 논의는 학습자 존중에 이어 학습에 대한 강조로 이어졌다. 평생교육론의 등장은 기존의 학교교육 관행이 안고

3) 교육이 다른 부문, 특히 경제 부문의 발전에 도움이 된다는 논의가 핵심이다.

있던 문제를 지적하는 데 힘을 보탰고, 우리나라에서는 평생교육론에서 학교교육과 거리 두기를 하는 방식으로 논의가 전개되었다. 그러나 이것은 평생교육 개념을 전 세계에 확산한 유네스코가 의도한 게 아니었다. 평생교육론 확산에 물꼬를 튼 랑그랑은 평생교육의 개념을 이념으로 제시했고, 당시 교육으로 호명되던 다양한 활동이 분절되는 것에 대해 문제를 제기하였다.

유네스코의 평생교육론은 단위 학교 안에서 폐쇄적으로 진행하는 교육을 문제 삼았으며, 학교와 지역 간 연계나 학교급 간 연계를 회복해야 한다고 주장하였다. 이것은 사람의 삶에 학교가 도구가 되어야 하는데 사람이 오히려 학교라는 삶의 도구에 갇히거나 수동적 위치에 있는 것에 대한 문제 제기이기도 하다. 사람이 태어나서 죽음에 이르기까지 교육에 참여하고, 이 과정에서 학교를 활용한다. 그리고 사람은 학교에서만 교육에 참여하는 게 아니라 학교를 포함한 다양한 장에서 교육에 참여한다. 사람이 참여하는 교육을 중심에 놓고 생각하면, 학교교육도 중요하지만, 학교교육 못지않게 다른 장에서의 교육도 중요하다.[4)]

지금까지 공교육은 국가 차원에서 학교를 중심으로 설계하였다. 학교교육이 직업세계로 나가는 경로에서 중요한 요소로 작용하였고, 이 점에 관한 문제 제기는 큰 힘을 발휘하지 못하였다. 그러나 다양성이 존중되고, 학교교육이 이를 담아내기에는 한계가 많으며, 인생의 여정에서 학교교육 이외에도 다양한 장에서 각자에게 적합한 교육에 참여하는 것이 불가피한 시대에 학교 중심으로 설계된 공교육체제는 새롭게 재설계되어야 한다. 여기서 학교를 배제할 이유는 없으며, 오히려 학교를 재구조화하는 것을 전제로 다양한 장에서, 다양한 시점에, 다양한 수준에서 진행하는 교육을 포괄하고 다 중시하는 방향으로 평생공교육체제를 설계해야 한다(윤여각, 2018: 38-51).[5)] 물론, 여기서 중심은

---

4) 행정안전부가 모든 부처의 행정체제에 관여하고, 기획재정부가 모든 부처의 재정체제에 관여하듯이, 교육부는 모든 부처의 교육체제에 관여해야 한다.

사람이다. 누구도 예외가 되지 않고, 소홀하게 다루어지지 않고, 각자의 적성과 소질에 따른 교육적 필요가 충족되는 방식으로 평생공교육체제를 설계해야 한다.

2. 인문교육과 직업교육의 분리체제에서 통합체제로 전환

우리나라에서 인문교육과 직업교육의 분리는 고등학교교육 단계에서 이루어진다. 중학교에서는 졸업을 앞둔 학생을 대상으로 고등학교를 졸업하고 대학교에 진학하는 경로를 염두에 둔 학생과 직업세계에 들어가는 경로를 설계하는 학생 각각을 위해 일반계 고등학교와 전문계 고등학교에 진학하게 한다. 일반계 고등학교에서는 주로 인문교육이 진행되고, 전문계 고등학교에서는 주로 직업교육이 진행된다. 직업교육은 직업세계에 들어가 당장 쓸모가 있는 지식과 기술과 태도를 배우고 익히는 데 중점이 있다면, 인문교육은 이에 대해서는 거리를 두면서 문사철(文史哲)[6] 중심의 인문적 교양을 배우고 익히는 데 중점이 있다.

대학교를 졸업하고 직업세계에 나간다고 하더라도 결국은 직업을 갖는 것이고, 그 이전의 교육을 직업의 맥락에서 직업교육이라고 호명할 수 있다는 점에서 인문교육이 직업교육과 무관하다고 말할 수 없다. 실제로 인문교육을 통과하여 진입하는 직업을 '화이트칼라' 직업이라고 호명하고, 직업교육을 통과하여 진입하는 직업을 '블루칼라' 직업이라고 호명하는 경향이 있다. 화이트칼라 직업은 정장 차림으로 일을 하는 직업을 말하고, 블루칼라 직업은 작업장에서

---

5) '평생공교육체제'의 아이디어는 2018년 10월 15일에 개최된 상해평생학습국제협의회에서 처음으로 제시하였다.

6) '문사철'은 문학과 역사와 철학으로서 말을 하고 글을 쓰되 지나간 흔적을 돌아보고 깊이 있는 사유를 담는 것을 중요하게 생각하는 하나의 흐름을 대변한다.

작업복을 입고 일을 하는 직업을 말한다. 여기에는 선호가 개입하고, 선호에 따른 위계가 존재한다는 점에서 인문교육과 직업교육은 각각에 대응하는 고등학교가 분리된 것처럼 분리되어 있다고 말할 수 있다.

블루칼라 직업은 작업장에서 하는 일의 성격상 기름때 묻은 손 또는 투박한 손이 자연스러운데, 화이트칼라 직업은 사무실 공간에서 작업하기 때문에 그런 손이 자연스럽지 않다. 개인적으로 적성이나 기질에서 기인하는 이에 대한 선호가 있을 수 있다. 그러나 이를 넘어서는 선호는 특정한 위계를 만들어내기 위한 조작이 개입되었다는 점에서 성격상 이데올로기적이다. 달리 말하면, 직업에는 위계가 없다고 표명하면서도 직업에 위계가 있는 것처럼 선호를 갖게 한다는 점에서 이렇게 해서 갖게 된 허위의식은 벗어나야 하는 문제가 되고 있다. 그 하나의 방향이 직업교육에 대해 재개념화하는 것이다.

고등학교를 졸업하고 바로 직업세계로 들어가는 학습자와 고등학교를 졸업하고 대학교를 경유하여 직업세계로 들어가는 학습자에게 유사한 교과과정을 제공하는 것은 타당하지 않다. 그렇다고 해서 전자에게 직업세계에서 당장 쓸모가 있는 지식과 기술과 태도만 배우고 익히도록 하는 것도 타당하지 않다. 직업세계에서 당장 쓸모가 있는 것이라고 하더라도, 그것의 토대와 맥락이 있기 마련이며, 이를 의도적으로 도외시한다고 해서 사라지지는 않는다. 초등학교와 중학교에서 배우고 익힌 것의 토대 위에서 그리고 그 연장선이라는 맥락 안에서 전문계 고등학교교육이 제대로 자리매김될 수 있다.

우리의 전 생애를 놓고 보면, 우리는 일정한 시점에서 직업세계에 들어가며, 그 이전은 이를 위한 준비 단계로 배치될 수 있다. 다시 말하면, 직업세계에서 은퇴하기 이전까지 진행되는 모든 교육은 직업교육의 맥락에서 이해할 수 있다. 이렇게 보면, 전문계 고등학교에서만 직업교육이 진행되는 것이 아니라 일반계 고등학교에서도 직업교육이 진행된다고 말해야 한다. 일반계 고등학교에서 배우고 익히는 것이 직업세계에서 전혀 쓸모없다고 말하는 것은 타당하지 않다. 무엇보다도 직업세계에도 말을 하고 글을 쓰는 일상과 작업이 있고, 작업이 전개되어 온 긴 역사가 있으며, 한편으로는 관철해 오고 다른 한편으로는 상황에 맞게 변경해 온 사유의 지층이 있다. 이를 도외시한다면 직업세계 자체가 존재할 수 없다. 그러므로 인문교육과 직업교육은 임의로 구분할 수는 있지만, 각각에서 주목하는 부분을 통합적으로 사유하고 실천하는 틀이 마련되어야 한다.

3. 성공의 결과를 중시하는 교육체제에서 시행착오의 과정을 중시하는 교육체제로 전환

근대 이후 정착된 학교교육은 공교육으로서 새로운 신분 질서를 형성하는 통로가 되었다. 즉, 교육에 참여하고 졸업한 학교의 단계에 따라 신분 상승의 기회가 열렸다. 이것은 졸업한 학교의 단계에 따라 직업 세계에서의 위치, 즉 직위가 달라지기 때문이다. 서열화된 직위 체계에서 가능한 한 높이 올라가는 것을 목표로 하고, 이 목표를 달성하는 것을 성공으로 인식하는 흐름이 형성되었고, 이 흐름에 따라 이에 도움이 되는 학교와 학교교육의 위계도 생기게 되었다. 이 성공은 학교교육에서 높은 성적을 획득하는 것으로 어느 정도 확보되므로 학교에서 성적 향상을 위한 노력이 당연시된다.

목표를 스스로 설정하고 그 목표를 달성하기 위해 주도적으로 노력하는 모습 속에서 삶의 활력을 엿볼 수 있다. 더 나아가 현재의 자기 수준보다 조금 높은 목표를 설정하고 이를 달성한 다음 다시 그보다 조금 높은 목표를 설정하는 것을 반복하면서 자기 수준을 계속 향상해 나가는 것은 모든 교육이 지향하는 모습이기도 하다. 그러나 목표를 스스로 설정하는 것 자체가 과제이므로 필요한 능력을 갖추어야 수행할 수 있다. 학교교육은 체계적으로 설계되어 있어 단위 수업마다 모든 학생이 달성해야 할 목표가 설정되어 있고, 교과목마다 그리고 학년마다 달성해야 할 목표도 설정되어 있다. 그러나 이 목표가 개별 학생의 수준에 맞는 목표를 대체하는 데는 한계가 있다.

정해진 목표가 자기에게 적합한지 여부와 관계없이 이를 달성하기 위해 노력하는 게 습관화되면서 다른 상황에서도 정해진 목표를 달성하기 위해 노력하는 게 관행이 되어버리기도 한다.[7] 이러한 흐름 속에서 형성되는 것은 목표에 대한 수동적 자세이며, 어떻게든 목표를 달성하지 않으면 안 된다는 중압감이며, 목표를 달성하지 못했을 때 느끼는 패배감이다. 자기 수준에 맞지 않는 목표를 달성하려고 노력하는 과정에서 겪는 어려움을 해소하는 데 도움이 되는 지원이 수반되지 않기 때문에 여기서 자기가 하는 활동에 대한 자기 의미화가 자연스럽게 일어나지 않는 자기 소외가 불가피해진다.

어떤 일에도 난이도는 있게 마련이다. 똑같은 교육 활동에도 개인에 따라 난이도가 있다. 우리는 너무나 쉬운 것을 학습하지 않고 조금 어려운 것을 학습하며, 여기서 시행착오는 불가피하다. 한번에 어려운 단계를 넘어서는 게 가능한 사람도 있지만, 이것은 예외적인 사례에 해당한다. 배운 것을 온전히 익히는 데까지는 시간이 걸리며, 이 과정에서 시행착오가 있다. 그러므로 오히려 시행착오가 온전히 익히는 것을 가능하게 하는 중요한 요소라고까지 말할 수 있다. 실제로 어떤 시행착오도 없이 목표를 달성하는 성공에 이른다는 이야기는 현실적이지 않다. 성공의 이면에는 이루 말할 수 없는 시행착오의 반복과 차이를 만들어내면서 이루어내는 단계적 진전이 있다.[8]

성공에 이르는 과정에서 배우고 익히는 것이 있다. 그러나, 정확히 말하면, 성공에 이르는 시행착오의 과정에서 배우고 익히는 것이 있다. 역으로 말하면, 비록 성공에 이르지 못한 것처럼 보여도 시행착오의 과정에서 배우고 익힌

---

7) 여기서는 적응이 중요한 활동이 된다.
8) 여기서는 탐색이 중요한 활동이 된다.

것이 있으므로, 이것 자체가 당사자에게 자산이 된다. 그러므로 교육의 맥락에서는 성공이라는 결과 그 자체보다 시행착오의 과정이 더 의미가 있다. 이렇게 볼 때, 교육체제는 성공이라는 결과를 중시하기보다는 시행착오의 과정을 중시하는 방향으로 설계되어야 한다. 시행착오가 일차적으로 중시되고 성공이 이차적으로 중시되는 맥락은 교육이라는 활동에 고유한 것이다.

4. 교과내용의 숙지를 중시하는 교육체제에서 교과내용의 생성 및 활용을 중시하는 교육체제로 전환

교과내용은 이를 잘 아는 전문가가 체계적으로 정리해 놓은 것이다. 국가교과과정에 따라 구성한 교과내용은 그 자체로 공신력을 얻으며, 의문의 여지 없이 다루어야 하는 것으로 인식된다. 이러한 정황으로 교과내용을 담은 교과서를 집필하는 데 해당 전문가들의 이해관계가 맞물리기도 한다. 학교교육에서는 평가를 통해 이 교과내용을 숙지하고 있는 정도를 확인하는 관행으로 인해 교과내용이 모종의 권위를 부여받기도 한다. 모든 단답형 또는 객관식 문항의 정답은 교과내용으로 제시해 놓은 것에 비추어 판정된다. 이러한 맥락에서 암기를 기본으로 하는 교과내용의 숙지는 교과 공부의 전형으로 받아들여진다.

현재의 교과내용에 대해 우리나라의 모든 전문가가 적합하다고 동의하는 것은 아닐 뿐만 아니라 전 세계의 모든 전문가가 적합하다고 동의하는 것도 아니다. 현재의 교과내용은 논쟁의 여지가 있으며, 따라서 현재의 교과내용을 누구도 부정할 수 없는 진리로 제시하는 것은 타당하지 않다. 이렇게 보면, 교과내용을 숙지하는 것은 교육의 적절한 목표가 될 수 없다. 교육의 맥락에서 교과내용은 한편으로 앎의 수준을 향상하고, 다른 한편으로 능력의 수준을 향상하는 데 활용하는 수단의 위치에 있다. 앎의 수준을 향상하고 능력의 수준을 향상하는 데 반드시 현재의 교과내용이어야 한다는 필연성은 없다. 그 필연성은 국가 교과과정에 따라 반드시 정해진 교과내용을 다루어야 하는 상황에서만 정당화된다.

교과내용의 체계로 구성된 교과를 전공으로 하는 사람의 경우 교과내용을 숙지하는 것은 필수적이다. 교과 내에서는 교과내용의 단계가 있어서 이 단계에 따라 교과내용이 배치된다. 전공에서의 학습은 낮은 단계의 교과내용에서 점점 높은 단계의 교과내용을 다루는 것으로 진행하며, 단계마다 해당 교과내용을 숙지하는 것은 기본적인 과업이 된다. 여기서 숙지는 이해에 초점이 있으며, 전공에서의 학습은 한 단계의 이해를 토대로 다음 단계의 이해로 나아가는 방식으로 진행된다. 이러한 이해는 다시 전공에서 생성해 온 지식체계의 역사에 대한 이해로 수렴된다. 교과내용이 단계로 배치되어 있어서 의당 이해하려고 노력하는 게 아니라 교과로 드러내는 현상에 대한 이해의 확장과 심화의 역사를 이해하려고 노력하는 것이다.

처음 접하는 학습자에게 교과내용은 주어지며, 그가 선택하지는 않는다. 그러나 이렇게 주어진 교과내용을 구성하기 위해 수많은 관련자가 수고를 해야 한다. 무엇보다도 교과내용을 생성하는 데 주력하는 전문가가 있다. 교과로 드러내는 현상에 관심을 두고, 그 현상을 이해해 나가는 과정에서 개념들을 생성하고 개념 간의 관계를 밝히고, 잠정적인 이해의 결과를 정리하여 누적해 나가는 것이 그 현상에 관한 지식체계이고, 교육의 맥락에서 구조화하면 교과내용이 된다. 이러한 흐름에 비추어 교과내용을 의당 학습해야 할 내용으로 당연시하지 않고, 교과내용으로 구조화된 지식체계가 생성된 과정에서의 복잡한 역동을 추체험하는 방식으로 그 교과내용에 접근할 수도 있다. 즉, 어떻게 그 현상을 변별하여 주목하게 되었고, 그렇게 주목하면서 무엇을 알게 되었고, 그렇게 알게 된 것을 어떻게 정리해 왔는지, 이러한 과정이 당사자에게 어떤 의미가 있고, 그것이 학습하는 우리에게는 어떤 의미가 있는지 파악해 보는 것이다.

교과내용이 현상에 관한 지식체계의 일부라면, 교과내용의 학습은 그 현상에 대한 이해로 이어져야 한다. 현상이 벌어지고 있는 현장에서 배운 교과내용을 통해 그 현상을 변별해내고, 교과내용에 담겨 있는 개념들로 현상을 구성하는 요소들과 요소 간의 역동을 파악하는 노력을 하고, 이 과정에서 정보 더미에 불과했던 교과내용이 학습자에게 이해가 되면서 지식으로 전환될 때 비로소 해당 교과내용을 익히는 단계에 들어선다. 이러한 익히는 단계가 반복되어야 해당 교과내용이 학습자에게 온전히 지식이 되고, 이후 유용하게 활용할 수 있다. 이처럼 학습은 한번에 일어나는 것이 아니라 오랜 시간이 경과하면서 필요한 활동들의 연속을 통해 이루어진다. 이렇게 보면, 어떤 교과내용도 현장과 떨어져 있는 교실에서 충분히 학습할 수 있다고 말하는 것은 타당하지 않다. 교육의 맥락에서 모든 교과내용은 현장에서 조회하는 과정을 거쳐야 한다.

5. 사각지대가 남아 있는 교육체제에서 촘촘한 망으로 연결된 교육체제로 전환

누구나 교육에 참여할 기회가 열려 있지만, 실제로는 교육에 참여할 기회에 제한이 있는 사람이 있다. 초등학교교육과 중학교교육이 의무교육으로 누구나 참여하는 것으로 되어 있지만, 실제로는 초등학교교육이나 중학교교육에 아예 참여하지 못하거나 참여했다가 중도에 참여하지 못하는 사람이 있다. 물론 의무를 이행하기 어려운 사정이 생겨서 그렇게 되는 것이지만, 주무 부서에서 이에 대해 체계적으로 관리하고 있다고 보기 어렵다. 무엇보다도 자녀의 초등학교교육과 중학교교육 참여는 부모의 의무로 되어 있지만, 부모가 이 의무를 이행하기 어려운 경우 이 의무는 국가로 귀속된다고 볼 수 있는데, 이에 관한 논의조차 제대로 이루어지고 있지 못하다.

부모의 경제적 조력이 절대적으로 필요한 경우가 아니라고 하더라도 교육에 참여하는 데 필요한 시간이나 비용을 스스로 확보하지 못해 교육에 참여하기를 포기하는 사례도 적지 않다. 교육에 참여할 필요가 있지만, 이에 적합한 프로그램을 스스로 개발할 능력은 안 되고 누군가 그런 프로그램을 개발하지도 않아 결과적으로 교육에 참여하지 못하는 사례도 적지 않다. 원격으로라도 프로그램이 개설되면 참여할 수 있지만, 이조차도 개설되어 있지 않으면 결과적으로 교육에 참여하지 못한다. 직업 현장에서 후임자로서 선임자에게 학습하는 게 관례인데, 선임자에게 사정이 생겨 후임자가 학습할 기회가 없고 후임자가 스스로 해결해 나갈 능력이 뒷받침되지 않는다면, 이 또한 진전된 학습이 중도 정지되는 사태를 초래하게 된다.

국가나 기관이나 단체가 필요로 하는 교과과정을 개발하여 개설한다고 하더라도 이에 관한 정보가 한곳에 집적되는 체제가 마련되어 있지 않아 이 정보는 흩어져 있다고 볼 수 있다. 물론, 부분적으로 정보가 모여 있기도 하지만, 그조차도 기관이나 단체의 필요에 따라 특별히 관심을 기울여 정보를 모은 덕분이다. 그런데 이러한 정보도 계속 수정・보완이 되어야 하는데, 이를 위한 정규 예산이 확보되어 있지 않다면, 정보의 수정・보완이 계속 이어지지 못하게 된다. 무엇보다도 교육 관련 정보 전체를 한곳에 모아야 할 필요성을 인식하고, 정책적으로 이를 추진하는 사례가 거의 없고, 있다고 하더라도 부분적인 수준을 넘어서지 못하는 것이 현실이다.

사정이 이렇다 보니, 지역을 단위로 하여 한 지역에서 교육이 어디서 어떤 수준에서 어떻게 진행되고 있는지 전모를 파악해 본 적도 없고, 당연히 이에 관한 정보가 집적되어 있지 않다. 최소한 중앙정부나 지자체의 예산을 들여 프로그램의 형태로 진행하는 교육[9] 관련 사업이라도 정보가 집적되어야 하는데 부서 간 칸막이가 쳐져 있어 정보가 분산되고, 정보의 집적에 따른 상승효과를 보지 못하고 있다. 이러한 모습은 개인 단위에서도 나타난다. 각 개인이 자기 필요와 여건에 따라 교육에 참여하며, 이에 관해 중앙정부와 지자체에서 체계적으로 관심을 두지 않는다. 학습계좌제의 유용성을 인지하고, 각 개인의 학습 이력을 체계적으로 관리하고 지원하는 시도는 몇몇 지자체에서 시범 삼아 해보는 단계에 있다. 그러므로 지자체의 지역에서 누가 어느 지점에서 학습이나 교수에 어떤 어려움을 겪고 있는지 잘 알지 못하고, 당연히 이에 대해 정책적으로 개입하는 것은 한계가 있다.

지역에서 가능한 범위 안에서 오프라인으로 교육 프로그램을 개발하여 개설할 수 있다. 그러나 지역주민 모두의 교육적 필요를 충족하는 데는 한계가 있다. 가능하다면 다른 지역에서 개발하여 개설하는 교육 프로그램에 참여할 수도 있다. 그러나 이러한 여건이 안 된다면 온라인으로 개발하여 개설된 교육 프로그램에 참여할 수도 있다. 그런데 지역주민 개개인의 교육적 필요가 다 다르므로 이를 일일이 파악하여 지원하는 데는 한계가 있을 수밖에 없다. 학습계좌제와 같은 제도를 활용하여 지역주민 개개인의 학습에 대해 상담하고, 필요한 지원을 할 수 있다. 이를 위해서는 먼저 최소한 교육프로그램에 관한 정보 전체를 분류하고, 이 분류에 따라 계속 수정·보완하는 체제가 구축되어야 하며, 지역별로 이 일에 전담 평생교육사를 배치할 수도 있다.

---

9) 프로그램의 형태로 진행되지 않는 교육의 규모는 더더욱 파악해 보지 않아서 제대로 알 수 없다. 그러나 그 규모는 더 클 것으로 예상해 볼 수 있다.

6. 생애 초기로 한정하는 기초교육체제에서 전 생애에 걸친 기초교육체제로 전환

생애 초기에 배우고 익히는 것이 이후 생애에 토대가 된다. 그래서 생애 초기에 참여하는 교육을 기초교육이라고 말한다. 더 나아가 기초교육은 생애 초기에 참여하고, 그 이후로는 기초를 넘어서는 교육에 참여하고 기초교육에는 참여하지 않아도 된다는 통념이 있다. 그러나 이러한 통념은 타당하지 않다. 기초를 계속 다질 뿐만 아니라 그 기초의 수준도 향상해 나가는 노력은 계속되어야(윤여각, 2021: 133-134, 261-264) 하기 때문이다. 그렇게 하지 않으면 기초가 부실해져서 이를 토대로 진행하는 학습에도 지장을 초래할 수 있다. 물론, 이것은 기초를 부단히 점검하며 자기 학습에 대한 성찰적 자세를 견지할 때 인식할 수 있다.

운동선수들은 매일 기초 체력을 단련할 뿐만 아니라 일정 시간을 할애하여 기초에 해당하는 기본자세를 반복적으로 연습한다. 그런 뒤에 개인기에 해당하는 것을 밀도 있게 연습한다. 다시 말하면, 처음부터 고난이도의 동작을 연습하는 것이 아니라 기초를 충분히 다지는 작업을 한 이후에 그렇게 한다. 그래서 선수로서 운동을 하는 마지막 순간까지 기초를 다지는 작업을 중단하지 않는다. 이러한 노력의 결과 운동선수는 단순한 몸동작의 기술을 넘어 몸동작을 예술의 수준으로까지 끌어올린다. 이러한 모습은 태권도나 검도나 유도 같은 무도(武道)에서도 일반적으로 볼 수 있다.

기독교나 불교에서도 기도와 묵상을 신앙생활의 기초로 생각하고 있으며, 예배나 예불에 경건하게 참여하는 것 역시 기초로 생각하고 있다. 이러한 기초 위에서 자기 신앙의 수준을 향상해 나가며, 현재의 신앙 수준을 점검할 때이 기초에 대한 점검을 생략하지 않는다. 만약 신앙에서 경로를 이탈한 것으로 인지된다면 다시 기초로 돌아가 기초를 다지는 데 더 집중하는 모습을 보이기도 한다. 이러한 모습은 일반적으로 인간 됨의 수준 향상 노력에서도 볼 수 있다. 인간으로서 존재 수준을 향상해 나가는 과제가 있음에도 불구하고, 진전이 없다고 판단될 때 인간 됨의 기초에 해당하는 것을 점검해 보는 작업을 한다. 유교에서 부단히 인의예지신(仁義禮智信)을 점검하는 것이 그 대표적인 예다.

인간에게 학습은 숙명과 같은 것이다. 학습하지 않고 인간다움을 유지하기도 어렵고, 인간 됨의 진전을 이루기도 어렵다. 그런데 학습은 저절로 이루어지는 것이 아니라 학습력이 뒷받침되어야 한다. 학습력도 능력이므로 이를 형성하고 증진하는 과정을 거쳐야 한다. 학습력은 단일한 능력이라기보다 하위 능력들의 결합으로 구성된 복합능력이라고 보아야 한다. 교육의 맥락에서 학습력은 기초능력이며, 이를 통해 다른 능력이 함양되고 증진되며, 다른 능력을 함양하고 증진하는 과정에서 학습력도 증진된다. 학습력이 정체되거나 퇴보하면 더 이상 진전된 학습을 하기 어렵고, 학습을 기반으로 하는 교수 역시 제대로 진전하기 어렵다.

인생의 초기에 학습하고 인생의 마지막까지 학습하기를 중단하지 않아서 그 수준을 높임으로써 자기 품격을 드러내는 것 중에 말하기와 글쓰기가 있다. 말하기와 글쓰기는 기초문해의 맥락에서 논의되지만, 평생 그 수준을 높여 나가야 하는 문해 과제이기도 하며, 이 점에서 말 그대로 기초적이다. 우리는 일상에서도 말하고 글 쓰며, 일상을 벗어난 장에서도 말하고 글 쓴다. 제대로 확인되지 않은 정보를 기반으로 오로지 자기 말만 앞세우면서 타인을 공격하는 말하기와 글쓰기가 품격이 있다고 보기는 어렵다. 품격 있는 말하기와 글쓰기는 평생에 걸쳐 의식적으로 노력해야 하며, 이 노력에는 자기 교육이 병행되어야 한다.

7. 교육 참여 이력의 분절적 관리체제에서 통합적 관리체제로 전환

사람은 태어나서 죽음에 이르기까지 학습에 참여하고 그 결과 다른 사람과 차이가 나는 능력을 함양하고 증진한다. 끊임없는 향상이 전제된 세계에서 나이가 들면서 점점 정체되거나 후퇴하기도 하지만, 마지막 순간까지 최고의 수준을 유지하는 사례도 있다. 사람은 워낙 다양한 영역에서 학습에 참여하기 때문에 학습한 것이 각 개인 안에서 어떤 역동으로 어떤 양태로 나타날지 예측할 수 없다. 그러므로 현재 한 개인이 드러내는 모습이 이전에 학습한 것 중 정확히 어떤 것의 영향이라고 단정적으로 말하기 어렵다. 다만, 사유와 실천의 지속을 보면서 어떤 인식 틀과 행위 틀을 활용하는 것으로 유추할 수 있을 뿐이다. 그리고 그 틀은 학습의 결과 형성한 것으로 전제할 수 있을 뿐이다.

우리나라에서 초등학교교육, 중학교교육, 고등학교교육 및 이에 준하는 교육은 공교육으로 인식되고 있으며, 이 교육에 참여한 이력은 체계적으로 관리된다. 교육행정정보시스템인 NEIS(National Education Information System)가 관리하는 정보 중 하나가 학생의 학습 성과다. 여기에는 어떤 학교에서 학습에 참여한 결과 어떤 성과를 보였는지 자세하게 기록되어 있다. 물론, 이 정보는 각 개인에게 매우 민감하므로 엄격하게 보호된다. 대학생의 학습 성과를 관리하는 곳은 해당 대학교이며, 다른 곳에 누적 관리되지는 않는다. 이렇게 보면, 현재 논란이 있기는 하지만, 유치원이나 어린이집에서 참여한 교육 이력도 다른 곳에 누적 관리되지 않으므로 국가가 예산을 지원하는 교육의 맥락에서 각 개인의 교육 참여 이력은 제한적으로 관리되고 있는 셈이다.

학교를 졸업하고 취업하게 되면, 취업한 직장에서 인사 업무를 처리하며, 이 업무에는 참여한 교육에 관한 사항이 있다. 각 개인의 학습 성과를 인사에 반영하는 사례는 주로 대기업에서 볼 수 있지만, 중소기업에서 이를 중시하는 사례도 있다. 한 직장에서 정년 퇴임을 하든, 한 직장에서 퇴직하고 다른 직장에 취업하기를 여러 번 반복하든 재직하는 동안 교육 참여 이력이 체계적으로 관리되는 사례가 일반적이지는 않다. 그러나 관리되는 것을 전제로 하면, 그 관리는 재직하는 기간에 해당 직장 내에서일 뿐이다. 퇴직하는 시점에서 그동안 누적되고 관리된 기록은 유용성을 잃고 일정 기간이 지나면 폐기된다.

정부 부처를 포함하여 정부의 투자, 출자, 재정 지원 등으로 설립된 공공기관인 공기업, 준공공기관, 기타공공기관이 다 공적인 기능을 수행하는 공공조직이라고 할 수 있다. 물론, 지방자치단체의 투자, 출자, 재정 지원 등으로 설립된 공공기관도 공공조직이라고 할 수 있다. 여기에는 국민이 낸 세금이 투여되며, 그 세금 중 일부가 직원의 업무 능력 향상을 위한 비용으로 지출된다. 경제 관점에서 보더라도 이들 공공조직의 직원들은 인적 자원이라고 할 수 있고, 퇴직하기까지 이들이 향상한 능력은 정부나 지방자치단체의 자산이라고 할 수 있다. 그러나 인사혁신처에서 관리하는 극소수의 사람만 제외하고 다른 사람들은 지속적으로 그리고 체계적으로 관리되지 않는다. 그러므로 퇴직과 더불어 그들의 교육 참여 이력은 유용성을 잃고 일정 기간이 지나면 폐기된다.

앞서 언급한 사람 중심의 평생공교육체제는 각 개인의 필요를 반영한 것이기도 하지만, 국가나 지방자치단체의 필요를 반영한 것이기도 하다. 어디서 진행하는 업무든 그 업무는 사람이 하는 것이고, 비록 인공지능이나 로봇이 이를 대신하더라도 전체적인 관리는 누군가 해야 한다. 그러므로 업무를 처리하는 사람의 능력을 향상해야 하는 과제는 시대나 지역이나 조직과 관계없이 중요하다. 우리나라에서 볼 수 있는 것처럼, 자기 적성이나 소질보다 성적에 맞추어 대학에 진학하고, 역시 대학 졸업을 중심으로 한 스펙에 맞추어 직장에 취업하고, 직업 전환에서도 생계 문제에 급급하면 인간 됨의 향상을 기대하기 어렵다. 교육 참여 이력이 누적 관리되고, 이를 자료로 하여 진로 상담이 이루어지고, 이를 참조하여 한편으로 이후의 경력을 스스로 관리해 나가고, 다른 한편으로 누적된 기록을 참조하여 채용이 이루어진다면 개인이나 조직의 지속적 성장을 기대할 수 있을 것이다.

8. 사람 중심의 교육체제에서 사람과 자연이 어우러지는 교육체제로 전환

사람은 다른 사람들과 더불어 살 뿐만 아니라 자연과 더불어 산다. 이 점에서 사람에게는 다른 사람들과 자연이 환경이 된다. 사람은 환경과 상호작용하면서 환경으로부터 영향을 받기도 하고, 환경에 영향을 미치기도 한다. 인류 역사 전체로 보면, 사람이 자신을 둘러싸고 있는 환경에 대한 영향력을 확대해 왔다고 말할 수 있다. 모든 사람이 똑같은 영향력을 발휘하지는 않는다는 점에서 불평등의 여지가 있으며, 특정한 시점과 장에서는 이 불평등이 심각한 수준에 이르기도 한다. 사람은 홀로 존재하는 것보다 여럿이 어울려 존재하는 방식을 취해 왔으며, 이 과정에서 지위와 역할의 체계를 정교화해 왔다. 지위에 따른 권한이 큰 경우에 권력이 행사되기도 하는데, 이 권력으로 다른 사람의 생사를 좌우하기도 한 사례는 역사에서 쉽게 찾아볼 수 있다.

사람은 환경과 상호작용하면서 능력을 함양하고 증진해 왔으며, 이를 교육의 맥락에서 중시해 왔다. 사람은 언제나 생존의 문제를 해결해야 했으며, 다른 사람들과 더불어 사는 것이 이에 도움이 되었다. 사람은 자연으로부터 먹거리를 찾고, 재료를 구하고, 이 과정에서 자연에 관한 정보를 축적하고 이를 활용하여 지식체계를 구축해 나갔다. 사람이 자연으로부터 지식을 생성하고, 이를 넘어 지혜를 길어 올리기도 하였지만, 사람에게 자연은 기본적으로 활용의 대상이었다. 사람이 모여 이룬 집단의 규모가 커지면서 자연의 활용도도 높아졌고, 그 여파로 일부는 고갈시키고, 일부는 멸종시키고, 일부는 황폐화시키는 흐름이 만들어졌다. 이에 대해 문제를 제기하는 사람이 있었지만, 소수였으며, 최근에야 비로소 이들의 목소리에 다수가 귀를 기울이는 흐름이 생성되었다.

사람은 사람에게 가장 위험한 존재이기도 하다. 이것은 민족 간, 인종 간, 국가 간 갈등과 그 극한에서 벌어지는 전쟁에서 사람이 사람에게 하는 행태에서 계속 입증되었다. 이에 따른 삶의 질곡에도 불구하고, 이해관계가 첨예하게 맞물리고 이에 동조하는 흐름이 형성되면, 언제든 갈등과 전쟁은 반복된다. 참여한 모두가 이를 주도하는 것은 아니다. 주도하는 소수의 세력이 있고, 다수가 이들의 영향을 받는다. 이 소수의 세력에게 다른 사람들은 수단적 위치에 있다. 여기서도 '사람 중심'이라는 말을 할 수 있다면, 그것은 바로 이 소수 세력에 포함된 사람 중심을 의미한다. 여기에 그들이 가려진 채 사람만을 중심에 두는 허위의식이 스며 있고, 이 허위의식을 조장하는 권력이 개입하며, 여기에 학교교육과 같은 공교육이 개입하기도 한다.

사람은 사람의 터전을 위해 다른 동식물의 터전을 잠식해 왔으며, 자연환경을 급격하게 변화시켜 왔다. 사람과 다른 동물이 따로 떨어져 있을 때는 큰 문제가 되지 않았지만, 사람들의 잠식으로 다른 동물에 있는 바이러스가 사람과 접속하여 다양한 변이형을 만들어내고, 사람에게 치명적인 위험을 초래하기도 한다. 최근의 코로나19가 이를 예증해 주고 있다. 자연에서 채굴하고 채굴한 자원을 활용하는 과정에서 환경을 오염시키고, 그중 탄소 배출량의 증가는 기후 변화로 이어지고, 이것은 다시 기후 재앙으로 이어진다(윤여각, 2020: 11-13). 빙하가 녹고, 해수면이 상승하고, 일부 지역이 침몰할 뿐만 아니라 기상 이변이 곳곳에서 일어나 재난 수준의 어려움을 겪는 지역이 확대되고 있다.

사람이 사람 중심으로 생각하는 것은 당연하다. 그러나 영향 관계를 좀 더

폭넓은 시야에서 바라보면, 소수 세력이 중심이 되고 다수가 차별받는 것보다는 서로 다른 삶의 여건에서 최대한 삶의 질을 향상하는 방향으로 더불어 사는 것이 더 진전된 삶의 방식이다. 자연을 활용하지 않고 사는 것은 불가능하다. 그러나 필요하다고 자연을 활용하기만 하기보다는 재생 가능한 것과 재생할 수 없는 것을 구분하고, 후자의 사용은 줄여나가고 전자의 사용을 늘려나가는 것 역시 더 진전된 삶의 방식이다. 그러므로 이제는 사람과 사람이 더불어 사는 것 못지않게 사람과 자연이 더불어 살고, 사람도 결국 죽어 자연으로 돌아가므로 사람과 자연이 선순환하는 흐름을 만들어내야 한다. 이러한 흐름은 이전의 교육 관행을 총체적으로 성찰하면서 대전환하는 교육체제를 구축해 나갈 때 제대로 만들어질 수 있다.

9. 교육부 단독 교육사업 관리체제에서 교육사업 총괄 관리체제로 전환

교육부는 교육을 관장하는 부처로서 교육 관련 법에 명시된 교육기관을 대상으로 역시 교육 관련 법에 명시된 추진체계를 통해 교육 관련 정책사업을 수립하고 추진한다. 교육 관련 법에는 학력이 인정되는 교육기관과 학력이 인정되지 않는 교육기관이 명시되어 있으며, 후자에서 학점 인정을 통해 학습자가 학력을 취득하는 별도의 경로도 제도화해 놓았다. 교육부는 정책사업을 통해 관장하는 범위 안에서 타 부처의 교육에도 접속하고 있지만, 그 교육에 적극적으로 개입하고 있지는 않다. 이 점에서 교육부는 교육에 관한 한 제한적인 접근을 취하고 있으며, 행정안전부와 극명한 대비를 보여주고 있다.

행정안전부는 중앙정부와 지방자치단체 및 공공기관의 행정을 관장하며, 행정을 전담하는 인력의 배치와 이들에 의해 생성되는 모든 행정정보의 관리에서 고유한 권한을 행사한다. 교육부와 같은 방식으로 말하면, 행정안전부는 행정을 관장하는 부처로서 행정 관련 법에 명시된 행정기관을 대상으로 역시 행정 관련 법에 명시된 추진체계를 통해 행정 관련 정책사업을 수립하고 추진한다. 다만, 행정안전부는 교육부와 달리 행정에 관한 한 제한적인 접근을 취하지 않고 포괄적인 접근을 취한다. 행정안전부는 정책사업을 관장하는 범위 안에서 타 부처의 행정에 접속하는 정도가 아니라 적극적으로 개입한다.

교육부 산하의 모든 기관은 성격상 행정기관이다. 그래서 행정안전부에서 개입할 수 있다. 행정안전부에도 교육을 전담하는 기관이 있다. 그런데 이 기관은 행정기관으로 규정되며, 교육기관으로 규정되지 않는다. 그래서 교육부에서 개입하지 않는다. 행정안전부는 교육부를 포함한 모든 행정기관에 행정을 잘할 것을 요구하지만, 교육부는 행정안전부의 교육 전담 기관을 포함한 모든 조직에서 교육을 잘할 것을 요구하지 않는다. 이렇게 보면, 행정안전부는 행정과 관련하여 영역적 사고에 머무르지 않고 삶의 한 측면으로 접근하고 있으며, 교육부는 교육과 관련하여 삶의 한 측면으로 접근하지 않고 영역적 사고에 머물러 있다.

교육과 행정은 정부 부처를 포함한 행정기관에만 해당하지 않는다. 실제로 모든 조직에는 교육과 행정이 있다. 이들 간에는 얼마나 비중이 높고 체계적인지에 차이가 있을 뿐이다. 모든 조직에는 역할의 분담이 있고, 역할에 따라 일을 처리하는 규칙이 있으며, 이를 따르지 않을 때 제재하는 방식이 있고, 이 모든 일에 필요한 역량을 함양하고 증진하는 노력을 반드시 별도로 해야 한다. 교육과 행정은 분리되어 있지 않고 서로 얽혀 있지만, 구분할 수 있으며, 그만큼 교육과 행정은 다르다. 서로 다르기에 서로에게 영향을 미치며, 선순환 관계를 맺기도 하고, 서로에게 걸림돌로 작용하기도 한다. 물론, 교육과 행정의 관계를 매개하는 것은 사람이다.

지역발전이든 국가발전이든 모든 조직 구성원이 역량을 최대한 발휘할 때

가능하다. 이 역량이 국가를 선도하고 세계를 선도하는 것으로 이어질 수 있다. 그러나 이것만으로는 지역평화, 국가평화, 더 나아가 세계평화에 이를 수 없다. 이것은 역량을 발휘하면서도 존재 수준의 품격이 뒷받침되어야 가능하다. 다시 말하면, 모든 조직 구성원이 유능하면서 성숙할 때 가능하다. 그러나 이것은 현실태가 아니라 가능태이므로 이를 비전으로 삼아 그러한 방향으로 노력해야 한다. 여기에 직접 개입하는 것이 바로 교육이다. 그러므로 교육부에서 주관하는 정책사업에 한정하지 않고, 타 부처에서 주관하는 교육 관련 사업에도 관여하여 사람의 능력과 존재 수준을 향상하는 데 주력함으로써 이를 관리하는 체제를 구축해야 한다. 물론, 이것은 강제하는 것이 아니라 자기주도적으로 나서는 여건을 조성하는 방식으로 실행해야 한다.

10. 지방자치의 교육행정과 일반행정 분리체제에서 통합체제로 전환

지방자치는 시대의 대세라고 할 수 있다. 그러나 우리나라는 아직 지방자치가 완결되었다고 보기 어렵다. 그것은 지방정부로서 책임 있는 지방자치를 하지 못하고 지방자치단체 수준에서 중앙정부에 예속된 한정된 방식으로 지방자치가 이루어지고 있기 때문이다. 지방자치가 아직 미완인 것은 교육행정과 일반행정의 분리에서도 드러난다. 정치적 중립을 명분으로 교육행정을 일반행정과 분리했지만, 지방자치에서 교육자치와 일반자치가 분리될 수 없기 때문이다. 그렇지만 현실적으로 교육행정과 일반행정은 분리되어 있고, 분담된 역할 내에 머물러 있으며, 제한적으로만 연계하고 있을 뿐이다.

일반자치에서는 시·도를 광역자치로, 시·군·구를 기초자치로 구분하고 연계하고 있으며, 기초자치 안에 읍·면·동 단위까지 포함하고 있다. 교육자치에서는 시・도와 시・도 내의 권역을 구분하고, 이어 바로 학교에 연계하는 방식을 취하고 있다. 교육자치에서 평생교육에도 관심을 기울이기는 하지만, 학교 안의 평생교육에 한정하는 경향이 있다. 이러한 경향으로 인해 학교 밖에서 진행되는 평생교육은 일반자치에서 주로 관여하는 것으로 인식되고 있다. 그러나 「지방자치법」에는 이에 관한 사항이 구체적으로 명시되어 있지 않다. 이것은 평생교육은 물론 교육 일반의 법적 책무와 관련하여 사각지대가 있음을 보여준다.

교육은 별도의 공간에서 체계적으로 이루어지기도 하지만, 삶터에서 일상적으로 비체계적으로 그리고 부지불식간에 이루어지기도 한다. 삶터와 앎터와 일터가 선순환하는 체제를 지향한다면, 삶터와 일터에서의 교육에 주목해야 한다. 이것은, 달리 말하면, 지역에서의 교육에 주목하는 것이다. 다루는 교과내용보다 그 교과내용을 매개로 하여 형성하는 능력에 초점을 맞추면, 능력형성을 하는 데 교과내용이 수단이 되며, 여기서 교과내용은 주어지는 것이 아니라 적합하게 구성하는 대상이 된다. 지역에는 삶의 모든 측면이 다 존재하므로 각 측면을 통해 드러나는 것들을 소재로 하여 교과내용을 구성하고, 이를 토대로 교과과정을 개발할 수 있다.

국민을 대상으로 하는 정책은 결과적으로 국민 개개인의 삶의 질을 향상해야 한다. 그러므로 정책의 효과는 국민 개개인의 삶의 질 향상 여부로 가늠할 수 있다. 교육 정책의 경우에는 학습자 개개인의 삶의 질 향상 여부로 그 효과를 가늠할 수 있다. 이를 위해서는 먼저 학교를 포함한 교육기관 단위의 자치가 이루어져야 한다. 그리고 다시 학급을 포함한 교육의 장에서 진행하는 수업단위의 자치로 나아가야 한다. 물론, 이것은 지역의 자원들을 소재로 활용하는 자치이어야 한다. 여기서 이전보다 훨씬 더 교수자의 전문성이 요구된다. 교수자는 교육의 소재를 매개로 학습자가 주도적으로 학습하도록 촉진하는 전문가이기 때문이다.

교수자와 학습자가 만나 진행하는 교육 활동은 별도의 공간에서 이루어진다고 하더라도 지역 전체와의 연계 속에서 이루어져야 한다. 교수자와 학습자를 둘러싼 모든 것은 교육의 환경이라고 할 수 있고, 이 환경이 교육에 순기능을 해야 교육이 발전할 수 있다. 여기에 교육행정의 역할이 있고, 일반행정과의 연계·협력 지점이 있다. 일반행정의 맥락에서 보면, 조직 구성원을 포함하여 주민들의 역량 향상이 중요한데, 긴 시간의 흐름 속에서 이를 감당하는 것이 바로 교육이므로 일반행정에서 교육을 지원하는 것은 교육을 위한 것이면서 동시에 일반행정을 위한 것이다. 이렇게 보면, 어떤 교육의 장에서 이루어지는 교육이든 이를 직접 지원하는 교육행정과 그 여건을 종합적으로 조성하는 일반행정에 대해서는 구분하면서도 통합하는 사유와 실천이 필요하다.

제2장 학문과 국가정책에서의 평생교육[1)]

'학문'과 '교육'은 개념이면서 그 개념으로 포착되는 활동이다. 학문과 교육은 활동의 흐름이 다르므로 구분되지만, 학문은 교육의 소재가 되고, 교육은 학문 발전의 기제가 된다는 점에서 서로 맞물려 있다. 여기서 교육학은 특별한 위치에 있다. 교육학은 교육 현상을 탐구하는 학문으로서 교육학교육의 소재가 되고, 교육에 관한 학문적 앎의 수준을 향상하는 데 개입하는 교육을 통해 발전한다. 교육이 평생의 활동이라는 점을 강조하는 개념이 평생교육이며, 평생교육은 전 세계적인 화두가 되면서 국가정책의 대상 중 하나가 되었다. 국가정책의 대상으로 접근하는 평생교육은 이미 정책적 관점으로 채색되어 있으며, 이러한 평생교육에는 다양한 학문이 접속할 수 있다.

1. 교육학과 교육

교육학은 교육 현상 및 교육과 다른 부문의 맞물림 현상에 관해 탐구하는 학문이다. 교육학이 하나의 분과 학문으로 성립하려면 무엇보다도 어떤 현상

1) 이 글은 2023년 1월 7일 한국방송통신대학교 광주 · 전남지역대학 제33대 교육학과 학생회에서 주최한 평생교육포럼에서 발표하였다.

을 교육 현상으로 볼 것인지가 중심 질문이 되어야 하고, 이 질문으로부터 이어지는 질문들에 대한 대답을 구하려는 노력을 중단하지 않아야 한다. 어떤 질문에도 하나의 대답만 있는 것은 아니다. 그 대답이 적용되지 않는 실제가 존재한다면 그 대답을 수정해야 하고, 대답을 수정해도 여전히 실제에 부합하지 않는다면 질문 자체를 바꾸어야 한다. 다른 학문과 마찬가지로, 교육학은 완결된 학문이 아니라 진행형의 학문이며, 시대와 맞물린 논의의 흐름에 따라 다양한 지층을 만들어내며 변화한다.[2)]

누군가에 의해 '교육'이라는 단어가 만들어지고, 교육 활동의 흐름이 이어진다고 해도, 교육학이 뒷받침되지 않으면 교육에 관한 담론은 체계적으로 확대하거나 심화하기 어렵다. 교육학은 특정 현상을 '교육 현상'으로 계속 호명하며, 이에 관한 연구 결과를 토대로 논의를 촉구하고 공론화한다. 특정 현상을 교육 현상이라고 호명하면서 교육학은 성립되고 후속되는 논의를 통해 발전한다. 교육학의 호명으로 인해 이전에 교육 현상으로 호명을 받지 못했거나 다른 이름으로 호명을 받았던 현상들도 교육 현상으로 인식되며, 이러한 인식을 통해 교육의 역사가 시·공간적으로 확대된다.

장상호는 다른 학문과 개념 틀과 연구 방법을 토대로 교육 현상에 접근하는 기존의 교육학(제1기 교육학)을 괄호 안에 넣고 고유한 개념 틀과 연구 방법의 가능성을 탐색하고, 이를 토대로 제2기 교육학을 새롭게 정립하는 시도를 하였다.[3)] 이러한 시도에서 핵심적인 것은 교육 현상과 다른 현상을 구분하는 고유성이다. 다시 말하면, 다른 학문의 개념으로 포착할 수 없고, 오로지 교육 개념으로만 포착할 수 있는 고유성이 교육학을 분과 학문으로 성립하게 하는 기본 요소라는 것이다. 장상호는 인간에게는 품위가 있고, 품위의 차이(품차)가 생기며, 이 차이를 줄이는 방향으로(낮은 수준에서 높은 수준으로 향상하도록)

2) 이러한 인식은 이정우(2004)로부터 시사받은 것이다.
3) 장상호(2020)는 이러한 시도를 '교육학의 재건'이라고 하였다.

직접 개입하는 활동을 '교육'이라고 호명하였다(장상호, 2020: 313-314).

인간이 하는 활동에는 품위가 있다. 경제 활동, 정치 활동, 행정 활동, 종교 활동, 예술 활동, 학문 활동 각각에 품위가 있으며, 심지어 교육 활동조차도 품위가 있다. 각각의 품위가 통합될 수도 있고, 분절될 수도 있다. 우리는 좀 더 나은 또는 이상적인 경제 활동, 정치 활동, 행정 활동, 종교 활동, 예술 활동, 학문 활동, 교육 활동에 관해 사유하고, 이 사유를 반영하여 실천하려고 노력한다. 한번에 완벽한 상태로 나아갈 수 없으므로 각각의 활동은 진행형으로 언제나 성찰의 대상이 되고, 개선의 대상이 된다. 여기서 교육 활동을 제외하고 다른 활동은 자체적으로 품위를 향상하는 데 한계가 있다. 오로지 교육의 개입을 통해서만 품위를 향상할 수 있다. 그러므로 교육 활동은 품위 향상을 위한 자체 기제를 내장하고 있는 셈이다.

교육학은 교육 현상에 주목하지만, 교육이 아니라 학문이다. 그래서 교육학이라는 학문의 품위를 향상하려면 교육의 개입, 즉 교육학교육을 진행해야 한다. 교육학교육을 통해 기존 교육학의 한계를 뛰어넘을 수 있고, 교육학이라는 학문에 참여할 후속세대를 양성할 수 있다. 교육의 개입은 체계적으로 진행될 수도 있고, 우연히 일어날 수도 있다. 전자는 교육학교육이 제도화된 양태로 나타난다. 물론, 제도화가 약할 수도 있고, 강할 수도 있다. 현재 대학의 교육학과에서 진행하는 교육은 강한 제도화의 모습을 띠고 있다. 제도화가 강하면 자칫 학문에 비해 교육이 배경으로 밀려나는 일이 벌어질 수 있으며, 제도 자체에 관한 성찰이 약화되기도 한다.

2. 교육과 평생교육

'평생교육' 개념의 등장은 교육의 강한 제도화와 맞물려 있다. 교육을 강하게 제도화하는 방향으로 탄력을 받은 대표적인 것이 바로 학교교육이다. 학교교육을 의미하는 영어 schooling 자체가 school(학교)에 ing를 붙여 동명사의 양태를 띠고 있다. 즉, schooling은 교육의 학교화, 달리 말하면, 학교라는 제도적 틀에 맞추어진 교육이라는 의미를 담고 있다.[4] 그러나 강하게 제도화된 교육은 교육의 양태 중 하나일 뿐이며, 이것으로 교육의 실제 양태 모두를 포괄할 수 없다. 제도화된 양태가 강하고 두드러져 보이기는 하지만, 비유적으로 말하면, 그 양태는 빙산의 일각일 뿐이다. 제도화된 교육, 그중에서도 학교교육은 이미 제도로서 여기에는 비교육적인 부문의 개입이 불가피하고, 여기서는 반교육적인 사태가 벌어질 수도 있다. 요컨대, 학교교육은 하나의 제도로서 교육답게 진행해야 할 과제가 있다.

학교교육의 강한 제도화는 학교교육과 다른 교육의 분절을 불가피하게 하였고, 그 양태는 다른 교육의 배제나 주변화, 또는 다른 교육조차도 학교교육화하려는 경향으로 나타났다. 아무리 박사 후 과정까지 연장한다고 하더라도 학교교육은 일정한 기간에 일정한 장소에서 진행하는 교육이다. 그러나 교육은 다른 활동들에 개입하는 삶의 한 측면으로서 누구나 언제 어디서나 어떤 수준에서든 진행하는 활동이다.[5] 이 중에서 시간에 주목하여 교육이 평생에 걸쳐 진행하는 활동이라는 점을 강조하려고 의도적으로 조어한 개념이 바로 평생교육이다. 인간의 실제 삶에 비추어 볼 때, 공간과 수준은 시간의 흐름에 따라 수반되는 것이라고 말할 수도 있다.

---

4) 일리치(Illich, 1979)는 학교를 중심으로 교육이 제도화되면서 나타난 문제점에 주목하였다.
5) 교육의 개념에 대해 시간, 공간, 수준이라는 세 차원으로 접근한 논의는 윤여각(2021: 25-41) 참조.

교육은 인간이 태어나서 죽음에 이르기까지 참여하는 활동이다. 그래서 교육은 인간의 전 생애에 걸쳐 일어나는 현상이다. 교육은 가정에서부터 시작되고, 가정 밖으로 확장되어 간다. 가정 밖에 학교가 있고, 직장 또는 작업장이 있고, 또 다른 공간이 있다. 사람이 모여 집단을 이루는 곳 어디나 교육이 있으며, 우연히 일어나는 교육을 넘어서서 교육을 제도화하는 흐름이 생겨나고, 여기에 다양한 제도적 조건과 의미를 부여하기도 한다. 교육 프로그램에서 다루는 소재(또는 교과내용) 전문가의 강의나 교육 프로그램 참여 시간의 인정이 그 예다. 적어도 교수자에 관한 한 일정한 자격 조건을 염두에 두는 경향이 있다. 그러나 이 또한 학교교육과 마찬가지로 교육의 한 양태이며, 한 인간이 참여하는 교육의 극히 일부분일 뿐이다.

강하게 제도화된 교육인 학교교육을 교육의 한 양태로 보는 것은 거기에 교육적 측면이 있기 때문이다. 일상의 삶의 장면에서 어떤 부문에도 채색되지 않은 순수한 교육은 존재하기 어렵다. 정확히 말하면, 교육은 언제나 다른 부문과의 맞물림 속에서 진행된다. 이러한 맞물림 때문에 다른 부문으로 환원되는 오류를 범하지 않으려면 교육의 이념형에 관한 사유가 필요하다.[6] 교육의 이념형에 관한 사유를 전문적으로 하는 학문이 바로 교육학이다. 교육의 이념형이 있어야 다른 부문과 맞물려 있는 교육을 본위화하는 것이 가능하고, 그렇게 해야 교육과 다른 부문의 관계에 관해 논의하는 것이 가능하다. 그러므로 엄밀한 논의의 장에서 '교육'이라고 말하면, 교육학에서 이념형으로 제시하는 교육을 지칭한다.

교육에 대해 어떻게 개념 규정을 하든 교수와 학습이라는 두 축이 핵심 요소로 포함된다. '교수'는 가르치고 확인하는 활동을 지칭하는 개념이고, '학습'은 배우고 익히는 활동을 지칭하는 개념이다.[7] 학습은 전적으로 학습자의 몫이

---

6) 이러한 사유의 연장선에서 '교육다운 교육'(조용환, 2021)을 계속 모색해 나갈 수 있다.

7) 일반적으로 학습은 배우고 익히는 활동으로, 교수는 가르쳐 주는 활동으로 풀이한다. 그러

고, 학습자가 자기 주도성을 향상해 나가야 하는 과제가 있지만, 적절한 시점에서 교수의 조력은 언제나 귀중하다. 교수자와 학습자가 만나 교수와 학습이 어떻게 어우러지는지에 따라 당시뿐만 아니라 이후 교육의 질적 수준이 달라진다. 이러한 모습이 전 생애에 걸쳐 진행되므로 이 점을 강조하는 차원에서 '평생교육' 개념이 등장하였고, 따라서 평생교육 역시 교육 개념에 대한 사유와 이에 따른 실천의 흐름에서 벗어나 있지 않다.

3. 국가정책과 평생교육

유네스코를 중심으로 평생교육 개념이 전 세계적으로 확산하면서 우리나라에서도 김영삼 정부 이후 평생교육이 국가 차원의 정책을 담은 문건에 등장하기 시작하였다. 평생교육이 국가 차원의 정책 대상이 되면서 이와 관련된 정책사업을 교육부에서 선도하였지만, 평생교육이 전 세계적인 화두가 되면서 다른 부처의 정책문건에 자주 언급될 뿐만 아니라 정책사업으로 구체화되어 왔다. 그래서 외관상 '평생교육'이라는 용어 때문에 교육부의 고유한 정책대상인 것처럼 보이지만, 실제로 평생교육의 필요성은 모든 부처의 정책 배경이 되고 있고, 평생교육은 각 부처의 실정을 고려한 정책사업으로 추진되고 있다.

정부 부처는 행정조직으로서 법에 근거하여 행정행위를 한다. 평생교육 관련해서는 「평생교육법」에 근거하게 되어 있다. 「평생교육법」은 범주 구분으로는 교육부 관련 법으로 되어 있지만, 「평생교육법」의 조항은 교육부를 넘어서는 적용 범위를 갖는다. 이를 보여주는 대표적인 표현이 '국가 및 지방자치단

나 교수의 활동에서 평가가 중요한 비중을 차지하고, 학습과 같은 방식으로 대구(對句)를 이루도록 풀이하는 것이 적합하다는 점을 고려하면, 교수는 가르치고 확인하는 활동으로 풀이할 수 있다.

체'의 임무와 관련된 조항이다. 「평생교육법」 제5조 제1항에서는 '국가 및 지방자치단체는 모든 국민에게 평생교육 기회가 부여될 수 있도록 평생교육진흥정책과 평생교육사업을 수립·추진하여야 한다'고 명시하고 있다. 제도화된 교육을 염두에 둔다면, 여기서 '평생교육 기회'는 평생교육 프로그램에 참여할 기회를 의미한다(윤여각, 2020: 8-11).

이를 위해 '국가 및 지방자치단체는 그 소관에 속하는 단체·시설·사업장 등의 설치자에 대하여 평생교육의 실시를 적극 권장하여야' 하고(제4항), '모든 국민이 여건과 수요에 적합한 평생교육을 선택하고 참여할 수 있도록 관련 정보를 제공하고 상담 등 지원활동을 하여야' 한다(제5항). 여기서도 '평생교육의 실시'는 평생교육 프로그램의 운영을 의미하고, '평생교육을 선택하고 참여하는' 것은 평생교육 프로그램을 선택하고, 그 프로그램에 참여하는 것을 의미한다. 이러한 해석은 「평생교육법」 제2조 제1호에서 평생교육을 '학교의 정규교과과정을 제외한 모든 형태의 조직적인 교육활동'으로 정의한 것에 근거한다. '조직적인 교육활동'은 체계적으로 설계하여 운영하는 프로그램에 따라 진행하는 교육활동 이외의 다른 것일 수 없다.

전 생애에 걸쳐 참여하는 모든 교육 중 「평생교육법」은 학교의 정규 교과과정을 제외한 모든 형태의 조직적인 교육활동에만 개입한다. 따라서 「평생교육법」의 적용을 받으려면 학교의 정규 교과과정에 따른 교육을 제외하고 체계적으로 설계하여 프로그램의 형태로 진행하는 교육의 양태를 띠어야 한다. 그렇게 해야만 「평생교육법」에 근거한 정책의 대상이 되어 재정적 지원도 받을 수 있다. 이러한 사례에 포함되지 않는 교육은 「평생교육법」에 근거한 정책의 대상조차 될 수 없고, 당연히 재정적 지원도 받을 수 없다. 따라서 부지불식간에 일어나는 교육의 양태는 법적 근거가 없으므로 모든 정부 부처는 이에 대해 고려하지 않을 뿐만 아니라 배제한다.

이렇게 보면, 교육학에서 다루는 평생교육 개념과 「평생교육법」에 근거하는 평생교육 개념은 차이가 있다. 법은 행정을 통해 집행하는 맥락을 염두에 둘 수밖에 없고, 따라서 이념을 따르더라도 구체적이어야 한다. 그러므로 「평생교육법」에 따른 국가정책은 평생교육의 실제를 다 고려할 수도 없고, 정책사업화할 수 있는 부분에 한정하는 제한이 있다. 이렇게 국가정책의 맥락에서 포착한 평생교육을 교육학의 평생교육 개념으로 그대로 받아들이는 것은 논점을 혼동하고, 더 나아가 범주 착오의 오류를 범하는 것이다. 이러한 오류를 인식하지조차 못한다면, 이것은 교육학계와 교육계가 행정계에 종속되는 양태를 보이는 것이다.

4. 국가정책에서의 평생교육

교육부는 「평생교육법」에서 규정하는 사항을 정책사업으로 추진하게 되어 있고, 이는 5년마다 수립하는 '평생교육 진흥 기본계획'에 담아내야 한다. 이 정책사업은 결과적으로 지방자치단체를 매개로 추진한다는 점에서, '평생학습도시 선정 및 지원 사업'은 정책적 타당성이 있다. 이 사업은 광역자치단체가 아닌 기초자치단체를 대상으로 추진한다. 교육부는 기초자치단체인 시청, 군청, 자치구청이 신청하면 이를 심사하여 적합한 기초자치단체를 선정하고 지원하며, 이와 관련한 업무 수행을 국가평생교육진흥원에 위탁하고 있다. 평생학습도시는 행정 단위인 지역에서 평생학습을 중요한 정책 주제로 정하고 다른 정책 주제와의 연계를 시도하는 기초자치단체를 말한다.

지역주민의 삶에 개입하는 모든 부문이 균형 있게 발전해야 지역이 활성화될 수 있다. 각 부문이 지역에서 작동하는 양태는 서로 다르지만, 교육이 개입함으로써 각 부문에 참여하는 지역주민의 역량 향상을 통해 각 부문이 발전할 수 있다. 이 점에서 교육은 다른 부문에 수직으로 직교하면서 각 부문의 발전에 간접적으로 개입한다. 이러한 인식을 배경으로 하여 평생학습도시의 설계가 이루어지고 있으며, 이와 관련한 실무를 평생교육사가 담당하고 있다. 평생교육사는 「평생교육법」에 명시한 국가 자격이다. 기초자치단체에서 일하든 기초자치단체에서 발주하는 사업을 위탁받아 일하든 여기에는 행정의 맥락이 있고, 따라서 평생교육사에게는 행정역량이 요구된다(윤여각, 2016a: 143-144). 따라서 정책사업의 수립과 실행에서 행정을 배제한 논의는 비현실적이다.

지역주민의 학습 이력에는 교육 프로그램 참여를 통해 쌓은 이력이 있다. 이러한 프로그램에 개인이 비용을 들여 참여할 수도 있고, 비용의 전부 또는 일부를 국가 재정이나 지방 재정의 일부를 지원받아 참여할 수도 있다. 이를 통해 함양하거나 증진한 능력이 그가 참여한 조직에서 활용된다는 점에서 교육 프로그램 참여도 비용의 지출도 가볍지 않다. 그러므로 이를 누적하여 관리할 필요가 있다. 이를 위해 도입한 제도가 평생학습계좌제다. 이 제도를 통해 이후의 학습에 대해 내실 있게 설계할 수 있으며, 타인이 필요로 하는 학습에 조력하는 교수자로 등록할 수도 있다. 한 직장에서 일하고 사라지는 정보가 아니라 직장을 이동하거나 은퇴한다고 하더라도 계속 누적되어 활용하는 정보가 될 수 있다. 이 정보는 그 자체가 국가 또는 지방의 자산이 될 수 있다.

지역주민 각자의 교육적 필요를 충족할 수 있는 교육 프로그램이 언제나 가까운 곳에 마련되어 있지는 않다. 지역주민의 교육적 필요와 관계없이 개발하는 사람이 자기 역량 범위 안에서 교육 프로그램을 개발하고, 이 개발과 관계없이 교육 프로그램을 도입하여 운영하기도 한다. 따라서 지역주민 편에서는 교육 프로그램에 관한 정보가 필요하다. 지역주민은 어떤 교육 프로그램이 언제 어디서 어떤 방식으로 운영되고, 누가 교수자로 참여하며, 그 프로그램 이전에 이수하면 좋은 것과 이후에 이수할 수 있는 것에 관한 정보를 보고 선택할 수 있다. 이러한 정보가 학습주제 또는 소재별로 집적되고, 계속 갱신된다면 지역주민은 이를 유용하게 활용할 수 있다. 이러한 맥락에서 「평생교육법」에서는 학습 관련 정보를 제공하는 것을 국가 및 지방자치단체의 책무로 규정하고 있으며, 이 업무를 각각 국가평생교육진흥원과 시·도평생교육진흥원에 위탁하고 있다.

학습에 필요한 경비를 스스로 감당하거나 적합한 경로를 따라 지원받을 수 있다면, 학습 참여를 구체화할 수 있다. 그러나 생계를 위해 장기간의 노동이 불가피한 경우 학습 참여는 현실적으로 어려울 수 있다. 만약 경비 문제가 해결된다면 아무리 과로가 된다고 하더라도 학습에 참여하려는 욕구가 있는 사례도 있다. 이러한 사례를 염두에 두고 도입한 게 평생교육바우처제도다. 이 제도는 학습을 장려하는 차원에서 바우처를 제공한다는 점에서 성격상 장학금이라고 할 수 있으며, 자녀가 아닌 당사자에게 이런 식으로 장학금을 지급한 것은 우리나라에서 최초다. 일하고 싶어도 일할 수 없는 상태에서 경비 문제로 학습에 참여하는 데 부담을 느끼는 사례가 발생할 수 있으므로 대상층을 확대하는 조치가 필요하다.[8)]

5. 교육학과 국가정책에서의 평생교육

교육학은 평생교육 관련 국가정책을 수립하는 데 연구를 통한 증거 기반의 자료를 제공하기도 하고, 그 정책의 타당성 논의에 적극적으로 활용되기도 한다. 평생교육 관련 특정 제도를 도입하는 데도, 이 제도의 추진을 위해 법제화하는 데도, 이 제도의 발전적 운영에 필요한 효과성을 입증하는 데도 교육학이 활용된다. 즉, 국가정책의 맥락에서 교육학은 중요한 도구가 된다. 이렇게 교육학이 국가정책의 도구로 활용되는 것에 대해 부정적인 교육학자가 있을

8) 윤여각(2019: 50-51)은 여기서 더 나아가 학교교육 중심의 공교육체제를 확대하는 '평생공교육체제'를 제안하였다.

수 있지만, 학문과 행정의 맞물림 자체를 부정할 수는 없다. 국가정책을 결정하고 집행하는 행정가가 교육학자의 논의를 경청하게 하는 것에는 해당 교육학자, 크게는 교육학계의 몫도 있으며, 이를 인정하지 않을 때 스스로 소외를 자초하는 결과를 낳을 수 있다.

앞서 언급했듯이, 국가정책으로 실행하는 평생교육은 순수한 양태로 존재하지 않는다. 여기에는 다양한 부문이 맞물려 있고, 그래서 채색되어 있으므로 교육학에서는 개념적 논의를 통해 교육을 구분해내고 시간의 흐름 속에서 다른 부문들과의 맞물림을 확인하고, 교육다운 교육이 진행되도록 무엇을 어떻게 하면 좋을지 대안을 모색해야 한다. 그러나 교육학은 교육의 실제를 대상으로 연구하고 논의할 뿐 교육의 실제 자체는 아니므로 연구와 논의는 탄력적으로 진행되어야 한다. 교육학에서 규정하고 논의한다고 해서 교육의 실제가 시간의 흐름 속에서 그 규정과 논의대로 이루어지지는 않기 때문이다. 평생교육 관련 정책사업을 계획하고 집행하는 주체가 있고, 이에 따라 정책사업에 참여하는 주체가 있다. 이들이 보이는 양태는 극명하게 다르며, 따라서 교육에 대한 국가정책의 맥락과 교육의 이론적 맥락을 혼동해서는 안 된다.

교육학의 역사에서 근대 이후 초등학교를 포함하여 대학교에 이르기까지 학교를 중심으로 하는 공교육의 발전에 주목하고, 학교와 유사한 형태로 진행하는 교육이나 우연히 일어나는 교육에까지 관심을 확대해 온 경향을 확인할 수 있다. 이는 행정과 밀접하게 맞물려 있었고, 교육학은 국가정책과의 맞물림 속에서 발전하는 경로를 따랐다. 이미 학교는 전 세계적으로 근대 기획으로 도입되었고, 우리나라에서도 '교육입국'이라고 주장하기를 주저하지 않았다. 한국교육개발원, 한국교육과정평가원, 한국직업능력연구원, 한국교육학술정보원, 국가평생교육진흥원 같은 기관도 국책기관으로 설립되었다. 달리 말하면, 정부 차원의 국가정책적 필요에 따라 기관을 설립하고 이를 활용하는 것이다. 이들 기관에 교육학자가 배치되어 있다.

학교교육에 붙잡혀 있던 교육학이 평생교육 개념을 통해 교육 개념을 재개념화하는 계기를 가졌지만, 교육정책에서 학교교육과 직접 맞물려 있는 것들이 차지하는 비중이 워낙 크다 보니 학교의 정규 교과과정을 통해 진행하는 교육을 제외한 나머지 전 생애에 걸친 교육으로 방향을 트는 데 시간이 걸리고 있다. 유치원교육 및 초・중등학교교육에 관한 사무를 시・도교육청으로 이관하는 특별법이 제정되었지만, 교육부의 사무는 아직도 고등교육 및 평생교육을 중심으로 재편되지 못하고 있다. 시・도 의회에서 교육청 관련 예산을 다루고 있지만, 일반지방자치와 교육지방자치는 통합적으로 이루어지지 못하고 있다. 교육학 내에서는 학교교육의 문제(problems of schooling)를 교육이 안고 있는 문제(problems in education)로 보고 교육이 아닌 학습을 중심으로 학문체계를 재구축하려는 흐름도 존재한다. 그러나 그 결과는 학교교육과 평생교육의 분절로 교육학계와 교육계의 역량을 분산하는 부작용으로 나타나고 있다.

삶의 한 측면으로서 교육은 특정한 공간과 시간에 진행하는 교육으로 한정할 수 없다. 교육은 성격상 평생교육이며, 언제 어디서나 어떤 수준에서든 진행할 수 있다. 실제로 모든 부처에는 교육 관련 업무가 있으며, 교육이 개입되지 않으면 각 부처는 역량 있는 인력을 충원할 수도 없고, 충원한 인력의 역량을 계속 향상해 나갈 수도 없다. 교육부에서 '평생교육 진흥 기본계획'을 수립하여 이를 범정부 계획으로 다루는 외양을 취하고 있지만, 교육부는 모든 부처의 평생교육 진흥을 관할하는 중심축이 되지 못하고 있다. 모든 부처의 평생교육 진흥 관련 업무를 통합적으로 관리하려면 이에 합당한 권한이 있어야 하는데 교육부에서는 이러한 권한 확보를 위한 노력을 제대로 하고 있지 않다.

6. 타 학문과 국가정책에서의 평생교육

국가정책으로 다루는 평생교육은 '교육'이라는 이름으로 교육학이 전유하는 대상이 될 수 없다. 평생교육에 관한 정책은 이미 정책학의 대상이고, 정책으로 수립되고, 이에 따라 추진하는 평생교육 관련 사업은 행정학의 대상이며, 그 이전에 모든 정책과 정책집행의 근거가 되는 교육 관련 법은 법학의 대상이다. 또한, 평생교육 관련 정책사업에는 예산이 투여되므로 평생교육은 재정학의 대상이며, 평생교육 관련 예산을 집행하는 조직의 회계 업무는 회계학의 대상이다. 물론, 평생교육과 관련하여 산출하는 통계는 통계학의 대상이며, 평생교육 관련 업무를 전산으로 지원하는 것은 컴퓨터공학의 대상이다. 더 나아가 평생교육의 맥락에서 진행하는 직업재교육 또는 직업전환교육에서 다루는 소재는 모든 학문이 될 수 있으므로 모든 학문이 평생교육에 관심을 갖는 것은 당연하며, 이들 학문과 맞물려 있는 부처에서 평생교육에 대해 정책적으로 관심을 갖는 것 역시 당연하다.

타 학문에서 평생교육에 대해 갖는 관심은 학문체계를 배경으로 하고 있으며, 따라서 평생교육의 해당 학문적 측면에 있다. 예컨대, 경제학은 평생교육의 경제적 측면에 주목한다. 평생교육이 경제는 아니지만, 평생교육이 작동하려면 수요와 공급을 고려해야 한다. 학습자의 수요에 맞는 교육 프로그램을 개발하고, 적정한 수강료를 책정하여 학습자에게 공급할 때 일정한 수익을 창출할 수 있다. 교육 프로그램을 개발할 때 필요한 도구와 들어가는 수고를 비용으로 계상하지 않고, 개발한 교육 프로그램을 무조건 무상으로 제공하는 것은 경제적으로 타당하지 않다. 정부나 지방자치단체에서 수립한 정책에 따라 예산을 들여 교육 프로그램을 개발했다면, 그 교육 프로그램을 운영하기에 적합한 기관을 선정하여 교육의 효과가 있기를 기대하는 것은 경제적으로 타당하다.

경제학에서는 사람을 인력의 관점에서 접근하여 생산에 투입되는 하나의 요소로 본다. 인력을 양성하는 것도 경제학의 관점에서 조망하기에 학교교육이 이 일에 얼마나 효과적인지 검토하고, 평생교육 맥락의 직업재교육과 직업전환교육도 이 일에 얼마나 효과적인지 검토한다. 더 나아가 다른 교육도 인력양성에 얼마나 도움이 되는지에 따라 그 가치를 평가한다. 경제학에서는 시간이라는 변수도 생산에 투입되는 요소로 보기 때문에 '여유로운 시간'은 어색한 개념이다. 경제학적 배경을 가진 사람은 장기적으로 드러나는 효과보다는 단기적으로 드러나는 효과를 선호하는 경향이 있으며, 이는 자본주의에 대한 신념과 맞물려 있다. 경제발전을 중시하는 체제에서 경제학이 우세한 위치에 있거나 경제학적 배경을 가지고 있는 사람들로 일정한 세력을 형성하는 건 흔히 볼 수 있는 현상이다.

정부에서 경제발전에 주력하다 보면 기회의 차이와 능력의 차이가 맞물리면서 사람들의 생활 수준에 격차가 발생하게 된다. 이에 따라 상류층, 중류층, 하류층으로 구분할 수 있는 계층이 나타난다. 하류층을 경제 활동에 참여하게 하고, 그조차 어려운 사람들을 지원함으로써 정부 차원에서 사회적 위험을 줄이려는 흐름이 형성된다. 사회복지학은 이러한 현상에 주목한다. 정부에서는 누구나 언제 어디서나 어떤 수준에서든 교육에 참여할 수 있는 평생학습사회를 건설하는 데 주목하면서도 정책적으로는 중류층과 하류층에 더 관심을 기울인다. 여기서 추진하는 평생교육 관련 정책사업은 복지적 차원에서 이해되는 경향이 있으며, 여기에는 정부 정책에 영향을 미치는 사회복지학적 접근이 작용한다.

평생교육에 교육이라는 단어가 붙어 있으므로 교육학의 고유한 관심사일 것으로 짐작할 수도 있지만, 현실은 전혀 그렇지 않다. 평생교육에는 다양한 이해관계가 맞물려 있고, 따라서 평생교육은 정책적으로 쟁송지대에 있다.[9)]

---

9) 우리나라 평생교육 실천 담론의 쟁송지대적 성격에 대해서는 한숭희(2000) 참조.

정책은 행정과 맞물려 있고, 이 행정은 또한 정치와 맞물려 있으므로 정권을 잡은 정당의 영향을 많이 받게 된다. 그래서 정권이 바뀌면 그동안 배정되었던 사업의 예산이 현저하게 늘어나거나 줄어들 수도 있고, 사업 자체가 폐지될 수도 있다. 이 점에서 평생교육은 취약한 기반 위에 있다. 평생교육학계에서조차 평생학습을 강조하며, 교육 개념을 전유화하려는 노력에 소홀한 모습을 보이고 있기 때문이다. 이것은 이전부터 편성했지만, 평생학습 관련이라고 호명하지 않았던 예산을 각 부처에서 확보하면서 교육부의 평생교육 관련 예산에 소극적으로 대응하는 모습으로 나타나고 있다. 타 학문은 여기서 평생교육학의 편에 손을 들지 않아도 된다고 생각할 수 있다.

7. 지역에서 평생교육 활성화를 향하여

국가의 거의 모든 정책은 지역에서 작동해야 하고, 거의 모든 정책사업 역시 지역에서 추진해야 한다. 그러므로 국가의 거의 모든 정책은 지역성을 염두에 두어야 하고, 정책사업은 특히 지역성을 적극적으로 고려해야 한다(윤여각, 2013: 1-26 참조). 지역의 특성에 따라 자유 변경할 수 없는, 그래서 비탄력적인 정책사업은 지역에서 추진하면서도 지역과 괴리되는 방식으로 진행된다. 그 결과는, 지역에서 정책사업을 추진하였는데, 지역주민의 삶의 질을 향상하는 변화가 제대로 이루어지지 않는 사태로 나타난다. 그러므로 지역에서 추진하는 어떤 정책사업도 계획 단계에서 '과연 지역주민의 삶의 질 향상에 기여할 수 있는지'에 비추어 검토되어야 하고, 마무리 단계에서도 똑같은 질문에 따라 평가되어야 한다.[10)]

다양한 장에서 교육 프로그램이 마련되어 운영되고 있지만, 부서의 관심사

10) 이규선 · 윤여각 · 지희숙 · 장명희(2021)의 연구보고서는 이를 잘 보여준다.

에 따라 분절적으로 접근하여 이에 관한 정보가 종합되어 통합적으로 검토되지 않는다. 당연히 이후의 정책 수립을 위한 기초자료로 가공되어 검토되지 않으며, 그 분절로 어떤 일이 벌어지는지 또는 그러한 분절에도 불구하고 어떤 맞물림이 일어나고 있는지 연구되지도 않는다. 지역주민들은 어떻게든 살아가며, 이러한 삶에는 수많은 맞물림이 있다. 이를 한번에 조망할 수 없기에 삶의 다양한 측면을 전문적으로 다루는 학문이 형성되고, 역시 단번에 정책적으로 개입할 수 없기에 서로 다른 부처로 나누어 분업하게 된다. 그러므로 구분하여 분업한 것은 어떤 방식으로든 통합하는 기제로 수렴되어야 한다. 시·도 단위라면, 이 일은 광역자치단체에서 하는 것이 적합하다.

「평생교육법」이 교육 관련 법에서 분화된 탓도 있지만, 평생교육학계에서는 학교교육에 관한 논의를 배제하는 경향이 있다. 그러나 지역에는 학교교육이 있고, 일부 지역주민은 학교교육과 연계되어 있으며, 학교는 지역주민들에게 의미 있는 교육 자산이 될 수 있다. 그러므로 지역의 평생교육과 관련하여 학교교육을 배제하기보다는 학교교육과 어떻게 연계하는 것이 더 적절한지, 지역에서 태어나 성장해 나가면서 학교교육의 위상을 어떻게 설정하고, 지역성이 반영되도록 학교교육을 특성화할지에 대해 좀 더 적극적으로 사유하고 실천할 필요가 있다. 교육계에서는 학교교육에 익숙하므로 학교교육에서 시작하여 지역의 다른 교육으로 확산하고, 연계고리를 만들어 나가는 방식을 취할 수 있다(윤여각, 2016b: 11-41).

지역주민이라면 누구나 지역에서 일을 했거나 일을 하고 있다. 모든 일은 역량을 필요로 한다. 역량은 지식과 기술과 태도의 결합 양태에 따라 그 수준이 드러난다. 현재의 역량은 지금까지 학습한 결과이며, 지역주민에게는 계속 그 역량을 향상할 과제가 있다. 이 과제 수행에는 적합한 노력이 수반되어야 하며, 이 수행에는 지역주민이 처해 있는 여건에 따라 개인차가 나타난다. 계속 학습하면서 역량을 향상해 나갈 여건을 갖춘 지역주민도 있고, 학습할 여력도 거의 없고 학습할 여건도 제대로 갖추어지지 않아 실제로 학습을 통해 역량을 향상하는 것은 엄두도 내지 못하는 지역주민도 있다. 이러한 차이를 각 개인의 탓으로 돌리지 않고 구조적인 문제로 인식하고, 지역 전체의 문제로 전환하게 되면, 이것은 지역의 의제가 된다.

지역의 의제가 되지 않으면 어떤 것도 지역의 문제가 되지 못하고 당사자의 문제가 된다. 전적으로 당사자의 문제라고 규정하는 방식으로 접근하는 한, 격차의 발생은 불가피하고, 양극화의 문제는 피할 수 없다. 양극화의 문제에 접근할 때 모든 지역주민의 삶의 양태를 똑같은 방식으로 맞추는 것을 목표로 할 수는 없다. 지역주민마다 자질과 소질이 다 다르므로 서로 다른 삶의 영역에서 서로 다른 삶의 양태를 보이며 살아갈 수밖에 없다. 그러나 최소한의 삶의 기준은 마련해야 한다. 다시 말하면, 최저생계 수준을 정해 놓고 그 이하로 떨어지지 않게 하고 어떻게든 그 이상으로 살아갈 수 있게 조력해야 한다.[11] 지역에서 평생교육도 이러한 대전제 위에서 작동해야 하고, 이러한 방향으로 다른 부문과 연계하고 협력해야 한다.

지역의 평생교육은 마을공동체, 마을 만들기, 도시재생, 주민자치, 사회적 경제 관련 정책과 맞물려 있으며, 이것들은 다 마을을 기반으로 주민들의 삶의 질을 향상하는 것을 겨냥하고 있다. 각각을 구현하는 사업에서도 주민교육을 진행하는데 이를 평생교육의 맥락에서 바라보고 연계하려는 시도는 아직 낯선 것으로 인식된다. 그러나 마을 활동가 중에서는 이들 사업에서 주민의 교육 참여의 중요성을 인식하고, 평생교육과 접속지점을 만들고 확산해가는 주민주도 실천모델이 등장하고 있다. 이를 토대로 마을 기반의 정책 변화를 이끌어내는 새로운 흐름도 형성되고 있으므로 지역의 교육문제를 의제로 다루는 것뿐만 아니라 삶의 질 전반을 다루는 정책의 관점에서 주민의 교육 참여에 대해 통합적으로(또는 체제적으로) 접근하는 것이 중요하다(윤여각 외, 2018).

---

11) 최근 논의되고 있는 '기본소득'은 이러한 맥락에서 이해할 수 있다(조한혜정, 2018 참조).

제3장 평생학습도시의 지속 가능한 발전 방향 및 과제[1)]

우리나라에서 평생학습도시를 선정하는 정책사업을 2001년에 시작하였으니 2021년 사사분기를 지나는 지금 만 20년이 넘은 셈이다. 평생학습도시를 선정하는 사업이 중간에 중단되기도 하였지만, 다시 이어져 2021년 현재 180개 도시가 평생학습도시로 선정되었다.[2)] 226개 기초자치단체의 거의 80%가 평생학습도시인 셈이다. 선정된 평생학습도시마다 여건이 다르므로 구체적인 발전 방향과 과제가 똑같을 수 없다. 평생학습도시는 매우 복잡하고 복합적이다. 여기서 구심력과 원심력의 중심을 굳건히 다지는 것이 필요하다. 그 중심에 사람을 두는 것이 불가피하며, 평생학습도시의 발전 방향과 과제에 관한 논의도 이에 대한 성찰적인 반복적 회귀를 통해서 이루어져야 한다.

1. 도시의 모든 부문에서 역량 있는 사람이 필요하다.

도시에서는 인간 삶의 거의 모든 분야에서 사람들이 활동하고 있다. 이들 중에는 해당 도시의 주민이 대다수를 차지하지만, 도시의 규모가 클수록 인근

---

1) 이 글은 2021년 11월 25일 울산광역시 중구청 교육혁신과에서 주최한 평생교육 발전을 위한 울산지역 집담회에서 기조강연으로 발표하였다.

2) 2023년 4월 기준으로 평생학습도시로 선정된 기초자치단체는 총 195개다.

지역에서 출퇴근하거나 활동의 주요 거점으로 삼는 사람들이 있다. 다시 말하면, 도시에는 거주하는 주민 못지않게 많은 유동 인구가 존재한다. 이들이 모두 도시를 일정 부분 유지하고, 일정 부분 발전하게 하는 데 참여한다. 도시의 중심에 주요 시설이 몰려 있고, 여기서 일하는 사람들이 퇴근하고 다음 날 다시 출근하는 사이에 비는 공동화 현상이 나타나더라도 도심에서도 사람들이 일하고 그 사람들에 의해 복잡한 역동이 일어난다는 사실에는 변함이 없다.

도시에는 행정을 위한 조직이 있고, 입법을 위한 조직이 있다. 전자가 울산광역자치단체라면 울산광역시청과 산하 조직이고, 후자는 울산광역시의회다. 광역자치단체에는 기초자치단체들도 있으므로 자치구청과 산하 조직이 행정을 위한 조직이고, 자치구의회가 입법을 위한 조직이다. 여기서 일하는 사람들은 지역주민을 위한 공복으로 일할 것으로 기대되며, 그만큼 존중받는 위치에 있다. 그리고 주민들은 이들에게 남다른 역량이 있어야 한다는 주장에 동의한다. 주민들은 엄정한 절차를 거쳐 임용되거나 선거를 통해 뽑히는 사람들이 그들이 내는 세금으로 급여를 받고 활동한다는 점에서 이들이 발휘하는 역량이 그들의 삶의 질 향상으로 이어지기를 기대한다.

도시에서의 삶에 영향을 미치는 부문에 행정과 정치만 있는 것은 아니다. 이 외에도 경제도 있고, 예술도 있으며, 교육도 있다. 도시는 경제활동이 활발하게 이루어지는 곳이다. 주변 지역에서 도시에 많은 물품이 들어오기도 하지만, 도시 내에서 생산하는 물품도 있다. 이러한 물품들에 대한 소비가 이루어지고, 이러한 생산과 소비에 비용도 들어가지만, 사람도 참여한다. 생산하는 사람에게 적합한 역량이 있어야 질이 좋고 합리적인 가격의 물품이 만들어진다. 소비하는 사람에게 적합한 역량이 있어야 생태계의 선순환을 고려한 윤리적인 소비도 가능하고(전은희, 2021: 218-219), 생산하는 물품의 질을 높이도록 유도할 수도 있다.

도시는 인공적인 시설과 공간이 많다. 자연과 조화를 이루는 설계를 한다고 하더라도 자연이 중심이 되기보다는 도시에서 거주하거나 일하는 사람들의 편의가 중심이 된다. 그러나 도시에서는 도시 전체의 미관에 대한 고려가 설계에 반영된다. 이러한 설계에 따라 다양한 지역 가꾸기 사업을 정책사업으로 추진하기도 한다. 이것은 도시에 관광객을 유치하는 것과 맞물려 있다. 예술작품 전시와 다양한 장르의 공연도 도시로 관광객을 유인하는 요인이 된다. 그래서 도시에서 예술 부문은 직접 그 활동에 참여하는 예술가만이 아니라 그들과 연관되어 일하는 수많은 사람의 역량이 함께 발휘되어야 한다.

도시에는 제도교육기관이 인근 지역에 비해 많고, 그 자체가 인근 지역 사람들을 도시로 유인하는 요인이 된다. 도시에는 제도교육기관뿐만 아니라 진로를 결정해 나가는 데 도움을 주는 많은 시설이 있다. 여기에는 역량 있는 교수자들이 있고, 이들이 선의의 경쟁을 통해 이루어내는 상승효과도 있다. 도시에는 역량 있는 교수자들만이 아니라 학습자들이 몰리며, 이들의 교육적 상호작용으로 향상된 역량을 가지고 도시의 다양한 부문에 충원되어 일한다. 이 점에서 도시는 자체의 유지와 발전에 유리한 구조를 갖추고 있다. 그러나 도시에도 덜 주목받는 부문이 있고, 여기서 어렵게 삶을 영위하는 사람들이 있다. 이들이 사회적 지위에서 상향 이동하도록 제도교육이 기회를 제공하기도 하지만, 이 기회의 문이 점점 좁혀지고 있다는 평가가 나오고 있다.

2. 도시의 모든 부문에서 교육에 주목하되, 현실적으로 관심의 비중에는 차이가 있다.

도시의 모든 사람이 교육에 관심이 있다. 본인이나 자녀가 제도교육에 참여하고 있을 때 제도교육에 관한 관심은 정점에 이르는 경향이 있다. 물론, 제도

교육의 장이나 제도교육을 보완하는 장에서 직업을 가지고 있는 사람들은 제도교육에 꾸준히 관심을 가질 수밖에 없다. 제도교육에 대한 꾸준한 관심에 관한 한 교육청 및 교육지원청에서 직업을 가지고 있는 사람들도 빼놓을 수 없다. 광역시청이나 구청에서 제도교육 관련 업무를 담당하는 직원, 광역시의회와 자치구의회에서 제도교육 관련 상임위에 배치된 의원도 제도교육에 관한 관심의 끈을 놓을 수 없다.

제도교육은 「초중등교육법」과 「고등교육법」에 명시되어 있는 학교에서 진행하는 교육이 대표적이다. 그러므로 대표적인 제도교육은 학교교육인 셈이다. 그러나 「평생교육법」에 평생교육시설이 명시되어 있으므로 여기서 진행하는 교육 역시 제도교육이라고 할 수 있다. 그러나 우리나라는 그동안 초등학교, 중학교, 고등학교, 대학교로 계열화되어 있는 학교에서 진행하는 교육에 정책적으로 집중해 왔으므로 여기에 포함되지 않은 교육기관이나 교육시설에서 진행하는 교육은 정책적으로는 부차적인 관심을 받아 왔다. 평생교육 담론이 전개되면서 학교교육이나 이에 준하는 교육만이 아니라 다른 교육에도 관심을 기울이고 있지만, 아직은 이 관심이 체계적이라고 보기는 어렵다.

도시에서 교육은 하나의 부문이지만, 다른 부문 모두 교육과 맞물려 있다. 우리나라에서 '평생학습도시'로 도시의 성격을 규정하는 시도가 있었고, 교육부에서는 이를 정책적으로 수용하여 '평생학습도시'를 선정하는 정책사업을 추진하였다. 이 정책사업 자체가 갖는 상징적 의미가 있다. 도시의 성격은 다양한 방식으로 규정할 수 있다. 여기서 지방자치단체 장의 행정철학이 비전에 중요하게 작용한다. 도시의 성격을 하나로만 규정할 수 있는 것은 아니다. 그중 하나로 평생학습이 언급되었다는 것은 '평생학습'이 시대적인 핵심 용어가 되었고, 이 용어가 주민들에게 받아들여질 정도의 선도성을 가지고 있다는 의미다.

도시의 모든 부문이 발전의 과제를 가지고 있다는 점은 분명하다. 그런데 부문마다 여건이 똑같지 않다. 모든 부문이 발전을 위해 구성원들의 역량을 모을 수 있는 여건이 전혀 안 된다고 말하기는 어려울 것이다. 그러나 각 부문의 하위 부문들에는 이러한 여건에 편차가 있어서 극단적으로는 전혀 여건이 안 되는 하위 부문도 있을 것이다. 아무래도 작업 자체의 강도가 높은 상황에서는 주어진 일을 처리하는 데도 시간이 빠듯하여 발전을 위해 별도의 시간을 마련하기가 어려울 수밖에 없다. 일 년 내내 이러한 상황이 계속될 수도 있고, 간헐적으로 이러한 상황이 발생할 수도 있지만, 안정적이지 않은 상황 자체가 학습 의욕을 약화시키는 요인으로 작용할 수도 있다.

도시의 각 부문에서 교육에 관심이 있더라도 역점을 두는 사업을 추진하는 과정에서 교육에 관한 관심이 약화할 수도 있다. 평생학습도시로 선정되기 위해 노력하는 과정에서 보이는 모습과 그 이후의 모습이 달라지기도 하는데, 이것은 역점을 두는 사업이 달라져서 나타나는 현상으로 이해할 수 있다. 한 사업에서 다른 사업으로 계속 역점 사업이 바뀌고 그 흐름에 따라 역량을 모아야 하는 업무 환경에서 자신의 업무에 대한 성찰적 학습이나 새로운 식견을 갖추기 위한 추가 학습에 참여하기는 어렵다. 이러한 상황에서도 학습이 이루어지지 않는 것은 아니지만 심도 있는 학습을 체계적으로 하기는 어렵다.

3. 도시 발전의 관건은 역량 있는 사람의 충원과 향상이다.

앞서 도시의 모든 부문에서 역량 있는 사람이 필요하다고 언급하였다. 어떤 부문에서든 상급자의 위치에서는 역량 있는 하급자의 뒷받침이 필요하다. 이 연쇄에서는 최고 상급자라고 해서 예외가 될 수 없다. 여기서 역량은 일반적인 역량이 아니라 구체적인 업무와 관련하여 이를 파악하고 처리하는 데 능숙한 역량이다. 이에 대해서는 하급자도 유사한 필요를 가지고 있다. 즉, 하급자는 역량 있는 상급자의 조력이 필요하다. 그래야 서로 성장하는 것이 가능하다. 일을 하는 데 시행착오가 불가피하기는 하지만, 실수가 반복되거나 아예 일 처리 자체를 잘못하는 사람이 하급자나 상급자로 있으면 업무에 질서가 없고 업무가 제대로 처리되지 않고 결과적으로 업무에서 성과를 내기 어렵다.

한 직무와 연관이 있는 역량은 다수며, 따라서 한 직무의 수행에는 여러 역량이 복합적으로 필요하다고 할 수 있다. 이 중 어느 하나의 역량만 보더라도 엄밀하게 말하면 단일하기보다 복합적이다. 그러므로 그 직무에서 핵심적인 기술을 구사하는 건 매우 중요하지만, 그것만으로 그 직무를 제대로 수행할 수는 없다. 무엇보다도 관련 있는 사람들과 관계를 맺고 의사소통을 원활히 하면서 함께 일을 해 나가는 기초능력이 뒷받침되어야 한다(윤여각, 2009: 제9장). 이렇게 보면, 기초능력을 갖춘 역량 있는 사람은 오랜 시간에 걸쳐 양성될 수밖에 없다. 단기간의 과정으로 중요한 몇 가지 기술을 배워 익히게 할 수는 있겠지만, 직무를 계속 수행하는 데 그것만으로 충분한 사례는 없다.

도시에는 거의 모든 부문이 작동하고 있고, 각 부문에 수많은 직무가 있다. 각 직무에 어떤 사람이 어떻게 충원되고, 어떻게 업무 역량을 향상해 나가는지 세세하게 살펴볼 필요가 있다. 다시 말하면, 업무 역량 향상에 이르는 경로와 그 경로에서 취업이나 직무 전환이나 승진과 같은 사건이 일어나는 계기나 요건을 파악하는 것이다. 사례마다 차이가 있을 것이며, 좀 더 적절한 패턴을 확인할 수 있을 것이다. 도시의 모든 부문에 관련 학문이 협업해야 하는 이유가 여기에 있다. 사례마다 차이를 인식하고 패턴을 확인하는 작업은 별도의 노력이 필요하고, 증거에 기반한 체계성을 갖추어야 하기 때문이다.

어떤 부문에서든 일 중심으로 사유하고 실천하는 경향이 있다. 그렇다고 사람을 고려하지 않는 것은 아니지만, 성과를 도외시할 수 없어 우선 일의 추진을 앞세우는 것이다. 업무를 표준화하고 누구든 대체할 수 있는 구조를 갖추는 것도 사람보다는 일을 먼저 생각하는 것이다. 하나의 업무를 담당할 사람을 줄로 세울 수 있고, 권한이 있는 사람이 앞에 있는 사람 중에서 선발하면 되고, 이것이 하나의 관행이 되어 있기 때문이다. 취업한 이후 직장에서 직무 이동 경로를 관리한다. 직장에서 업무 능력 향상을 위해 별도의 교육 프로그램에 참여할 기회를 제공하고 지원해 주기도 하지만, 직업 세계 전체로 보면, 이것 자체가 예외적인 사례다. 업무 능력 향상을 위한 별도의 교육 참여는 당사자가 챙겨야 한다.

'인사가 만사다'라는 말은 사람을 적재적소에 배치하는 것이 얼마나 중요한지를 대변해 준다. 한 번의 시험으로 그 이전의 인생 전체를 평가하는 것은 타당하지 않다. 그런데 이 문제를 해소하기 위해서는 다면적 평가가 불가피하고, 여기에는 비용이 많이 들어가므로 이를 감당할 수 있는 직장이 아니라면 엄두를 내기도 어렵다. 국가평생교육진흥원에서는 학습계좌제를 운영하고 있다. 이것은 학습이력관리제라고 할 수 있다. 현시점 이전까지 어떤 학습을 해 왔는지 그 이력을 스스로 기록하고 관리할 수 있다. 일부 학습경험은 제도적으로 자동 연결되게 설계되어 있기도 하다. 이를 보고 정성적으로 사람을 채용할 수도 있고, 업무 역량 향상을 위한 이후 설계를 지원할 수도 있다(교육부 · 국가평생교육진흥원, 2021: 406-416). 도시의 직업 세계에서 학습계좌제와 연계하고 활용한다면 역량 있는 사람의 충원과 향상이라는 과제에 효율적으로 대처할 수 있을 것이다.

4. 도시에서 학습은 전체적으로는 중단되지 않는다.

학교교육과 같은 제도교육에 한정해서 생각하면 주민에게 학습은 일정 기간에만 이루어진다. 그러나 실제로 주민은 학교 이외의 장에서도 교육에 참여한다. 학습은 대부분 다른 활동과 더불어 진행되며, 교수는 특별히 선택하여 진행한다. 무엇보다도 교수는 학습 성과의 토대 위에서 진행하며, 학습자에게 조력하고자 하는 의지가 있어야 한다. 도시의 교육망 속에서 교수자가 적절하게 배치되어 있지 않아 학습자의 체계적인 학습에 장애가 생기기도 한다. 그렇더라도 도시 전체로 보면 누군가는 학습에 참여하고 있으므로 학습 자체가 중단되는 사태는 벌어지지 않는다.

출생률이 계속 감소하고, 평균 수명이 늘었더라도 사망률이 일정하게 유지되면, 전체적으로 인구는 감소할 수밖에 없다. 그러나 도시에서 아이는 계속 태어나고, 타지에서 이사 오고, 타국에서 이주해 오기도 한다. 이들은 해당 도시의 문화를 배우고 익혀야 하는 과제를 가지고 있으므로 이와 관련된 학습의 흐름은 중단되지 않는다. 도시에서 처음에 한 번 적응하는 것으로 모든 게 완결되는 것은 아니다. 도시 내에 다양한 영역이나 분야가 있고, 거기서 지위 이동이 있을 때는 언제나 새롭게 배우고 익혀야 하는 것이 있다. 이처럼 사회화 또는 문화화와 맞물려 있는 학습은 지역에서 중단되지 않는다. 실제로 여러 차례의 사회화 또는 문화화를 거치며, 어떤 사회화와 문화화에서도 일정한 수준에 도달해야 하는 과제가 이어진다.

도시에는 다양한 영역이나 분야가 있고, 여기에는 수많은 사람이 관여하고 있다. 이들은 처음에 그 영역이나 분야에 들어와서 성장하고 언젠가 벗어나는 경로를 거친다. 일과 관련해서는 직무나 업무라고 할 수 있고, 어떤 직무나 업무든 요구되는 능력이 있다. 이 능력은 저절로 형성되지 않으므로 시간을 들여 형성하도록 노력해야 하고, 그 수준을 향상하기 위해서도 노력해야 한다. 그렇지 않으면 역량이 있다는 평가를 받기 어렵고, 직업 세계에서 도태될 수 있다. 능력의 형성과 향상에는 반드시 교육이 개입된다. 누군가 교수자가 되어 조력해야 하고, 당사자는 학습자가 되어 스스로 노력해야 한다. 이러한 교육의 흐름이 직업 세계에서는 중단되지 않는다.

'제도교육' 하면 학교교육을 연상하지만, 법이나 조례에 근거하여 진행하는 교육은 모두 제도교육이라고 할 수 있다. 일반적으로 기타 공공기관까지 포함하는 모든 공공조직에서 진행하는 교육은 제도교육인 셈이다. 실제로 모든 부처와 광역 및 기초자치단체에는 교육 관련 조직이 별도로 있고, 수많은 교육 관련 사업이 있다. 도시는 당연히 수많은 공공조직을 가지고 있고, 여기에는 교육에 특화된 조직도 있고, 교육을 사업으로 포함하고 있는 조직도 있다. 엄밀히 말하면 어떤 조직도 교육과 무관한 형태로 운영하는 사례는 없다. 이렇게 보면, 학교교육 이외에도 공공적 성격의 교육이 도시의 도처에서 진행되고 있는 셈이다.

교수자가 학습자에게 조력하든 학습자가 스스로 노력하든 교수나 학습에는 반드시 시간이 소요된다. 다른 활동을 하는 가운데 부지불식간에 교수나 학습이 진행되기도 하지만, 교수자나 학습자가 의식하는 가운데 교수나 학습이 진행되는 사례도 적지 않다. 그러나 주된 활동이 교수나 학습이 아니라고 인식하기 때문에 교수나 학습을 하면서도 이를 의식하지 못하는 사례가 많다. 무엇보다도 학교교육의 지배적인 영향력으로 형성된 편견 때문에 일정한 교육 프로그램이 있고, 여기에 참여하여 교수하거나 학습하는 경우에만 교육에 참여하는 것으로 생각하는 경향이 강하다. 그래서 본인이 교육에 참여하고 있으면서도 그 사실을 인지하지 못하고, 다른 사람이 교육이 참여하고 있는데도 이를 도외시하는 일이 다반사로 벌어진다. 그러나 이것은 사실과 부합하지 않는다. 도시에서는 사람들이 활동하는 한 엄청난 규모로 교육이 진행되고 있고, 교육은 도시 전체적으로는 중단되지 않는다.

5. 도시에서 학습을 방해받고, 학습하는 데 소외되는 주민이 있다.

평생 학습에 참여하는 게 요구된다고 해서 어느 한순간도 빠짐없이 학습에만 참여하는 것은 불가능하다. 우리에게는 교육만 중요한 것이 아니라 우리 삶에 개입하는 모든 부문이 다 중요하다. 실제로 우리는 정치, 경제, 사회, 문화, 예술, 종교, 학문, 교육 등에 참여하며, 교육이 아닌 다른 활동을 할 때 그 부문이 전경이 되고, 교육은 배경이 된다. 일시적이기는 하지만, 교육을 완전히 중단하고 다른 활동에 전념해야 하는 상황도 있다. 그러나 분명한 것은 어떤 부문에서 활동하든 그 활동을 잘하기 위해서는 교육의 개입이 필요하고, 학습자의 위치에서는 학습을 게을리할 수 없다는 점이다.

학습하는 당사자는 학습자지만, 학습자에게 언제나 학습할 여건이 잘 갖추어져 있는 것은 아니다. 이것은 학습자가 자기 학습에 관한 모든 문제를 스스로 해결할 수 없다는 것을 의미한다. 학습할 시간적 여유가 있어야 하고, 학습할 자료가 있어야 하고, 학습에 조력할 교수자가 있어야 하고, 학습할 기회를 제공하는 교육 프로그램이 있어야 하고, 또한 여기에 비용이 든다면 경제적 여건도 갖추어져 있어야 한다. 그런데 한 번 학습하면 충분한 인생 경로는 없다. 하나의 학습은 다음 단계의 학습으로 이어지고, 이 과정에서 다루는 내용도 더 넓어지거나 깊어진다. 한 영역이나 분야라고 하더라도 하위 영역이나 분야까지 확대되며, 실제로는 다른 영역이나 분야까지 넘나들어야 하는 상황도 발생하며, 이러한 사례는 빈번하다.

사람마다 적성이나 소질이 다르고, 삶의 이력이 다르다. 도시에서 모든 주민의 교육적 필요를 반영하여 교육에 참여할 기회가 펼쳐지지는 않는다. 학습자의 위치에서 하나의 학습에서 다음 단계의 학습으로 계속 이어나가는 기회를 가지는 것은 예외적이다. 도시가 주민의 학습을 위해 모든 상황에 대비해 준비해 놓고 있는 것은 아니다. 이미 준비된 교육 프로그램도 있지만, 새롭게 개발해야 하는 교육 프로그램이 더 많다. 그런데 여기에는 누군가의 집중적인 작업이 있어야 하고, 작업 비용이 많이 들어갈 수도 있다. 비용 걱정 없이 누군가 내 교육적 필요를 충족할 수 있는 교육 프로그램을 만들어주는 것은 상상에서나 가능한 이야기다. 누군가 교수한 것에 관한 자기 학습도 해야 하지만, 어떤 교수자의 조력도 받을 수 없는 상황이기에 자기 학습이 불가피한 사례도 많다. 그러나 자기 학습을 하는 것은 이에 적합한 능력이 있어야 가능하다. 학습력이 뒷받침되지 않으면 꾸준한 자기 학습은 현실적으로 불가능하다.

도시의 삶은 매우 복잡하다. 여유롭기보다는 번잡하다. 그래서 차분하게 학습할 여유를 갖기 어려운 경우가 대부분이다. 일에 치여 체계적으로 학습하기 어렵고, 그래서 학습은 하지만 그 깊이가 얕다고 고백하는 사례도 많다. 다시 말하면, 학습이 일어나기는 하지만, 주도적으로 학습하고, 체계적으로 학습하기는 어렵다. 이것은 주도적이고 체계적인 학습을 방해하는 힘들이 많이 작용하고 있다는 것을 의미한다. 그래도 일상 학습을 반복하다 보면 패턴을 파악하게 되고, 주어진 업무는 능숙하게 하는 수준에 이르게 된다. 그러나 그 이상의 학습은 진행되지 않고, 업무 전환과 더불어 학습이 분절되고 만다.

여건이 안 되어 교육적 필요를 충족할 수 있는 학습에 참여하지 못하는 주민이 있다. 학습 기회가 없는 것이 아니라는 점에서 이 주민은 학습에서 소외되는 셈이다. 학습 기회를 가져도 학습에서 소외될 수 있다. 학습은 현재의 앎의 수준에서 시작하여 이보다 조금 높은 수준을 지향하면서 이루어져야 한다. 특정한 교육 프로그램에 참여하는 모두가 똑같은 앎의 수준에 있는 것은 아니다. 그러므로 수준 확인이 필요하다. 또한, 똑같은 교육 프로그램에 참여하더라도 학습자들의 학습력 수준이 똑같은 것은 아니다. 그러므로 똑같은 교재를 다루면서도 그 내용을 파악하는 데도, 교수자의 교수에 부응하는 데도 어려움을 겪는 학습자가 있게 마련이다. 이 학습자에게 학습 기회는 있지만, 이 학습자는 실제로는 학습에서 소외되고 있다. 학습자의 소외는 교육 프로그램 제공자 또는 교수자 중심의 진행에서 빠지기 쉬운 함정이다.

6. 도시에서 학습참여체제를 관리하는 것이 지속 가능한 발전의 비결이다.

도시에서는 주민을 포함하여 많은 사람이 활동하고 있다. 사람이 활동하는 곳에는 언제나 학습이 있고, 이 학습에 조력하는 교수가 있다. 한 사람을 중심으로 생각해 보면, 그가 참여하는 학습의 흐름이 있다. 아무리 서로 다른 영역이나 분야에서의 학습이더라도 그에게는 학습이 이어지는 것이다. 그는 학습에만 참여하는 것이 아니라 교수에도 참여할 수 있다. 마찬가지로 다양한 영역이나 분야에서 교수하더라도 그에게는 교수가 하나의 흐름으로 이어진다. 그러므로 도시에서 사람들 간에 학습의 교차가 일어나고 교수의 교차도 일어난다. 이렇게 교차하는 전체 모습은 상상만 할 수 있을 뿐 실제로 볼 수 없다.

한 직업인을 생각해 보자. 한 직장에 입사하여 퇴직할 때까지 그는 직무와 관련하여 많은 것을 학습해야 한다. 그런데 직장 생활만 하는 것은 아니므로 직장 밖에서 학습하는 것도 있다. 이 학습에는 공식적인(formal) 것도 있고, 준공식적인(nonformal) 것도 있고, 비공식적인(informal) 것도 있다. 직장에서는 주로 공식적인 학습 이력을 중심으로 인사 차원에서 관리하기도 한다. 그러나 이 관리는 그가 직장에 취직하고 있을 때뿐이며, 공식적인 학습 이력에 대한 기록도 그가 퇴직하고 일정한 보관 기간이 지나면 제대로 관리조차 안 된다. 퇴직하고 다른 직장에 입사하여 다시 새로운 학습이 시작되고, 공식적인 학습 이력은 인사 차원에서 관리되는 것이 반복된다. 퇴직하는 것이 은퇴가 되면 다시는 직업 세계로 들어가지 않게 된다. 그러면 그의 학습 이력에 대한 기록은 일정한 시점이 지나면 사라진다.

사람들이 인사 차원에서 관리하는 직장에만 취직하는 것은 아니다. 자영업자를 포함하여 수많은 사람이 자기가 하는 일을 잘하기 위해 학습한다. 어떤 일도 단순하지 않아서 복잡하게 다양한 많은 것을 학습해야 하고, 특기가 있는 일이라고 해도 그 일을 더 잘하기 위해 끊임없이 학습해야 한다. 그가 학습한 이력의 특정한 부분은, 그가 만약 별도의 기록을 남기지 않는 한 기록으로 남지 않을 수도 있다. 특히 자기만의 고유한 특기를 발휘하기 위해 충실하게 진행한 자기 학습의 결과 도달한 성취는 그가 교수자로 나서지 않는다면 역사에서 사라질 수도 있다. 최근에 지역활동가들이 주목하는 '사람책'은 이러한 역사를 복원해 내려는 노력과 맞물려 있다.

공공조직이든 민간조직이든 최고 지도자의 위치에 올라가는 사람이 있다. 이들은 주목의 대상이 되고, 지역의 인물 사전에 등재되기도 하고, 전기 작가에 의해 삶이 재조명되거나 본인이 직접 자서전을 써서 세상에 자기를 알릴 수도 있다. 태어나서 죽음에 이르기까지 삶의 궤적에서 무엇을 어떻게 드러낼 것인지는 기록하는 사람이 결정한다. 삶의 여정에서 주목하는 사건들이 중심이 되는 것이 일반적이다. 결과적으로 그가 이룬 성취로 모든 기록이 수렴된다. 여기서 그러한 성취에 이르기까지 거쳐온 학습의 경로 또는 이력에 주목하는 사례는 많지 않다. 그래서 한 사람의 생애에서 학습자와 교수자의 관계망 또는 학습과 교수의 연쇄가 잘 드러나지 않는다.

도시에서는 수많은 사람이 어우러져서 도시의 역동을 만들어낸다. 각자 지위와 역할이 다르고, 그것조차도 계속 변하지만, 사람에 의해서 도시가 작동한다는 사실은 부정할 수 없다. 그리고 어떤 일이든 그에 적합한 능력이 필요하고, 각자는 그 능력을 함양하는 것뿐만 아니라 증진해야 하는 과제를 가지고 있다. 여기에는 학습이 반드시 필요하고 교수의 조력이 필요하다. 그렇다면 도시 차원에서 사람들이 학습에 참여하는 것이 원활하게 이루어지도록 체제를 구축해야 한다. 여기에 모든 부문의 모든 영역이나 분야에서 학습이 진행되기 때문에 도시에서는 그 복잡한 그물망을 파악하고, 학습의 흐름에 막힘이 있는지 점검하면서 그 체제를 발전시켜 나가야 할 것이다. 국가평생교육진흥원에서 운영하고 있는 학습계좌제는 이러한 발전 경로에 있으며, 평생학습도시는 이에 좀 더 주목하고, 효율적 운영을 위해 협력해야 할 것이다.

7. 도시에서 주민의 품격을 높이는 것이 지속 가능한 발전의 과제다.

도시에는 모든 부문이 관여하고 있지만 각 부문이 똑같은 수준으로 발전하지 않는다. 각 부문에 참여하는 사람의 관심과 역량에 따라 부문 간에는 발전에서 격차가 발생할 수 있다. 주민 대다수가 관심을 보인다고 해서 해당 부문이 반드시 발전하지는 않는다. 다양한 이해관계가 맞물려 있으면, 이것 자체가 발전에 장애가 될 수도 있다. 실제로 도시에서 활동하는 사람들은 다양한 이해관계를 가지고 있다. 이 이해관계는 어느 날 갑자기 생긴 것이 아니라 시간의 흐름 속에서 가지게 된 것이다. 그러므로 그것은 가볍지 않을 뿐만 아니라 쉽게 변하지 않는다. 예컨대, 여성들의 페미니즘에 관한 관심에는 역사가 있으며, 남성들의 반페미니즘에 관한 관심에도 역사가 있어서 이를 도외시하고 자기주장만 하는 한 양자는 대화를 제대로 이어갈 수 없다.

사람들의 삶에서 갈등이 없기를 바라는 것은 비현실적이다. 언제나 갈등은 있게 마련이고, 따라서 갈등을 어떻게 해소해 나갈 것인지가 관건이다. 이때 요청되는 것이 대화다. 누군가 이야기를 시작하고, 다른 사람은 이를 경청하고, 이해하기 어려운 부문에 대해 추가적인 설명을 요청하고, 사실과 부합하지 않거나 논리적으로 무리한 부문에 대해 언급하면서 반론을 제기하는 흐름이 이어져야 대화가 원활하게 이루어질 수 있다. 경청하려 하지 않고 자기주장만 하려고 한다면 대화는 불가능하다. 경청할 만한 반론인데도 이를 도외시하고, 이에 대한 적합한 반론을 제기하지 않는다면 또한 대화는 불가능하다.

대화는 말로 하는 것이기 때문에 대화를 잘하는 것은 기초능력과 맞물려 있다. 우리말을 잘한다고 해서 대화를 잘하는 것이 보장되지 않으므로, 대화를 잘하기 위해서는 우리말을 잘하는 수준을 향상해야 한다. 그러므로 기초능력에도 수준이 있어서 낮은 수준에서 높은 수준으로 향상해야 하는 과제가 있으며, 이 과제는 인생의 초기에 완료해야 하는 과제가 아니라 종반기에도 수행해야 하는 과제다(윤여각, 2021b: 133-134). 대화를 잘하는 사람은 품격이 높다는 평가를 받을 수 있다. 우리 삶의 어떤 부문에서든 대화를 통해 모든 활동이 이루어지므로, 대화를 잘하는 사람이 많아질수록 사람 간의 갈등을 극단적인 상황으로 몰아가지 않고 해소해 나가는 여건을 조성할 수 있다.

세상은 끊임없이 변하고 있고, 이에 따라 늘 새로운 것을 학습해야 할 상황에 접하게 된다. 이때 이를 주저하지 않고 학습에 참여하는 사람이 있는가 하면, 학습하려고 하지 않을 뿐만 아니라 다른 사람의 학습까지 방해하는 사람이 있다. 만약 마땅히 새롭게 학습해야 할 것을 학습하지 않는다면 그는 그로 인해 비문해자가 된다. 예컨대, 현재 디지털 전환이 진행되고 있는데, 이러한 흐름을 따라가는 학습을 진행하지 않는다면 디지털 세상에서 지체를 면하기 어렵고, 디지털 세상에서 그는 비문해자가 된다(윤여각, 2021a: 21-22). 정부에서는 전자정부를 지향하고 있고, 이를 계속 선진화해 나가고 있다. 이에 관한 학습을 중단하면 곧바로 지체가 일어나고 비문해 상태에 떨어지게 된다. 이것은 한 개인의 품격과도 맞물려 있지만, 범위를 넓히면 한 나라의 국격과도 맞물려 있다.

도시에서 주민이 자기 적성과 소질을 펼쳐 나가면서도 자기 울타리 안에 갇혀 편벽되지 않고 세상사에 대한 기본적인 소양을 갖추고 있고, 대화에 참여할 수 있다면, 이들의 삶은 활력이 있으며, 도시도 활력을 갖게 된다. 도시에서 사람들은 서로 다른 직업에서 서로 다른 지위를 가지고 살아가는데, 모든 직업이 도시에서 중요하다고 인정하고, 지위를 역할 분담의 맥락에서 이해하고, 서로 갈등하는 일이 있어도 상생의 끈을 놓지 않으려고 한다면, 역시 이들의 삶은 활력이 있으며, 도시도 활력을 갖게 된다. 각 영역이나 분야마다 최첨단의 정보가 중요하다고 하더라도 도시의 삶에서 일반적으로 요구되는 것은 수준 높은 기초능력이다. 이를 소중하게 생각하고, 이에 관한 학습을 게을리하지 않고, 결과적으로 존재 품격을 높여 나간다면 도시는 끊임없이 발전할 것이다.

제4장

변화된 평생교육 조례 제정을 통해 보는 평생교육 지역화[1)]

평생교육 관련 법령이 마련된 이후 이에 따라 시·군·자치구 단위까지 법령 집행이 가능하도록 평생교육 관련 조례를 제정하고 개정하는 변화가 나타났다. 이것은 「평생교육법」 제5조에서 명시한 지방자치단체의 임무가 시·군·자치구청의 사무가 되었다는 것을 의미한다. 현재 「지방자치법」 제13조 제2항 제5호에 평생교육 진흥이 사무로 명시되어 있지 않은 상태에서 나타난 현상이다. 이것은 조례의 제정이 필요할 만큼 지역주민의 요구가 강하며, 따라서 이 요구를 반영하는 행정의 근거가 필요하게 되었다는 예증이기도 하다. 평생교육 참여에 대한 지역주민의 요구는 이러한 엇박자까지 만들어내고 있으며, 그만큼 평생교육의 지역화는 도도한 흐름으로 진행되고 있다. 이 글에서는 이러한 흐름에 대해 논의한다.

1. 「평생교육법」에서 규정한 임무

「평생교육법」 제5조에서는 평생교육과 관련하여 국가 및 지방자치단체의 임무를 규정하고 있다. 제1항에서는 '국가 및 지방자치단체는 모든 국민에

---

1) 이 글은 2023년 6월 26일 노원 한걸음에 닿는 동네배움터 활동가 역량강화 연수에서 기조강연으로 발표하였다.

게 평생교육 기회가 부여될 수 있도록 평생교육진흥정책과 평생교육사업을 수립・추진하여야 한다'고 규정함으로써 평생교육진흥정책과 평생교육사업 수립・추진을 국가 및 지방자치단체의 임무로 명시하였다. 이에 따라 교육부 장관은 5년마다 평생교육진흥기본계획을 수립하고(제9조), 관계 중앙행정기관의 장 및 시・도지사는 평생교육진흥기본계획에 따라 연도별 평생교육진흥 시행계획을 수립・시행해야 한다[2](제11조 제1항: 개정 2023. 4. 18.).

「평생교육법」 제4조 제1항에서는 '모든 국민은 평생교육의 기회를 균등하게 보장받는다'고 규정함으로써 이를 평생교육의 이념 중 하나로 제시하고 있다. 여기서 모든 국민에는 장애인이 당연히 포함된다. 그러나 장애인의 평생교육 참여를 보장하기 위해 「평생교육법」 제5조 제2항과 제3항에서는 장애인의 평생교육 관련 국가 및 지방자치단체의 임무를 특별히 명시하고 있다. '국가 및 지방자치단체는 장애인이 평생교육의 기회를 부여받을 수 있도록 장애인 평생교육에 대한 정책을 수립・시행하여야 한다'(제2항). '국가 및 지방자치단체는 장애인 평생교육을 체계적이고 지속적으로 실시하기 위하여 유기적인 협조체제를 구축하여야 한다'(제3항).

「평생교육법」 제5조 제4항에서는 '국가 및 지방자치단체는 그 소관에 속하는 단체・시설・사업장 등의 설치자에 대하여 평생교육의 실시를 적극 권장하여야 한다'고 규정[3]함으로써 제1항에서 명시한 평생교육진흥정책과 평생교육사업 수립・추진에 국가 및 지방자치단체의 소관에 속하는 단체・시설・사업

2) 제11조 제1항에서는 이어서 '이 경우 시・도교육감과 협의하여야 한다'고 규정하고 있다.

3) 「평생교육법」에서는 시・도평생교육협의회에 관한 사항(제12조), 시・군・자치구평생교육협의회에 관한 사항(제14조), 평생학습도시에 관한 사항(제15조: 개정 2023. 4. 18.), 시・도평생교육진흥원의 운영 등에 관한 사항(제20조: 개정 2023. 4. 18.), 시・군・구평생학습관 등의 설치・운영 등에 관한 사항(제21조: 개정 2023. 4. 18.), 읍・면・동 평생학습센터의 운영에 관한 사항(제21조의3: 개정 2023. 4. 18.)을 규정하고 있다. 이 외에도 「평생교육법」에는 평생교육과 관련하여 지방자치단체의 임무에 해당하는 사항을 조항별로 일일이 규정하고 있다.

장 등의 설치자를 포함해야 한다고 구체화하고 있다. 국가 및 지방자치단체의 소관에 속하는 단체 · 시설 · 사업장의 사무에서 평생교육이 주된 사무가 아닐 수 있다. 그런데도 국가 및 지방자치단체가 소관에 속하는 단체 · 시설 · 사업장 등의 설치자에게 평생교육의 실시를 적극 권장하는 걸 의무화한 것은 그만큼 해당 단체 · 시설 · 사업장에서 평생교육의 실시가 중요하다고 판단하기 때문이다.

국가 및 지방자치단체를 포함하여 그 소관에 속하는 단체 · 시설 · 사업장이 저절로 발전하지는 않는다. 반드시 사람이 참여하여 국가 및 지방자치단체를 포함하여 그 소관에 속하는 단체 · 시설 · 사업장을 발전하게 한다. 그런데 여기에 동원하는 것이 참여한 사람의 역량이다. 이 역량 역시 저절로 함양되거나 증진되지 않는다. 역량의 함양과 증진에는 반드시 교육이 개입되어야 한다. 사람은 교육에 참여함으로써 자신의 역량을 함양하고 증진하며, 이렇게 함양한 역량을 가지고 소속된 곳에서 활동하며, 활동하는 가운데 필요를 인식하고 그 역량을 증진하기 위해 노력한다.

이러한 맥락에서 역으로 「평생교육법」 제5조 제1항에 명시한 국가 및 지방자치단체의 평생교육진흥정책과 평생교육사업의 수립 · 추진이 정당화된다. 다시 말하면, 국가 및 지방자치단체가 평생교육진흥정책과 평생교육사업을 수립 · 추진해야 하는 정당한 사유가 있는 셈이다. 즉 국가 및 지방자치단체를 포함하여 그 소관에 속하는 단체 · 시설 · 사업장에서 일하는 사람의 역량이 증진되어야 하기 때문이다. 그리고 이것은 「대한민국 헌법」 제31조 제1항에서 규정한 '모든 국민은 능력에 따라 균등하게 교육을 받을 권리를 가진다'는 국민의 권리와 제5항에서 규정한 '국가는 평생교육을 진흥하여야 한다'는 국가의 의무를 기반으로 한 것이다.

2. 「지방자치법」에서 규정한 사무

「지방자치법」 제13조에서는 지방자치단체의 사무 범위를 다루고 있고, 제2항 제5호에서 교육·체육·문화·예술의 진흥을 사무로 명시함으로써 교육의 진흥을 사무 범위에 포함하고 있지만, 학교 및 공공교육시설에서 진행하는 교육의 진흥보다는 교육의 진흥을 위한 물리적 여건 지원에 더 주목하고 있다. 실제로 제5호 가목에서는 '어린이집·유치원·초등학교·중학교·고등학교 및 이에 준하는 각종학교의 설치·운영·지도'를, 나목에서는 '도서관·운동장·광장·체육관·박물관·공연장·미술관·음악당 등 공공교육·체육·문화시설의 설치 및 관리'를 명시하고 있다.

「지방자치법」에서는 제13조에서 규정한 지방자치단체의 사무 범위 내에서 교육·과학 및 체육에 관한 기관에 대하여 제135조에서 별도로 규정하고 있다. 제1항에서는 '지방자치단체의 교육·과학 및 체육에 관한 사무를 분장하기 위하여 별도의 기관을 둔다'고 규정하고 있고, 제2항에서는 '제1항에 따른 기관의 조직과 운영에 필요한 사항은 따로 법률로 정한다'고 규정하고 있다. 여기서 따로 정한다고 한 법률이 바로 「지방교육자치에 관한 법률」이다. 지방자치는 통상 일반자치와 교육자치로 구분되며, 일반자치에 관한 사항은 「지방자치법」에서, 교육자치에 관한 사항은 「지방교육자치에 관한 법률」에서 규정하는 구조로 되어 있다.

「지방교육자치에 관한 법률」 제19조에서는 '국가행정사무 중 시·도에 위임하여 시행하는 사무로서 교육·학예에 관한 사무는 교육감에게 위임하여 행한다'고 규정하고 있다. 이렇게 위임받아 교육감이 관장하는 사무는 제20조(개정 2021. 3. 23.)에 명시되어 있다. 제5호에서 '학교, 그 밖의 교육기관의 설치·이전 및 폐쇄에 관한 사항', 제6호에서 '교육과정의 운영에 관한 사항', 제7호에서 '과학·기술교육의 진흥에 관한 사항'을 명시하고 있고, 평생교육과 관련해서는 제8호에서 '평생교육, 그 밖의 교육·학예진흥에 관한 사항'을 별도로 명시하고 있다. 그러므로 「지방자치법」에서 교육 관련 사무는 「지방교육자치에 관한 법률」을 통해 별도로 교육감에게 위임하는 형식을 취하고 있고, 평생교육 관련 사무는 교육감의 사무로 명시되어 있는 셈이다.

교육 관련 사무가 교육감에게 위임되어 있다고 해서 그 사무를 교육감이 독단적으로 처리하는 것은 아니다. 「지방교육자치에 관한 법률」 제41조 제1항에서는 '지방자치단체의 교육·학예에 관한 사무를 효율적으로 처리하기 위하여 지방교육행정협의회를 둔다'고 규정하고 있고, 제2항에서는 '제1항의 규정에 따른 지방교육행정협의회의 구성·운영에 관하여 필요한 사항은 교육감과 시·도지사가 협의하여 조례로 정한다'고 규정하고 있다. 실제로 「서울특별시 교육행정협의회 설치·운영에 관한 조례」가 제정되었고, 제2조에서 서울특별시 교육행정협의회의 기능을 명시하고 있다. 예컨대, 2호에서 '학교설립 및 교육시설 확충 등 학교교육여건 개선에 관한 사항', 제4호에서 '교육유해 환경시설의 개선에 관한 사항', 제5호에서 '교육격차 해소에 관한 사항', 제6호에서 '평생교육에 관한 사항', 제7호에서 '지역전략사업과 연계한 인력양성에 관한 사항', 제8호에서 '우수인재 양성에 관한 사항', 제9호에서 '교육사업 지원에 관한 사항', 제10호에서 '과학기술교육의 진흥에 관한 사항', 제11호에서 '교육시설 개방 및 지원에 관한 사항'을 명시하고 있다. 그러므로 적어도 조례상으로는 평생교육을 포함하여 교육 관련 사무 중 협력이 필요한 사항은 지방자치의 맥락에서 서울특별시 교육감과 서울특별시장이 협의하여 추진하는 셈이다.

지방교육행정협의회에서 교육감과 시·도지사가 협의하여 처리하게 되어 있는 사항 중 제6호 '평생교육에 관한 사항'은 「평생교육법」 제12조에서 다른 규정의 형태로 명시되어 있다. 제1항에서 '평생교육진흥시행계획의 수립·시행에 필요한 사항을 심의하기 위하여 시·도지사 소속으로 시·도평생교육협의회를 둔다'고 규정하고 있고, 이어서 제3항에서 '시·도평생교육협의회의

의장은 시・도지사로 하고, 부의장은 시・도의 부교육감으로 한다[4]'고 규정하고 있다. 이렇게 볼 때, 평생교육에 관한 사무는 형식상 교육감의 사무로 규정되어 있지만, 원활한 처리를 위해 교육감과 시・도지사의 협의 사무로 규정함으로써, 「지방자치법」에 구체적으로 명시하고 있지 않아도, 시・도지사의 사무 범위 안에 두고 있음을 알 수 있다.

3. 평생교육진흥에 관한 조례

「지방자치법」 제28조에서는 '지방자치단체는 법령의 범위에서 그 사무에 관하여 조례를 제정할 수 있다'고 규정하고 있다. 그러나 제19조 제1항에서 '주민은 지방자치단체의 조례를 제정하거나 개정하거나 폐지할 것을 청구할 수 있다'고 먼저 규정함으로써 조례가 주민의 권리와 맞물려 있음을 분명히 하고 있다. 이러한 맥락에서 주민의 권리 차원에서 주민은 평생교육 관련 조례의 제정이나 개정도 지방자치단체에 청구할 수 있다. 그런데 「평생교육법」에서 평생교육의 진흥을 지방자치단체의 임무로 규정하고 있으므로 법률체계상 순차적으로 이후에 주민의 청구를 반영하여 평생교육 진흥에 관한 조례도 제정되었다.

「서울특별시 평생교육진흥에 관한 조례」도 이러한 맥락에서 제정되었다. 제3조 제1항에서는 '시장은 모든 시민에게 평생교육 기회가 부여될 수 있도록 평생교육진흥정책을 수립・추진하여야 한다'고 규정하고 있고, 제2항에서는 '시장은 시 소관에 속하는 단체・시설・사업장 등의 설치자에 대하여 평생교육의 실시를 권장하여야 한다'고 규정하고 있다. 제4조 제1항에서는 '시장은 평생

4) 부의장을 시・도의 부교육감으로 한 것은 제11조 제1항의 '시・도교육감과의 협의' 규정과 맞물려 있는 것으로 이해할 수 있다.

교육법 제9조의 평생교육진흥기본계획에 따라 다음 사항이 포함된 연도별 평생교육진흥시행계획을 수립·시행하고, 이 경우 교육감과 협의하여야 한다'고 규정하고 있다. 연도별 평생교육진흥시행계획에 포함되어야 하는 사항은 다음과 같다. 평생교육진흥의 기본방향 및 추진목표에 관한 사항, 평생교육의 기반구축 및 활성화에 관한 사항, 평생교육진흥을 위한 투자확대 및 소요재원에 관한 사항, 평생교육진흥을 위한 지원 조정에 관한 사항, 평생교육진흥정책에 대한 분석 및 평가에 관한 사항, 교육 소외계층 평생교육에 관한 사항, 그 밖에 평생교육진흥을 위하여 필요한 사항. 그리고 제2항에서는 '시장은 평생교육진흥시행계획의 추진을 위하여 필요한 재원을 확보하여야 한다'고 규정하고 있다.

「서울특별시 평생교육진흥에 관한 조례」 제5조 제1항에서는 '시장은 문해교육 등 평생교육진흥을 위한 교육프로그램의 개발·운영, 평생교육관련 기관 및 단체와의 협력관계 강화사업, 그 밖에 시민의 평생학습 참여를 촉진하기 위한 사업을 수행할 수 있고, 이에 필요한 경비를 예산의 범위에서 지원할 수 있다'고 규정하고 있다. 제2항에서는 '시장은 서울특별시교육청, 자치구, 대학 및 관내 평생교육기관·단체 등에 대하여 평생교육 진흥사업에 필요한 비용을 예산의 범위에서 지원할 수 있다'고 규정하고 있다. 그리고 그 연장선에서 제6조에서 '시장은 제4조 및 제5조의 사업을 원활히 추진하기 위하여 필요하다고 인정되는 경우에는 서울특별시교육청 등 유관기관 및 대학, 민간단체와 공동으로 사업을 추진할 수 있다'고 규정하고 있다. 이 외에도 「서울특별시 평생교육진흥에 관한 조례」에는 교육 프로그램의 개설 및 운영 등에 관한 사항(제7조), 서울특별시 평생교육협의회를 통해 심의하는 사항(제8조), 서울특별시 평생교육진흥원을 통해 수행하는 사업에 관한 사항(제18조)을 명시하고 있다. 이렇게 보면, 「서울특별시 평생교육진흥에 관한 조례」는 「평생교육법」에 규정되어 있는 지방자치단체와 관련된 사항을 서울특별시 차원에서 최대한 반영하고 조정하여 제정되었음을 알 수 있다.

서울특별시 차원에서 평생교육 진흥에 관한 사항을 조례로 규정하는 것처럼 자치구 차원에서 평생교육 진흥에 관한 사항도 조례로 규정하게 되어 있다. 예컨대 「서울특별시 은평구 평생교육진흥 조례」도 제정되었으며, 「평생교육법」에 규정되어 있는 지방자치단체와 관련된 사항을 은평구 차원에서 최대한 반영하고 조정하였다. 평생교육협의회(제2장)와 평생학습관(제3장)의 운영과 관련된 사항을 조례에 반영하되, 은평구에서는 「평생교육법」 제2조 제1호의 평생교육 정의를 그대로 따르되 조례에서 규정하는 평생교육의 범위를 구체화하고 있다. 즉, 구청장이 평생교육을 목적으로 주민을 대상으로 실시하는 교육활동, 구청장이 설치(위탁을 포함한다)한 교육시설 등에서 실시하는 주민교육, 구청장이 평생교육기관에 위탁하여 실시하는 주민교육, 구청장이 성인을 대상으로 실시하는 문해교육, 그 밖에 구청장이 인정하는 주민교육으로 평생교육의 범위를 규정하고 있다(제4조). 또한, 은평구에서는 조례를 통해 은평구의 평생교육 진흥과 평생학습도시 조성사업을 연계하여 규정하고 있다.

노원구 역시 「서울특별시 노원구 평생교육진흥 조례」를 통해 노원구의 평생교육진흥과 평생학습도시 조성사업을 연계하여 규정하고 있으며, 평생교육협의회(제2장)와 노원평생교육원(제3장)에 관한 사항을 규정하고 있다. 다만, 은평구는 조례 제5조에서 '구청장은 평생교육을 진흥하기 위하여 예산의 범위에서 필요한 경비를 지원할 수 있다'고 규정하고 있지만, 노원구는 조례 제4조 제1항에서 '구청장은 평생교육진흥을 위하여 필요한 재원을 확보하여야 한다'고 먼저 규정하고, 제2항에서 '구청장은 대학 및 평생교육기관 등에 대하여 주민을 위한 평생교육진흥사업에 필요한 비용을 예산의 범위에서 지원할 수 있다'고 규정하고 있다. 지방자치단체의 전체 사업을 고려하여 평생교육진흥사업에 필요한 비용을 예산의 범위에서 지원할 수 있지만, 평생교육진흥사업을 추진하는 맥락에서 보면, 필요한 재원을 확보하려는 노력이 선행되어야 한다. 이 점에서 필요한 재원의 확보를 구청장의 의무로 규정한 건 진전된 것이다.

4. 변화된 조항의 조례 반영 과제

교육 관련해서도 지방자치가 확대됨에 따라 「평생교육법」은 지방자치단체의 임무에 해당하는 조항을 개정하고 신설하는 하나의 일정한 흐름이 나타나고 있다. 2023년 4월 18일 개정된 「평생교육법」에서도 지방자치단체와 관련된 중요한 내용이 개정되거나 신설되었다. 시・도에서 교육에 관한 사무가 교육감에게 위임되어 있고, 그 연장선에서 일반지방자치와 교육지방자치가 분리되어 있다고 하더라도, 양자가 지방자치의 맥락에서 연계되어 있는 것만은 분명하다. 시・도의회는 일반지방자치와 교육지방자치를 위한 조례의 제정・개정 및 폐지, 예산의 심의・확정. 결산의 승인 권한을 가지고 있다(「지방자치법」 제47조 제1항 제1, 2, 3호).

「지방자치법」에는 평생교육 진흥이 사무로 명시되어 있지 않다. 「평생교육법」이 개정됨에 따라 이와 연동하여 「지방자치법」을 개정하는 게 원칙이지만, 단순한 명칭 변경이 아닌 한 「평생교육법」이 개정되었다고 「지방자치법」이 자동으로 개정되지는 않으며, 많은 논의의 과정을 거쳐야 한다. 여기에 많은 시간이 걸릴 수 있으므로 어떤 법이든 개정하면서 다른 법률과의 관계를 규정하는 게 관례다. 「평생교육법」을 최근 개정하면서 다른 법률과의 관계(제3조)를 전문개정한 것은 우회적으로 평생교육과 관련하여 「평생교육법」이 모법의 위치에 있음을 선언한 것으로 이해할 수 있다. 제1항에서는 '평생교육에 관하여 다른 법률에 특별한 규정이 있는 경우를 제외하고는 이 법을 적용한다'고 규정하고 있고, 제2항에서는 '평생교육에 관한 법률을 제정하거나 개정할 때에는 이 법의 목적 및 이념에 부합되도록 하여야 한다'고 규정하고 있다. 「지방자치법」에는 평생교육에 관하여 특별히 규정하는 게 없으므로 평생교육에 관한 사항은 「평생교육법」의 적용을 받아야 한다.

「평생교육법」에서는 '관계 중앙행정기관의 장 및 시·도지사는 평생교육진흥시행계획 및 그 추진실적을 매년 교육부장관에게 제출하고, 교육부장관은 평생교육진흥위원회의 심의를 거쳐 매년 제출된 추진실적을 평가하여야 한다'는 조항(제11조 제2항)을 신설하였다. 이와 연동하여 '교육부장관은 제2항에 따른 평가 결과를 관계 중앙행정기관의 장 및 시·도지사에게 통보하여야 한다'는 조항(제3항)을 신설하였다. 그리고 다시 제10조 제2항에서 '제11조 제2항에 따른 추진실적 평가에 관한 사항'을 평생교육진흥위원회의 심의사항으로 포함하는 개정을 하였다. 이것은 행안부의 지방자치단체의 사무에 대한 평가에 준하는 사항으로 지방자치단체에서 소홀히 할 수 없다.

「평생교육법」 제15조 제1항에서 '국가는 지역사회의 평생교육 활성화를 위하여 특별자치시, 시·군 및 자치구를 대상으로 평생학습도시를 지정 및 지원할 수 있다'고 규정하였는데, 최근 개정에서 '이 경우 이미 지정된 평생학습도시에 대하여 평가를 거쳐 재지정 여부를 결정할 수 있다'는 규정을 추가하였다. 평생학습도시로 지정받는 것도, 그리고 다시 평생학습도시로 재지정받는 것도 지방자치단체 차원에서는 중요한 실적이 될 수 있다. 특별자치시, 시·군·자치구의 평생교육진흥 조례에서 평생학습도시로 선정된 곳은 평생교육진흥과 평생학습도시 조성사업을 연계하여 규정하고 있다는 점에서 평생학습도시 재지정에 관한 사항도 지방자치단체에서 소홀히 할 수 없다.

이렇게 볼 때, 평생교육 관련 조례는 「평생교육법」에서 개정된 사항을 반영하여 개정되어야 할 것이다. 평생교육진흥시행계획 및 그 추진실적에 대한 평가는 시·도를 대상으로 하지만, 시·군·자치구는 기초자치단체로서 기초단위의 자치를 인정하고 존중하는 토대 위에서 시·도의 평생교육진흥시행계획을 참조하여 평생교육을 진흥해야 하는 위치에 있으므로 이 평가 준비에 협조해야 한다. 평생교육을 진흥하는 사업을 추진하는 시·군·자치구 차원에서는 「평생교육법」이 행정의 법적 근거가 되고, 평생교육진흥 조례가 행정의 실질적 근거가 되므로 평생교육진흥 조례의 개정은 불가피하다.

5. 평생학습의 지역화

'평생학습'이 국가 차원의 담론 주제가 되면서 평생학습을 현상으로 이해하지 않고 당위로 이해해야 하는 일종의 압력이 작용하고 있다. '학습'은 배우고 익히는 활동을 지칭하는 용어이며, '평생학습'에서, 학습은 평생에 걸쳐 일어난다는 점에서, 평생은 학습의 성격을 규정하는 의미로 이해할 수 있다. 학습은 성격상 평생 수행하는 활동이기에 굳이 평생학습이라는 용어가 필요 없음에도 불구하고, 평생과 학습을 결합하여 평생학습이라는 용어를 조어한 것은 학습을 학교에서의 교과학습으로 이해하는 관행에 대한 문제제기에서 비롯되었다고 볼 수 있다. 학교가 제도이므로 학교에서의 교과학습도 제도라고 할 수 있다. 교과학습은 학교의 교과과정에 따라서 체계적으로 프로그램화된 형태로 진행한다.

체계적으로 프로그램화된 형태로 학습을 진행하는 건 수업이 그렇게 설계되어 있기 때문이다. 따라서 수업이라는 용어를 쓰는 모든 장면에서 학습은 체계적으로 수행하게 되어 있다. 그러나 일상에서 체계적으로 프로그램화된 형태로 학습을 진행하는 건 예외적인 사례다. 일상에서는 수업 설계가 없는 상태에서 일상생활을 하는 가운데 부지불식간에 또는 내부의 리듬과 속도에 따른 자연스러운 흐름에 따라 학습이 일어난다. 이러한 학습을 법으로 규율하는 것은 타당하지 않다. 법으로 규율하는 것 자체가 제도화를 전제로 한다. 다시 말하면, 제도화할 수 있는 학습에 한정해서 법은 규율할 수 있다. 학교는 근대의 산물이고, 따라서 학습을 제도화하는 것도 근대의 산물이다. 여기에는 국가 차원의 의도가 개입되어 있다.

근대 이후 국가 차원에서 학교에서의 교과학습을 강조한 것은 그러한 교과학습을 통해 함양한 능력이 산업발전과 더 나아가 국가발전에 필요하기 때문이다. 그런데 산업이 점점 최첨단화되고, 이러한 최첨단성을 계속 갱신해 감에 따라 학교에서의 교과학습을 통해 함양하는 능력만으로는 충분하지 않게 되었다. 물론, 산업세계에서 취업한 후 학교에서의 교과학습을 통해 함양한 능력을 증진하는 기회를 제공하기도 했지만, 이 기회는 더 확대되고 다양화되지 않으면 안 되게 되었다. 다시 말하면, 학교에서의 교과학습에 참여한 이후에도 계속 체계적으로 프로그램화된 학습에 참여하는 게 필요하게 된 것이다. 이를 직업세계에서의 교과학습이라고 말할 수 있다. 그리고 이러한 교과학습은 점점 직업세계에서 벗어나 일상세계로까지 확장되고 있다.

「평생교육법」 제2조 제1호에서는 '평생교육'을 '학교의 정규교육과정을 제외한 모든 형태의 조직적인 교육활동'으로 정의하고 있다. 여기서 말하는 조직적인 교육활동이란 체계적으로 프로그램화된 교육활동을 말한다. 평생교육의 정의에서 학교의 정규교육과정을 제외하였지만, 법률상의 평생교육은 학교의 정규교육과정처럼 제도화되고, 체계적으로 프로그램화된 교육이다. 따라서 「평생교육법」에 근거하여 지방자치단체에서는 주민들에게 교육프로그램을 제공하는 데 초점을 맞추고 있으며, 지방자치단체가 수립·시행하는 사업에서는 주민에게 교육프로그램을 제공하는 것을 포함하는 사례가 많다.

「평생교육법」 제4장에서 국가자격인 평생교육사에 대해 별도로 규정하고 있지만, 시·군·자치구청의 평생교육 관련 부서의 모든 직원을 평생교육사 자격이 있는 정규직으로 하여 배치하는 것도 아니다. 또한 「평생교육법」 제20조에서 규정하고 있는 시·도평생교육진흥원이나 제21조에서 규정하고 있는 시・군・자치구평생학습관이나 제21조의3에서 규정하고 있는 읍・면・동 평생학습센터에도 모든 직원을 평생교육사 자격이 있는 정규직으로 하여 배치하는 것도 아니다. 그래서 소수의 평생교육사가 주민에게 교육프로그램을 개발하여 제공하는 데 어려움이 있었고, 선진지역을 참조하는 데 급급하기도 하였다. 그러나 시간이 흐름에 따라 점점 지역의 특성과 주민의 요구를 반영하여 교육프로그램을 개발하여 제공하는 게 정착되어 가고 있다. 이러한 교육프로그램에 참여하는 가운데 주민이 수행하는 평생학습의 지역화도 진행되고 있다.

6. 동네배움터 평생학습의 방향

랑그랑(P. Lengrand)이 청소년 시기 교육과 성인 시기 교육이 분절적으로 진행되는 것을 문제 삼고, 이를 통합적으로 사유하고 실천하는 '평생교육'과 '교육사회' 개념을 제시한 이후 이에 관한 논의가 전 세계적으로 확산하였다(윤여각, 2015). 학습을 강조하는 흐름에 따라 '평생학습'과 '학습사회' 개념도 확산하였지만, 랑그랑의 문제의식과 지향은 현재 진행형이다. 랑그랑의 사유는 개인과 사회를 구분하면서도 개인 내 분절, 사회 내 분절, 개인과 사회의 분절을 지양하면서 연계하는 것을 지향하고 있다. 이러한 사유의 흐름은 OECD에도 이어졌고, OECD는 1997년부터 2000년까지 '학습도시와 지역(Learning cities and regions)' 프로젝트를 추진하였다.

우리나라에서는 광명시가 1999년 3월 스스로 평생학습도시를 선언한 이후, 이에 영향을 받아 교육부가 2001년부터 평생학습도시 지정사업을 시작하였다. 2023년 현재 195개의 기초자치단체가 평생학습도시로 지정되었다.[5] 이러한 흐름에는 전 세계가 지식기반경제를 중심으로 작동하고, 여기서 우리나라도

5) 노원구는 2013년 평생학습도시로 지정되었다.

그리고 우리나라의 기초자치단체도 예외가 될 수 없다는 인식이 반영되어 있다. 지식기반경제를 뒷받침하는 핵심에 교육이 있으므로 개인이든 주민이든 학습을 생활화하는 토대가 마련되어야 하는데, 이를 국가적인 차원에서 평생학습도시 지정사업으로 뒷받침하고 있는 것이다.

평생학습도시로 지정된다고 해도 곧바로 시·군·자치구 주민 전체가 평생학습을 생활화하는 양태로 전환하는 것은 거의 불가능하다. 이 점을 의식한 비영리민간단체 평생교육실천협의회는 시흥시장에게 평생교육 진흥을 위해서는 마을 단위에서 사업을 추진해 나가야 한다는 제안을 하였다.[6] 이 제안을 시흥시장이 받아들였고, 시흥시는 2007년부터 평생학습마을만들기 시범사업을 추진하였다. 시흥시는 그 성과를 토대로 평생학습마을만들기 사업을 계속 이어 나가고 있다.[7] 그리고 이 성과는 전국에 알려졌고, 다른 시·군·자치구에서도 평생학습마을만들기 사업을 추진하게 되었으며, 평생학습은 어떤 마을만들기를 사업으로 추진하든 중요한 요소가 되었다.

평생학습마을만들기가 공론의 주제가 되면서 '마을학교' 개념도 등장하였고, '동네배움터' 개념도 등장하였다. 법률상의 학교는 아니지만, 주민들이 모여 체계적으로 학습하는 장을 '마을학교'라고 부르기 시작하였고, 서울특별시에서는 거리감을 더 줄이기 위해 거주하는 집에서 '한걸음에 닿는' 곳에서 학습한다는 점을 드러내기 위해 그곳을 '동네배움터'라고 부르기 시작하였다. 마을이나 동네는 집단을 전제하는 개념이다. 한 개인이 혼자서 학습하는 활동에 대해 마을이나 동네라는 수식어를 붙이지는 않는다. 여럿이 모여 학습하고, 그렇게 할 때 기대되는 효과를 염두에 두면서 진행하는 학습에 대해 마을이나 동네라는 수식어를 붙인다. 그 귀결점은 '지역 평생학습 공동체 구현'이다. 공동체를

6) 시흥시는 2006년 평생학습도시로 지정되었다.

7) 이 사업을 시흥시와 함께한 평생교육실천협의회는 2012년부터 2021년까지 10년간의 성과를 분석하는 연구를 수행하였다(이규선·윤여각·지희숙·장명희, 2021).

구현하는 과정에서 우여곡절이 있지만, 지역이 직면한 다양한 문제를 풀어나갈 수 있다. 그리고 지역의 역동에 따라 문제는 계속 발생하므로 여기에는 일회적으로 하는 학습이 아니라 계속해서 학습하는 '평생학습'이 뒷받침되어야 한다.

'지역 평생학습 공동체 구현'은 각 주민에게는 '삶의 질 향상'으로 귀결되어야 하고, 시·군·자치구 차원에서는 '주민이 살고 싶은 지역 만들기'로 귀결되어야 한다. 여기서 주민자치가 중요한 것은 살고 싶은 지역으로 만드는 일에 주민이 주체가 되어 주도적으로 참여하는 게 바람직하기 때문이다. 주민 누구나 학습의 여정에 있으므로 자기의 교육적 필요에 적합한 학습에 참여할 수 있어야 한다. 그러나 스스로 그런 여건을 조성하는 데 어려움이 있는 주민이 있으므로 그에게는 기초자치단체 차원에서 정책적으로 개입해야 한다. 주민은 혼자 사는 게 아니라 함께 살고, 함께 살기에 함께 해결해야 하는 문제도 발생하므로 이 문제를 해결하는 학습에 참여할 수 있어야 한다. 그러나 집단으로 진행하는 학습을 주민 개개인에게 알아서 하도록 위임하는 것은 타당하지 않으므로 여기에도 기초자치단체 차원에서 정책적으로 개입해야 한다. 여기서 생략할 수 없는 게 주민 개개인의 교육적 필요와 지역의 교육적 필요를 정확히 읽어내는 것이다. '교육 요구 조사 후 교육프로그램 개발'이 상식처럼 되어 있지만, 실제로 이를 충실히 하기는 어렵다. 그래서 언제나 이것이 과제고, 놓치지 않아야 할 방향이다.[8)]

8) 지역에서 추진하는 평생교육 관련 사업에 지역활동가들이 참여하고 있다. 이들은 먼저 주민의 교육적 필요를 읽어내고 그 필요를 충족하는 일에 관심이 있었으며, 기초자치단체의 사업에 자연스럽게 접속하게 되었다. 이들에게는 주민의 교육적 필요를 읽어내는 안목을 포함한 실천지가 있지만, 이에 관한 전문성을 향상할 교육적 필요가 있음을 절감하고 있다. 그래서 관련 교육프로그램을 찾아 참여하고, 학부과정, 더 나아가 대학원과정에 진학하기도 한다. 이들에게 충분한 경제적 보상이 주어지지 않는 게 현실이지만, 이들이 이렇게 하는 것은, 주민이 교육적 필요를 충족해가는 과정에서 보람을 느끼고, 그 과정에서 자기 성장감도 느끼기 때문이다. 이 점에서 이들은 '교육인'이다.

노원구의 동네배움터에서도 많은 교육프로그램이 운영되고 있다(서울특별시 노원구청, 2023). 한번 진행하는 것으로 교육이 종료되는 프로그램은 교육의 성격상 존재할 수 없다. 항상 의도적으로 종료하는 프로그램이 존재할 뿐이다. 교육에 참여하게 되면, 학습하는 가운데 다음 단계의 학습의 여지를 감지하게 된다. 다시 말하면, 새로운 교육적 필요가 생성되는 것이다. 그런데도 다음 단계의 학습에 참여하지 못하면 학습의 에너지를 억누를 수밖에 없다. 이것은 개인의 발전에도, 지역의 발전에도 바람직하지 않다. 그러므로 한번 교육프로그램이 시작되면 참석하는 과정에서 생성된 교육적 필요를 충족할 수 있는 다음 단계의 학습에 참여하도록 여건을 조성하는 것을 과제로 설정할 수 있다. 교육의 맥락에서는 이 또한 언제나 과제고, 놓치지 않아야 할 방향이다.

제5장

평생교육사의 역할 및 비전[1)]

평생교육사는 「평생교육법」 제4장에 명시된 자격으로서 국가자격이라고 할 수 있다. 그러나 현재 평생교육사는 역시 국가자격인 교사와 같은 위상을 가지고 있지 않다. 교사는 학교에 반드시 배치하게 되어 있고, 학교의 주된 구성원이다. 평생교육사는 평생교육기관(평생교육진흥원과 평생학습관과 평생학습센터 포함)에 배치하게 되어 있지만, 이들 기관의 다수 구성원은 아니다. 이 점은 사회복지기관에 다수 배치되는 사회복지사나 청소년기관에 다수 배치되는 청소년지도사와 다르다. 비슷한 국가자격이지만 다르게 배치된다는 점에서 평생교육사의 미래와 관련하여 현재부터 해결해야 할 과제를 안고 있는 셈이다.

1. 평생교육사의 분화

교육부 산하에만 교육기관이 있는 게 아니다. 모든 부처에는 산하에 교육기관이 있으며, 자체적으로 교육과 관련된 업무도 있다(윤여각, 2023: 146). 교육

1) 이 글은 2023년 9월 18일 경기도 평생교육 연수센터에서 진행한 제2차 특별과정의 평생교육사 취업 특강으로 발표하였다.

부 산하 모든 국·공·사립 학교에는 국가가 인정하는 자격이 있는 교사만 배치하게 되어 있다. 그러나 교육부 산하에 학교만 있는 게 아니라 다른 교육기관도 있다. 이 중 대표적인 게 학원이다. 이 외에도 연수원이 있다. 연수원은 교육부 산하에만 있는 게 아니라 모든 부처의 산하에 다 있다. 그리고 이와 관련하여 행정적인 업무를 처리하는 부서가 있다. 이 모든 데서 일하는 직원은 교육에 관한 전문성이 있을 것으로 기대하지만, 교육부 산하 교육기관을 제외하고 이에 관해 엄밀하게 관리하는 관행을 정착해 오지는 않았다.

평생교육 또는 평생학습이 시대적 화두가 되고 「평생교육법」이 제정되면서 초등학교, 중학교, 고등학교, 대학교의 정규 교과과정으로 진행하지 않는 모든 교육의 질적 수준도 관심사가 되었다. 이 수준을 관리하는 전문가가 있어야 한다는 생각도 하게 되었고, 학교의 교사와 마찬가지로 그 전문가에게 국가자격이 있어야 한다는 생각도 하게 되었다. 이러한 생각이 뒷받침되어 「평생교육법」에 평생교육사를 명시하게 되었다. 여기에는 평생교육사가 학교 교사와 같은 교과 전문가는 아니라는 전제가 있다. 아마도 교육 프로그램에서 다루는 교과 내용에 관한 전문성을 이미 다른 경로로 확보한 사람이 강사로 참여하는 현실을 염두에 두었을 것이다. 이것은 평생교육사가 강사가 될 수 없다는 게 아니라 강의가 본연의 직무는 아니라고 본 셈이다.

제도화된 형태로 진행하는 모든 교육(이를 "제도교육"이라 한다)의 질적 수준은 높아야 하고, 이렇게 수준을 높게 관리해야 한다는 통념이 형성되었고, 이 통념은 현재도 그대로 유지되고 있다. 이것은 아무나 제도교육에 참여할 수 없도록 교수자의 자격을 제한하는 것으로 제도화되었다. 교원임용고시에 합격한 사람만 학교의 교사가 될 수 있다. 교사 이외에도 학교에서 운영하는 교육 프로그램에서 교수자가 될 수 있지만, 여기서 지위는 강사다. 교과 내용에 관한 앎의 수준에서 교사보다 강사가 더 탁월할 수도 있지만, 교원임용의 공식 경로를 거치지 않는 한 강사는 직업 지위에서 교사가 될 수 없다. 이 점에서 학교는 제도 운영의 기준이 엄격하게 적용되는 장이다.

학교가 아닌 장에서도 교육 프로그램을 운영한다. 여기에 교육 프로그램을 계획하고 운영하는 직원이 있고, 교육 프로그램에 참여하는 수강자와 강사가 있다. 직원의 직무에는 강사를 섭외하고, 수강자를 모집하는 것까지 포함된다. 그동안 이 일을 전담하는 직원이 교육에 관한 전문성이 없어도 문제가 되지 않았다. 기관에서 필요로 하는 내용 또는 수강자가 수강하기를 원하는 내용을 강좌로 배치하고, 그 내용에 관한 전문성을 갖추고 있는 전문가를 물색하여 배치하는 것에 대한 절차적 지식만 있으면, 이후 실행을 통해 숙련도를 높이면 된다. 그래서 강좌 개설 실적을 관리하고 수강자의 만족도를 높이는 게 우선시되고, 이러한 관행만 따르면 전문성이 없어도 순환 근무는 문제가 되지 않는다.

이렇게 보면, 평생교육사의 분화는 내적 요청에 의한 게 아니다. 교육학에서는 여러 장에서 진행하는 교육 프로그램을 설계하고 운영하는 '교육공학'을 발전시켰고, 대학에서는 교수학습센터를 설치하여 수업에 어려움을 겪는 교수와 학생을 지원하였다. 이러한 흐름 속에서 수업의 질적 수준을 향상할 수 있다는 인식이 확산하였다. 온라인으로 진행하는 교육 프로그램에서도 질적 수준을 확보하는 게 평가에서 중요한 고려사항으로 인식되었다. 전반적으로 교육 프로그램에 대한 평가에서 질적 수준이 중시되면서 이를 전문적으로 관리할 전문가가 있어야 한다는 인식이 점점 확산하였다. 「평생교육법」에서 평생교육사를 제도화한 것은 이러한 흐름을 반영한 것이다.

2. 평생교육사의 역할

평생교육사는 국가자격으로서 이 자격을 가지고 다양한 곳에서 일할 수 있지만, 「평생교육법」 제26조 제4항에 따른 평생교육사의 배치대상기관 및 배치기준은 「평생교육법 시행령」 제22조에서 언급한 [별표 2]로 제한되어 있다. 국가평생교육진흥원과 시·도평생교육진흥원에는 1급 평생교육사 1명을 포함한 5명 이상을 배치해야 하고, 장애인평생교육시설에는 평생교육사를 1명 이상 배치해야 한다. 또한, 시·군·구평생학습관에는 정규직이 20명 이상이면 1급 또는 2급 평생교육사 1명을 포함한 2명 이상을 배치해야 하고, 정규직 20명 미만이면 1급 또는 2급 평생교육사를 1명 이상 배치해야 한다. 마지막으로, 학력인정 평생교육시설을 제외하고 「평생교육법」 제5장에 명시한 평생교육기관, 「학점인정 등에 관한 법률」 제3조 제1항에 따라 평가인정을 받은 학습과정을 운영하는 교육훈련기관, 「평생교육법」 제2조 제2호 다목에서 언급한, 다른 법령에 따라 평생교육을 주된 목적으로 하는 시설·법인·단체에는 평생교육사를 1명 이상 배치해야 한다. 그리고 「평생교육법」 제26조 제2항에서는 「유아교육법」, 「초중등교육법」 및 「고등교육법」에 따른 유치원 및 학교의 장은 평생교육 프로그램 운영에 필요한 때에는 평생교육사를 채용할 수 있다고 명시하고 있다.

이렇게 보면, 평생교육 정책사업 실행기구와 평생교육기관에는 평생교육사를 배치하게 되어 있다. 그리고 평생교육기관으로 분류되지 않지만, 유치원, 초등학교, 중학교, 고등학교, 대학교와 같은 교육기관에서도 기관장의 판단에 따라 평생교육사를 배치할 수 있다. 그런데 평생교육 정책사업을 실행하거나 평생교육 프로그램을 직접 운영하는 기관은 서로 성격이 다르며, 각 기관에서 평생교육사의 직책이 다르고, 따라서 역할이 다르다. 여기서 한 개인이 구체적으로 수행하는 역할에 따라 평생교육사의 역할 일반에 대해 논의하는 건 적절하지 않다. 이러한 상황에서 취할 수 있는 적합한 방법은 평생교육사의 본연의 역할과 여기에 부가되는 다른 역할을 구분하여 논의하는 것이다(윤여각, 2010: 24-25).

「평생교육법」 제24조 제4항에 따른 평생교육사의 직무 범위는 「평생교육법 시행령」 제17조에 명시되어 있다. 즉 평생교육사는 평생교육 프로그램의 요구분석・개발・운영・평가・컨설팅, 학습자에게 학습정보 제공, 생애능력개발 상담・교수, 그 밖에 평생교육 진흥을 위한 사업계획 관련 업무를 수행한다. 여기서 '평생교육'은 「평생교육법」 제2조 제1호에서 규정한 '학교의 정규교육과정을 제외한 학력보완교육, 성인 문자해득교육, 직업능력 향상교육, 성인 진로개발역량 향상교육, 인문교양교육, 문화예술교육, 시민참여교육 등을 포함한 모든 형태의 조직적인 교육활동'을 말한다. 그리고 '학습자'는 평생교육 프로그램에 참여하거나 참여하게 될 사람을 말하고, 평생교육사업에서 주목하는 것은 성인이다.

평생교육사는 교육학 논의의 맥락에서 등장한 개념이 아니라 「평생교육법」을 제정하면서 정책의 맥락에서 설정한 개념이므로 법령 조항의 제한을 받을 수밖에 없다.[2] 평생교육사는 하나의 제도로서 그 운영과정에서 나타난 문제점을 보완하는 법령 논의의 맥락에서 벗어날 수 없다. 그러나 평생교육사 제도의 등장으로 평생교육 현장에 나타난 현상은 교육학의 탐구 대상이 되므로 교육학 논의의 맥락에도 열려 있다고 보아야 한다. 그러므로 평생교육 정책사업을 실행하는 업무와 평생교육 프로그램을 직접 운영하는 업무의 차이를 드러내되 서로 다른 업무를 수행하면서도 평생교육사이기에 공통적인 역할은 무엇인지에 관한 논의를 확대해 나가야 한다.

평생교육사는 성인학습자의 교육적 필요에 민감해야 하고, 그 필요를 정확히 읽어내어 그 필요를 충족할 수 있는 사업이나 교육 프로그램을 구상하고 실행해야 한다. 그리고 그 사업이나 교육 프로그램이 완벽할 수는 없으므로 성인학습자의 삶의 구체적 맥락에 부합하는 탄력성을 유지하면서 그 질적 수준을 향상하는 교육적 지향을 잃지 않아야 한다. 성인학습자가 다르면 교육적 필요도 다른데 똑같은 사업이나 교육 프로그램을 똑같은 방식으로 반복하는

2) 유네스코에서는 성인교육의 맥락에서 성인교육자(adult educator)라는 용어를 제시하였다.

건 타당하지 않다. 언제나 성인학습자의 구체적인 교육적 필요를 고려하여 세부사항을 변경해 나가고, 이러한 변경의 누적을 통해 점검하고 확인하는 사항을 토대로 사업이나 교육 프로그램의 틀도 변경해 나가야 한다.

3. 유목민의 이미지

교육학에서는 학습하고자 하는 '욕구'와 학습할 '필요'를 구분한다. 예컨대, 수영을 잘하고 싶어서 수영을 학습하고자 할 때 욕구는 수영을 잘하고 싶은 것이고, 학습은 그러한 상태에 도달하는 데 필수적인 수단이다. 수영을 잘하려면 여러 단계를 거쳐야 하고, 단계마다 많은 시간을 들여 학습해야 한다. 그런데 시간을 충분히 들이지 않은 채 다음 단계로 빨리 넘어가서 학습하고자 할 때 '욕구'와 '필요'가 충돌한다. 시간을 들여 충분히 학습할 필요가 있는데 그렇게 하지 않고 다음 단계로 빨리 넘어가서 학습하고자 하는 욕구가 앞서기 때문이다. 이렇게 되면 수영을 제대로 학습할 수 없게 된다. 여기서 수영을 학습하고자 하는 사람이 학습자의 자세보다 고객의 자세를 앞세울 때 수영 강사는 교수자로서 곤란한 처지에 놓일 수도 있다.

학습하고자 하는 것이 분명하면 좋은데 그렇지 않은 사례도 많다. 예컨대, 한 직장에서 퇴직하고, 취업이 어려운 상황에서 무엇을 학습해야 취업에 도움이 될지 막연한 사례가 있다. 새롭게 학습해야 한다는 사실은 분명한데, 과연 무엇을 학습하면 좋을지 잘 모르는 상황에 놓일 수 있다. 이전 직장까지의 경험을 통해 알게 된 걸 토대로 이직할 직장을 물색하면 그나마 사정이 나은 편이다. 이전 직장까지의 경험을 통해 알게 된 걸 배제하고 새롭게 학습한 걸 토대로 이직할 직장을 물색해야 하는 사례도 많을 것이다. 현재의 직업세계에서 어떤 직업군에 지원할 수 있고, 그렇게 하려면 최소한 무엇을 어떤 수준까지 학습해야 하는지 알아야 하는데, 여기에는 많은 정보에 기초하여 최적의 판단을 해야 해서 전문가의 조력이 필요하다.

다양한 기관에서 내부의 필요와 계획에 따라 다양한 교육 프로그램을 개설하여 운영한다. 광역자치단체 수준에서 평생교육진흥원이 설립되고 기초자치단체 수준에서 평생학습도시가 일반화되면서 지역 내에서 운영하는 교육 프로그램의 전모 파악을 시도하고 있다. 여기에는 공공 부문에서 운영하는 것도 있지만, 민간 부문에서 운영하는 것도 있다. 학습해야 할 게 있을 때 자기주도적으로 필요한 정보를 검색하고, 적합한 교육 프로그램을 오프라인이나 온라인으로 수강하며 학습할 수 있는 사람이 있다. 그러나 이들은 소수이며, 대다수는 지역의 전체 교육 프로그램에 대해 체계적으로 정리하여 제공하는 서비스가 있지 않은 한 현재 자기에게 적합한 교육 프로그램을 찾는 데 어려움을 겪는다. 그러므로 당사자의 교육적 필요에 부합하는 교육 프로그램에 관해 안내해주는 전문가가 필요하다.

현재 지역주민의 삶의 질적 수준을 향상하는 방향으로 마을을 만들어가는 시도가 확대되고 있으며, 그 내실에 관한 논의도 이어지고 있다. 지역에는 많은 문제가 있으며, 이 문제들은 단순하지 않고 복합적이다. 지역에 어떤 문제가 있든 전문가를 동원하여 해결할 수도 있지만, 이게 언제나 가능한 것도 아니고, 비용이 제법 드는 사례가 많다. 그러므로 주민자치 차원에서 가능한 한 주민들의 역량을 동원하여 문제를 해결할 필요가 있다. 문제는 이 역량은 학습을 통해 함양되고 향상될 수 있다는 점이다. 지역의 문제를 해결하는 데 정확히 부합하는 역량에 초점을 맞춘 교육 프로그램이 준비되어 있지는 않으므로 그러한 교육 프로그램을 개발하고 이를 매개로 집단학습을 해야 한다. 지역의 문제는 어느 한 사람이 해결할 수 있는 게 아니기 때문이다. 이 모든 과정에서 필요한 전문성 중 교육에 관한 전문성이 있으므로 이 전문성을 갖춘 전문가의 조력이 필요하다.

지금까지 언급한 전문가를 「평생교육법」을 통해 평생교육사로 명명하였고, 이들이 다양한 장에서 전문성을 발휘하면서 활동하고 있다. 이들은 풀이 있는 지역에 대한 전체 지도를 활용하여 적절한 시점에 가축을 이동시키는 유목민처럼 주민의 교육적 필요를 읽어 이에 부합하는 교육 프로그램과 주민을 연결하는 작업을 한다. 만약 적합한 교육 프로그램이 없다면 교과내용 전문가를 활용하여 교육 프로그램을 개발하는 작업도 한다.[3] 산업계의 급속한 변화에 따라 삶의 환경과 여건이 달라지고, 사람들의 취향도 달라지므로 기존의 교육 프로그램으로 충분한 상황은 기대하기 어렵다. 계속 새로운 교육 프로그램을 모색하고, 이를 통해 사람들이 성장하고, 더 나아가 성숙하도록 교육의 장을 마련하는 전문가가 평생교육사다.

4. 최전선의 이미지

지역주민은 서로 기질과 성격이 다르고, 소질과 적성도 다르다. 이조차도 고정되어 있지 않고 시간의 흐름에 따라 변한다. 지역주민의 교육적 필요는 이러한 맥락과 맞물려 있다. 지역주민이 앞세우는 건 학습하거나 교수하고자 하는 요구이며, 이러한 요구조차 적극적으로 하지 않는 사례가 많다. 평생학습도시라고 호명한다고 해서 지역주민 모두가 교육 관련 요구를 적극적으로 하는 것도 아니고, 여기에는 그러한 요구가 좌절된 경험이 배경으로 작용하고 있다. 물론, 평생학습도시라고 호명하기 이전에 자기의 교육 관련 요구를 적극적으로 표현하고 스스로 충족하는 지역주민이 있었고, 평생학습도시로 호명된 이후에 그런 요구를 더 적극적으로 하는 사례가 증가하고 있다.[4]

---

3) 유목민도 자연환경의 변화에 따라 기존의 초지가 사라지면 새로운 초지를 찾아 나서야 한다.

지역주민의 교육 관련 요구는 단일하지 않다. 요구조사를 하기도 하지만, 지역주민이 다 참여하는 것도 아니고, 자기의 요구를 정확히 표현하는 데 어려움을 겪는 사례도 있으므로 그 요구조사는 전적으로 참고할 자료일 뿐이다. 그러나 어떻게든 교육 프로그램을 개설해야 하는 상황이라면 가능한 한 많은 지역주민이 참여할 걸로 예상되는 교육 프로그램을 개설하게 된다. 이 예상이 적중할 수도 있지만, 예상이 빗나갈 수도 있다. 예상이 적중한다고 하더라도, 참여한 교육 프로그램에 대한 지역주민의 만족도에 편차가 있을 뿐만 아니라 전체적으로 낮은 경향을 보일 수도 있다. 평생교육사는 언제나 지역주민이 다수 참여하는 만족도 높은 교육 프로그램을 개설해야 하는 압력을 받는다.[5)]

지역주민은 교육 관련 요구를 다양하게 표현한다. 자기가 원하는 교육 프로그램을 새롭게 개설하거나 현재 운영하는 교육 프로그램을 계속 개설할 것을 요구할 수 있다. 교육 프로그램을 새롭게 개설하는 일은 간단하지 않다. 우수한 강사를 확보하는 걸 포함하여 양질의 교육 프로그램으로 설계해야 하고, 심의과정을 거쳐 개설하는 행정 절차를 거쳐야 한다. 현재 운영하는 교육 프로그램이지만, 지역주민의 참여가 저조하고 만족도도 높지 않다면 폐지의 압력을 받게 된다. 폐지하지 않으려면 심의과정에서 타당한 근거를 들어 이를 설득해야 하고, 폐지하려면 개설을 요구하는 지역주민을 설득해야 한다. 이러한 설득 또한 간단하지 않다. 근거의 타당성에 관한 판단에 이견이 있을 수 있고, 지역주민이 설득 자체를 거부하고 자기주장만 할 수 있기 때문이다.[6)]

---

4) 주민참여예산제처럼 주민이 요구하는 교육 프로그램을 직접 제안하게 하는 사례가 증가하고 있다.

5) 이 압력은 투여하는 예산 대비 효과에 대한 인식에서 비롯된다. 예산을 들인 만큼 지역주민이 많이 참여하고 만족도도 높아야 효과가 있다고 인식할 수도 있고, 소수가 참여해도 지역주민의 교육적 필요를 충족하고 역량을 조금이라도 향상한다면 효과가 있다고 인식할 수도 있다. 현재 행정기관에서는 전자의 효과를 선호하는 경향이 있다.

6) 약자로 보이는 상대방의 말에 귀 기울이지 않고 강압적으로 자기주장만 하는 사례는 주위에서 쉽게 볼 수 있다.

교육 프로그램을 운영하는 과정에서 지역주민인 수강생이 토로하는 불평도 적지 않다. 지역주민이 자발적으로 참여하는 형식을 취하기는 하지만, 실질적으로 참여를 독려받아 불가피하게 참여하는 경우 자기 일정에 차질이 생길 수 있다. 또한 개설하는 시간대와 가야 하는 장소에 대해 수강생 모두가 만족하지 않을 수 있다. 교육 프로그램에 참여하게 될 강사와 교섭하여 확정되면 이후에는 강사에게 수업을 일임하는 게 관례다. 원칙적으로 강사의 수업 진행을 통제하는 건 타당하지 않다. 그런데 강사의 특정한 언어 표현이 수강생에게 불쾌감을 느끼게 할 수도 있고, 수강생의 이념과 충돌할 수도 있다. 이러한 상황은 결과적으로 교육 프로그램에 대한 불만족으로 이어진다.

새로운 교육 프로그램 개설에 대한 요구와 운영하는 교육 프로그램에 대한 다양한 의견, 더 나아가 개설한 교육 프로그램 전반에 대한 평가에 이르기까지 평생교육사는 고려하고 반영해야 할 사항이 많다. 이를 주도적으로 할 수 있는 위치에 있으면 그렇게 하면 되는데 일반적으로 평생교육사는 그런 위치에 있지 않다. 평생교육사는 운신의 폭이 넓지 않은 어려운 여건에서 직무를 수행한다. 이 어려움은 지역주민과의 접점에서 일하는 모든 사람이 겪는 것이기도 하다. 그렇다고 평생교육사가 담당하는 직무를 기계적으로 수행하는 방식으로 대처하는 건 타당하지 않다. 평생교육사에게 요구하는 전문성이 행정적으로 단순하게 일 처리하는 건 아니기 때문이다(윤여각, 2019: 143).

5. 교육 주체로 호명하는 자

지역주민은 하나의 지위만 가지지 않고 다양한 지위를 갖는다. 교육 프로그램에 수강생으로 참여할 수도 있고, 강사로 참여할 수도 있다. 수강생과 강사는 지위 개념이다. 퇴직하기 전에 높은 직책을 맡고 있던 사람도 수강생이 되면 수강생으로서 자세를 취해야 하고, 강사가 되면 강사로서의 자세를 취해야 한다. 수강생과 강사의 관계는 교육 프로그램을 매개로 설정되는 사회적 관계다. 그런데 교육 프로그램이 매개가 되어 있으므로 여기에는 교육적 측면이 있다. 교육의 맥락에서 수강생은 학습자가 되고, 강사는 교수자가 된다. 또한 교육의 맥락에서 수강생은 다른 장에서 교수자가 될 수 있고, 강사도 다른 장에서 학습자가 될 수 있다.[7)]

학습자나 교수자일 때 우리는 교육 주체라고 호명할 수 있다. 우리가 한순간도 예외 없이 학습자나 교수자일 수 없으므로 우리가 언제나 교육 주체인 건 아니다. 인간은 태어나서 죽음에 이르기까지 학습해야 하는 운명을 감당해야 한다. 학습할 수 없는 시점도 있고, 학습의 강도나 밀도가 사람마다 다르지만, 학습 자체는 피할 수 없다. 인간은 학습해야 온전히 인간으로 성장할 수 있다. 그리고 이 학습에 조력하는 게 교수다. 교수의 기제가 없다면 인생 초기에 학습의 진전을 기대하기 어렵고, 자기 주도 학습력을 형성하고 향상하는 데 한계가 있다. 학습해야 하는 상황 또는 교수해야 하는 상황에서 학습자 또는 교수자가 되고, 이러한 호명은 그 상황에서만 유효하다.

평생교육사는 수강생의 학습에 주목한다. 학습에서 다루는 교과 내용보다는 학습 그 자체에 주목하고, 더 나아가 학습력을 향상하는 데 초점을 맞춘다. 수강생은 교과 내용을 잘 알기 위해 교육 프로그램에 참여한다고 볼 수 있지만, 여기서 수강생은 교과 내용을 이해하는 데 필수적인 학습을 잘해야 한다. 수강생의 학습 속도와 리듬을 존중하면서 학습을 잘하고, 그 결과 학습력을 향상하도록 해야 한다. 그런데 이 일을 평생교육사가 혼자 할 수 있는 건 아니다. 이 일은 강사와 협업해야 한다. 일회성 강의에서 이를 기대하기는 어렵다. 그러나 교육의 맥락에서, 최소한, 학습력을 향상하는 데 교과 내용을 다루는

---

7) 학습자는 학습한 이후에 교수자로 나설 수 있고, 교수자는 학습자로서 학습한 이후에 이를 토대로 교수할 수 있다.

게 수단이 될 수 있다는 점에 대한 공감대는 형성해야 한다.

평생교육사는 강사의 교수에 주목한다. 교수에서 다루는 교과 내용보다는 교수 그 자체에 주목하고, 더 나아가 교수력을 향상하는 데 초점을 맞춘다. 강사는 교과 내용을 잘 전하기 위해 교육 프로그램에 참여한다고 볼 수 있지만, 여기서 강사는 교과 내용을 수강생이 이해하도록 교수를 잘해야 한다. 강사의 교수 속도와 리듬을 존중하면서 교수를 잘하고, 그 결과 교수력을 향상하도록 해야 한다. 지금까지 이 일은 강사에게 일임해 왔다. 그러나 이 일을 평생교육사와 협업으로 진행할 수 있다. 일회성 강의에서 이를 기대하기는 어렵다. 그러나 교육의 맥락에서, 최소한, 교수력을 향상하는 데 교과 내용을 다루는 게 수단이 될 수 있다는 점에 대한 공감대는 형성해야 한다.

이처럼 평생교육사는 다루는 교과 내용 못지않게 학습하거나 교수하는 활동의 흐름에 주목하고, 학습력이나 교수력을 향상하는 데 유달리 관심을 두고, 이것이 가능하도록 노력하는 존재다. 달리 말하면, 평생교육사는 교육 프로그램에 참여하는 수강생과 강사가 학습자와 교수자로서 교육 주체로 성장해 가도록 조력하는 존재다(윤여각, 2019: 147-149).[8] 학습자와 교수자가 하나의 집단을 이루어 교육 프로그램에 참여하고, 여기서 학습과 교수의 협응이 매우 중요하지만, 이를 뒷받침하는 건 학습력과 교수력이므로 평생교육사가 개별 학습자와 교수자에게 주목하는 건 당연하다. 이 점을 고려할 때, 평생교육사가 주목하여 하는 일의 성격상 다수의 교육 프로그램에 참여하는 다수의 수강생과 강사를 상대하는 평생교육사는 적정 수를 확보해야 한다.[9]

8) 평생교육사의 다양한 역할은 이러한 본연으로 수렴되어야 한다.

9) 현재 「평생교육법」에 평생교육사의 배치기준을 명시하고 있지만, 이것을 교육적 기준이라고 보기는 어렵다.

6. 교육을 매개로 기억을 생성하는 자

우리가 경험한 건 기억으로 남는다. 오래 생생한 기억으로 남는 것도 있고, 시간이 지나면서 점점 기억이 흐려지는 것도 있다. 우리는 이전에 경험한 걸 애써 기억하려고 하는 사례도 있지만, 기억하려고 애쓰지 않아도 기억나는 것에 주로 주목한다. 기억 간에 간섭 작용이 있을 수 있으므로 기억이 정확하게 우리의 이전 경험을 알려준다고 말할 수 없다. 인간은 이야기를 짓는 존재이기도 해서 기억을 소재로 하여 기억 자체를 각색할 수도 있다. 심각한 트라우마로 인해 특정한 기억이 전혀 안 나게 되기도 하고, 치매와 같은 질병으로 기억에 장애가 발생하기도 한다.

우리가 하는 다양한 경험 중 교육에 참여한 경험이 있다.[10] 가장 먼저 참여하는 게 가정교육이므로 우리에게는 가정에서 진행된 교육에 관한 기억이 있다. 그다음 참여하는 게 학교교육이다. 우리에게는 학교에서 진행된 교육에 관한 많은 기억이 있다. 이 외에도 직장을 포함하여 다양한 장에서 진행된 교육에 관한 기억이 많이 있다. 그러나 우리는 태어나서 지금까지 교육에 관한 기억이 있는데 이를 체계적으로 조망하는 작업을 거의 하지 않는다. 즉, 우리는 우리의 교육 경험 자체를 성찰하지 않는다. 그래서 일반인으로서 이 성찰을 토대로 우리의 학습력과 교수력을 향상하는 방향으로 노력하지 않는다. 학습해야 하는 상황 또는 교수해야 하는 상황에 직면하면 학습하거나 교수할 뿐이다. 이렇게 하는 학습이나 교수 경험은 특별할 수 없고, 그래서 특별히 기억에 남지도 않는다.

앞서 평생교육사는 수강생과 강사를 교육 주체로 호명한다고 언급하였다. 이러한 호명은 수강생에게는 학습활동의 흐름을, 강사에게는 교수활동의 흐름을 되돌아보게 한다는 것과 맞물려 있다. 학습과 교수는 활동의 흐름이며,

10) 이 경험은 우리의 '교육' 개념 체로 걸러진 것이다.

여기에는 시간이 개입한다. 다시 말하면, 시간의 흐름 속에서 학습하고 교수하고, 이전에 학습한 활동을 토대로 학습하고, 이전에 교수한 활동을 토대로 교수한다.[11] 시간의 흐름 속에서 우리는 학습 이력을 쌓고, 교수 이력을 쌓는다. 학습활동이나 교수활동 자체에 주목하게 되면, 그만큼 학습이나 교수에 관한 우리의 기억도 풍부해지고, 이전보다 더 체계적일 수 있다.

학습의 결과 우리는 학습을 마치는 게 아니라 더 학습하게 된다. 이렇게 되지 않은 학습을 제대로 한 학습이라고 말할 수 없다. 학습하면서 다음 단계의 학습을 예감하고 그 학습을 할 힘을 낸다. 이것을 가능하게 하는 것 중에 호기심과 성장감이 있다. 관심을 가지고 학습한 결과 흥미가 생기고, 흥미가 있기에 호기심을 버릴 수 없다. 학습한 결과 이전보다 더 많이 그리고 깊게 알게 되고, 이 앎으로 이전보다 더 능력을 발휘할 수 있다. 우리는 학습하면서 성장하고 있다는 걸 체험한다. 그리고 이 성장감은 학습을 계속하는 유인가 중 하나다. 이 성장감으로 학습하면서 겪는 어려움은 의미 있는 기억으로 남는다. 그렇기에 그 어려움은 쉽게 잊게 된다. 평생교육사는 수강생이 학습하면서 호기심을 유지하면서 성장감을 느끼도록 하는 데 초점을 맞추면서 이를 위해 가능한 범위 안에서 강사에게 협력한다.

학습과 달리 교수는 선택적이다. 다시 말하면, 교수하지 않는 선택을 할 수 있다. 물론, 강압적으로 교수하게 되는 상황이 전혀 없는 건 아니지만, 이것은 지극히 예외적이다. 그러나 일반적으로 우리는 자기보다 앎의 수준 또는 능력의 수준이 낮은 사람에게 교수하려는 경향이 있고, 교수는 인간이 되게 하는 데 중요한 기제 중 하나다. 무엇보다도 인간이 성장하는 데 중요한 앎의 수준 향상 또는 능력의 수준 향상에 직접 조력하는 핵심적 기제다. 타인이 앎의 수준 향상 또는 능력의 수준 향상을 보일 때 느끼는 보람은 교수의 유인가 중 하나다. 이 보람으로 교수하면서 겪는 어려움은 의미 있는 기억으로 남는

11) 이것은 학습하고 교수할 때 다루는 교과 내용을 토대로 하는 것과는 다르다.

다. 그렇기에 그 어려움은 쉽게 잊게 된다. 평생교육사는 강사가 교수하면서 보람을 느끼도록 하는 데 초점을 맞추면서 이를 위해 가능한 범위 안에서 강사에게 조력한다.

7. 교육의 흐름을 원활하게 하는 전문가

학습에는 난이도가 있다. 이 난이도는 학습자마다 다르다. 그래서 난이도에 차이가 있는 학습을 하는 학습자에 조력하는 교수에도 난이도가 있다. 이 난이도는 교수자마다 다르다. 그러므로 학습이 언제나 수월하게 진행되는 건 아니며, 교수 역시 언제나 수월하게 진행되는 건 아니다. 교육 프로그램에 참여하면서 다수의 수강생과 강사가 서로 소통하면서 학습이나 교수를 진행하는 상황이라면 내부 역동으로 인해 학습이나 교수에 어려움을 겪을 수 있다. 만약 교육 프로그램에 참여하는 여건이 학습과 교수를 지원하는 여건이 아니라면 당연히 학습이나 교수의 어려움은 가중된다.

단위 교육 프로그램에 한정하지 않고 전 생애로 시야를 확장하면, 교육 프로그램에 참여하는 데 어려움을 겪는 사례는 많다. 예컨대, 교육 프로그램에 참여하고 싶어도 부모가 동의하지 않아서, 부모가 동의는 하지만 비용을 지불할 형편이 안 되어서, 원하는 시간대에 개설되어 있지 않아서, 이동하기에는 너무 먼 거리에 있어서[12)], 학습할 수준을 갖추어야 하는데 현재 그 수준에 이르지 못해서 실제로는 교육 프로그램에 참여하지 못한다. 시간과 장소의 문제를 원격학습 방식으로 해결할 수 있더라도, 비용의 문제와 학습 단계의

---

12) 원하는 교육 프로그램이 어느 시간대 어느 장소에서 열리는지, 이에 관한 정보를 어디서 어떻게 찾아야 할지 몰라서 어려움을 겪기도 한다. 물론, 지역 수준에서 이러한 정보를 제공해 주지 않는 사례도 적지 않다.

문제를 해결할 수 없다면 실제로는 교육 프로그램에 참여하지 못한다. 비용이 들지 않고 이전 단계의 학습을 할 수 있는 사이트가 있다면 모든 문제가 해결된다. 그러나 학습의 결과에 대한 확인이 있어야 한다. 이 문제는 최근에 인공지능을 통해 해결하려고 시도하고 있다.

이처럼 교육 프로그램에 참여하는 데 어려움이 있을 때 이를 해결하는 방향으로 과학기술이 발전해 왔고, 그 덕분에 언제 어디서나 어떤 수준에서든 학습이 가능한 환경이 조성되고 있다. 그러나 이것도 누구에게나 적용되는 환경은 아니다. 현실에서는 학습하거나 교수하는 데 많은 장애가 있다. 다시 말하면, 사람에게는 삶에서 교육의 흐름이 원활하지 않은 부분이 있고, 이 점에서 사람마다 차이가 있다. 평생교육사는 이렇게 원활하지 않은 교육의 흐름에 민감한 존재고, 그의 의식은 지역주민 개인에게 향한다. 원격으로 전국을 범위로 하여 교육 프로그램을 개설하는 사례가 아니라면, 평생교육사는 지역에서 활동하고 지역주민에게 교육과 관련하여 조력하는 위치에 있다.

교육 프로그램은 사람과 연계되어 있고 연계될 수 있으며, 교육 프로그램 간에도 연계되어 있고 연계될 수 있다. 학교와 같은 교육기관이 아니라도 어디서 개설하는 교육 프로그램이든 이를 중심으로 연계망을 구축할 수 있다. 교육 프로그램이 어떤 분야나 영역에서 어떤 시간대와 장소에서 어떤 수준으로 열리고, 이 교육 프로그램은 분야나 영역에서 다른 분야와 영역과 어떻게 연계되고, 이전 수준과 현 수준과 이후 수준이 어떻게 연계되는지 전체적인 연계망을 그릴 수 있을 때 어떤 분야나 영역, 그리고 수준에서 빠진 부분이 있는지 확인할 수 있다. 이러한 확인을 토대로 이를 보완하는 교육 프로그램을 개발할 수 있다.[13] 한 지역의 교육 프로그램 전체는 다른 지역의 교육 프로그램 전체

13) 교육 프로그램을 개발하는 일에는 다양한 전문가가 참여하여 비용과 시간을 들여야 한다. 그리고 어떤 교육 프로그램을 개발하든 질적 수준이 확보되어야 하며, 그 수준은 학습자의 교육적 필요를 충족하는 것으로 수렴되어야 한다.

와 연계될 수 있으며, 이를 토대로 교육 프로그램을 중심으로 지역 지도와 전국 지도를 그리는 것도 가능하다. 평생교육사는 교육 프로그램에 관한 정보에 민감해야 하고, 그 정보를 잘 다룰 수 있어야 하며, 그 연장선에서 그 정보를 관리하는 것을 하나의 직무로 포함할 수 있다.

물의 흐름이 막히거나 바람의 흐름이 막히면 인간의 삶에 막대한 지장을 초래한다. 그 지장 중 대표적인 게 질병이다. 교육의 흐름이 막히면 인간은 인간으로 제대로 성장하기도 어렵고, 더 나아가 성숙에 이르기도 어렵다. 교육은 학습과 교수가 선순환할 때 막히지 않고 잘 진행될 수 있다. 학습을 계속할 수 있어야 하고, 학습에 어려움을 겪을 때 교수의 지원이 있어야 하고, 이러한 교수에도 어려움이 없어야 한다. 그러나 현실적으로 학습이나 교수에 어려움이 있고, 이 어려움을 야기하는 문제나 이 어려움으로 인해 발생하는 문제는 간단하지 않으며 제대로 해결되어야 교육이 중도 정지되거나 지체되는 걸 막을 수 있다. 이처럼 교육의 흐름이라는 전체를 조망하는 안목을 갖추고 흐름이 원활하지 않게 되는 문제를 해결하는 데 전문성을 발휘하는 게 평생교육사이며, 이는 평생교육사의 과제이다(윤여각 2019: 138; 윤여각, 2020: 114). 이것은 평생교육사의 직무 수행에도 수준이 있다는 걸 의미한다. 이 점에서 평생교육사는, 지역 교육에 관한 한, 학교 교사나 대학 교수 못지않게, 오히려 그 이상으로 전문성을 갖추고 전문가가 되어야 한다.

제 2 부

지역(마을)과 접속: 평생교육담론의 생성과 과제

제6장 지역에서 하나의 흐름, 교육[1)]

지역의 삶에서 중요한 흐름이 있다. 그 대표적인 것이 물의 흐름이다. 지역에서 물의 흐름이 원활하지 않으면 물이 오염되거나 물길에서 벗어나 넘쳐나는 난리를 겪게 된다. 또 하나가 있는데 그것은 바람의 흐름이다. 지역에서 바람의 흐름이 원활하지 않으면 공기가 오염되거나 바람이 강하게 덮치는 난리를 겪게 된다. 여기에 또 하나를 추가할 수 있는데 그것은 교육의 흐름이다. 지역에서 교육의 흐름이 원활하지 않으면 사람이 성장하거나 성숙하지 못하고 분란이 일어나는 난리를 겪게 된다. 여기서는 교육의 흐름에 주목해 본다. 유네스코에서 교육의 분절을 문제 삼은 것은 바로 이 교육의 원활한 흐름을 염두에 둔 것으로 볼 수 있다.

---

1) 내가 국가평생교육진흥원장으로 부임한 직후 지희숙 박사가 지역에서 교육과 관련하여 화두로 삼고 생각해 볼 만한 몇 가지 주제를 떠오르는 대로 얘기해 줄 걸 요청하였고, 곧바로 제시해 주었는데 이후에 왜 그러한 대답을 했는지 틈틈이 숙고하였지만, 생각을 정리하지 못하다가 한국방송통신대학교로 복귀한 2022년 3월 31일 제1장의 글을 마무리한 이후 4월 30일에 이 글을 마무리하였다.

1. 실천으로 이어가는 생각

외적으로 어떤 활동을 수행하고 있을 때 생각하면서 할 수도 있고, 생각하지 않고 할 수도 있다. 외적으로 어떤 활동을 하지 않고 가만히 있을 때도 생각하고 있을 수도 있고, 생각하지 않고 있을 수도 있다. 이처럼 비가시적인 생각은 가시적인 활동과 맞물려 있기도 하고, 활동 뒤에 정지해 있기도 한다. 그러나 무언가 새로운 활동을 시작하려면 반드시 앞서 생각하게 된다. 그 활동이 가벼운 게 아니고 신중하게 해야 하는 것이라면 생각을 더 깊이 오래 하게 된다. 물론, 무언가 새로운 활동을 시작하지 않더라도 활동하지 않을 때 이런저런 생각을 해보기도 한다. 긴박한 상황에 내몰리지 않는 상태에서 비교적 시간적 여유를 가지고 깊이 생각하는 게 일상에서 흔한 것은 아니다.

생각은 상상하는 능력이 뒷받침되어야 한다. 생각은 눈으로 보이지 않는다. 그러나 상상으로 흐름이 끊기지 않게 하면서 밀고 나가는 것이 생각이다. 그러므로 생각하는 것은 당사자에게 현실이다. 생각하는 사람은 비가시적인 현실을 가시적인 현실로 전환할 수도 있고, 그렇게 하지 않을 수도 있다. 비록 비가시적인 현실을 가시적인 현실로 그대로 전환하는 것은 아니라고 해도 가시적인 현실을 염두에 두면서 비가시적인 현실을 체계적으로 그려볼 수 있다. 다시 말하면, 생각하는 것을 대충 하는 게 아니라 체계적으로 하고, 이를 토대로 실천할 수 있다. 예컨대, 계획 이전의 기획은 대부분 생각으로부터 시작하고, 생각에 생각을 거듭하는 가운데 구체화한다.

생각하는 것은 사람에게 고유한 능력이지만, 생각만 하고 실천하지 않는다면 삶에서 진전을 이룰 수 없다. 생각한 대로 실천이 이루어지지는 않기 때문에 실천을 통해 생각을 수정하고, 실천한 것을 자료로 하여 생각을 진전시킬 수 있다. 이러한 생각과 실천의 선순환을 통해 사람은 삶을 살아가고 더 나은 삶을 생각하고 실천할 수 있다. 그러나 실천으로 이어지지 않은 생각은 생각의 울타리 안에 머물러 있어서 극단적으로는 그 안에 갇히게 된다. 여기에 긍정적인 감정이 실리지 않고 부정적인 감정이 실리게 되면 정신이 피폐해지는 일도 벌어지게 된다. 이렇게 되지 않도록 하려면, 다른 사람들과 자기 생각을 나누고, 수렴한 생각을 함께 실천하는 노력이 필요하다.

생각을 실천으로 옮기되, 실천으로부터 학습하는 것에 소극적이라면 이 또한 삶의 진전에 도움이 안 된다. 생각하면서 학습하기도 하지만, 실천하면서 학습하기도 한다. 생각과 실천이 하나의 맥락 안에 있을 수 있듯이, 양 학습은 분절되지 않고 통합될 수 있다. 다시 말하면, 생각하면서 학습하는 것이 생각은 물론 실천에 도움이 될 수 있고, 실천하면서 학습하는 것이 실천은 물론 생각에 도움이 될 수 있다. 이렇게 볼 때, 생각한 것을 실천하는 방식, 실천으로부터 생각을 진전시키는 방식, 다시 진전된 생각으로 실천을 진전시키는 방식이 선순환될 수 있다. 그러나 이렇게 되지 않으면 실천이 제 길을 잃고, 다시 생각이 제 길을 잃는 일이 벌어질 수 있다.

실천으로 이어져 사람의 존재 수준을 향상하는 데 도움이 되지 않는 생각은 위험할 수 있고, 생각으로 이어져 사람의 존재 수준을 향상하는 데 도움이 되지 않는 실천 역시 위험할 수 있다. 그러므로 앞서 언급한 것처럼, 생각과 실천이 선순환하게 하는 게 중요하다. 그런데 이 중요성은 깨닫는 것으로서 학습의 결과 기대할 수 있는 것이다. 생각과 실천은 일상에서 흔하게 일어나는 일이며, 삶의 터전인 지역에서도 생각과 실천은 누구에게나 일상이라고 할 수 있다. 이 일상이 교육적 맥락 안에 있을 때, 평생학습사회도 이념형에 머물지 않고 삶 속에서 구현할 수 있다.

2. 몸으로 이어가는 정신의 건강

생각으로 펼쳐나가는 세계가 정신세계라면, 실천으로 펼쳐나가는 세계는 물질세계라고 할 수 있다. 물질이면서 사람의 정신과 연결된 것은 몸이다. 몸에는 정신이 깃들어 있고, 정신에는 몸으로 겪는 것이 새겨져 있다. 정신이 작동하지 않는 몸은 상상하기 어렵다. 정신이 저절로 작동하지 않는 사례는 없다. 몸의 일부인 뇌에 장애가 있을 때 정신이 제대로 작동하지 않는 사례가 있지만, 그렇다고 정신이 전혀 작동하지 않는 것은 아니다. 그러나 몸이 없다면 정신도 없다. 몸에는 감각기관이 있어 외부의 자극이 뇌에 전달되고, 뇌 안에서 뉴런과 시냅스에 의해 진행되는 변화로 정신이 작동한다. 그러므로 몸이 겪는 것은 그대로 정신에 영향을 미친다.

사람의 욕구 중 식욕과 성욕은 매우 강렬하다. 식욕은 생존과 관련이 있고, 성욕은 종족 보존과 관련이 있다. 그런데 사람은 단순히 배고픔을 해결하는 것 이상으로 먹을 것을 밝히고 먹는 행위를 복잡하게 하는 경향이 있으며, 종족 보존에 필요한 정도를 넘어서 성관계를 밝히고 성관계하는 행위를 복잡하게 하는 경향이 있다. 이러한 욕구가 스스로 주체하지 못하는 탐욕으로 이어지고, 타인을 도구로 전락시키는 타락으로 이어지기도 한다. 이 점에서 종교적 맥락에서 그러한 행위로 죄에 빠지는 몸을 저주하고, 몸을 정신과 구분하는 것을 넘어서서 분리하는 사유가 등장하기도 하였다.

식욕이나 성욕과 관련되어 있지 않더라도 정해진 규칙을 위반하는 사례들이 있다. 그런데 이러한 사례에서 몸이 저절로 움직이지는 않는다. 몸이 반응하고, 마음이 움직이고, 이어서 정신이 몸을 움직이게 해야 한다. 그렇지만, 규칙을 위반하는 행위를 하는 것은 몸이기 때문에 몸이 비난의 대상이 되고, 몸을 구속하거나 체벌하는 일이 벌어진다. 물론, 여기에도 권력이 작용하지만, 그 권력은 주로 약자에게 엄격하고 가혹한 방식으로 작동하며, 약자의 몸은 몸뚱

이로 비하된다. 이 과정에서 약자의 몸과 정신이 분리되고, 강자의 몸과 정신도 분리하는 심리의 분열이 일어난다.

몸은 영양분을 공급하고 관리하면 일정 기간 계속 성장하고, 정점을 지나면 점점 쇠퇴한다. 반면 정신은 학습을 통해서만 성장하므로 학습이 원활하게 이루어지도록 여건을 조성하는 것이 중요하다. 그러나 학습에서 정신만 작동하는 것이 아니라 몸도 움직이므로 양자의 협응을 도외시할 수 없다. 예컨대, 손을 움직여 산수를 할 수도 있고, 암산으로 할 수도 있지만, 후자는 전자를 거치는 것이 일반적이다. 학습을 통해 외부의 정보를 지식으로 전환하는 과정을 거치고, 이게 축적되면 상상만으로도 지식을 심화하는 것이 가능하다. 더 나아가 지식을 확대해 나가는 데 매몰되지 않고 지식에서 지혜를 길어 올려 자기의 존재 수준을 향상하는 것이 가능하다.

생각만 하고 실천하지 않는 것이 적절하지 않듯이, 정신만 쓰느라 몸을 움직이지 않는 것도 적절하지 않다. 정신 집중을 하다 보면 몸을 돌보지 않는 상황이 벌어지기도 하는데, 이러한 상태가 계속되면 몸이 피폐해지는 일이 벌어진다. 정신을 자기 욕구나 이익을 관철하는 데 집중해서 쓰면 몸을 다른 사람을 해치는 도구로 사용할 수도 있다. 이와는 달리 몸을 돌보는 것으로 정신 집중을 더 잘하는 수련의 길도 많이 열려 있다. 즉, 정신을 명징하게 하고 건강하게 하려면 몸 역시 쾌적하고 건강하게 유지하는 게 도움이 된다. 그러므로 정신의 힘을 키우는 것 못지않게 몸의 힘을 키우는 것도 중요하게 생각하고 실천해야 한다.

3. 익힘으로 완결되는 배움

배우고 가르치는 것을 학습과 교수로 표현하기도 한다. 학습은 배우고 익히는 것을 의미하기 때문에 배움을 학습으로 표현할 때는 배움 이후의 익힘을 전제하는 것으로 이해할 수 있다. 교수는 가르치고 확인하는 것을 의미하기 때문에 가르침을 교수로 표현할 때는 가르침 이후의 확인을 전제하는 것으로 이해할 수 있다. 이렇게 보면, 익히는 것으로 이어지지 않은 배움은 중도 정지된 것이고, 확인으로 이어지지 않은 가르침 역시 중도 정지된 것이다. 그래서 익히거나 확인하는 것을 포함하지 않은 교육에 관한 사유는 교육에 관한 오해를 낳기도 한다. 물론, 이것은 교육의 개념과 관련된 문제다.

교육에서 교(敎)는 가르친다는 의미가 있고, 육(育)은 기른다는 의미가 있다. 전자가 정신에 해당하는 것이라면, 후자는 신체에 해당한다. 물론, 가르치거나 기르는 주체는 기성세대다. 무엇을 매개로 어떻게 왜 그렇게 가르치거나 기르는지 결정하고 실행하고 정당화하는 것은 기성세대다. 이 점에서 기성세대인 교수자 중심의 교육을 문제 삼으면서 신진세대인 학습자 중심의 학습을 강조하고, 더 나아가 양자를 서로 다른 패러다임으로 접근하기도 한다. 그러나 무엇을 매개로 어떻게 왜 그렇게 가르치거나 기르는지에 관한 논의에는 교수자뿐만 아니라 학습자에 관한 논의가 포함되어 있다. 이 논의가 오랜 시간의 흐름 속에서 지층으로 계속 축적되었고, 그래서 교육 개념사(槪念史)의 지층도 매우 깊다고 할 수 있다. 그러므로 과거에 교육에는 하나의 관행이 있었고, 그래서 하나의 개념이 있다고 주장하거나 전제하는 것은 타당하지 않다.

교육학계에서는 두 축의 활동이 연계하여 진행하는 활동으로 교육에 대해 논의해 왔다. 즉, 교육은 교수와 학습이라는 두 하위 요소로 구성된다고 보고, 이를 구체화하는 논의를 진전시켜 왔다. 그리고 교수와 학습이 서로 구분되지만, 교수는 학습을 지원하는 성격을 갖는 것으로 규정해 왔다. 교수의 성과는 학습자가 학습을 제대로 한 것으로 드러나는데, 이것은 교육의 결과로도 이해되었다. 그래서 교수론은 학습론의 토대 위에서 전개되었으며, 학습을 전제하지 않은 교수는 타당하지 않다고 보았다. 이러한 맥락에서 일방적인 교수는 논리적으로 의미가 없으며, 실제로도 의미가 없다. 일방적인 교수는, 학습자를 염두에 두고 진행하는 교수 연습 상황에서는 의미가 있지만, 학습자와 상호작용하는 것을 배제한 것이라면 의미가 없다.

사람은 태어나서 죽음에 이르기까지 배운다. 그러나 배우는 활동을 거쳤다고 배운 모든 걸 온전히 아는 것은 아니다. 배운 것을 한 번에 제대로 아는 사례도 있지만, 여러 번 반복해 배워야 제대로 알게 되는 사례도 있다. 사람이 태어난 이후 배우는 영역이 계속 확장되고, 한 영역에서도 계열이 있으므로 그 모든 걸 배우는 대로 제대로 안다는 것은 거의 불가능하다. 아마도 배우기는 하지만 제대로 알지 못하고 지나가는 사례가 많다고 보아야 할 것이다. 그래서 알기는 하지만 피상적으로 알거나 오히려 잘못 아는 사례가 생기게 된다. 이것이 다른 사람에게 심각한 피해를 줄 수도 있다는 점에서 점검이 필요하며, 이 점검 역시 교육의 맥락에서 중요하다.

한 영역에서 하나를 배우고 다음 수준을 배우는 사이에 진행되는 활동은 익힘이다. 배움이 익힘으로 이어져야 제대로 배우는 것이고, 제대로 된 앎에 이를 수 있다. 배우는 상황은 새로운 것을 접하는 상황인데, 자기 인지체계에서 이를 받아들이고 처리하는 과정을 거쳐 이해하고 그 인지체계에 통합하는 데까지 나아가야 한다. 이렇게 되면 그것을 다시 배우지 않아도 되며, 다음 단계의 배움으로 진전할 수 있다. 교수자가 가르치면 학습자는 배우는 상황에 놓이게 되며, 배운 이후에 학습자가 익힘을 하는 과정에서 그 활동이 잘 이루어지고 있는지 교수자가 확인하여 인정하면 학습자는 다음 단계의 배움으로 나아갈 수 있다. 배우는 것 이상으로 익히는 시간이 필요하므로 교육 설계에서는 이 시간을 반드시 확보해야 한다.

4. 학습한 것을 나누는 교수

모든 걸 알고 태어나는 것이 아니므로 사람은 알아야 할 것을 일일이 배우고 익혀야 한다. 그렇게 하지 않으면, 다른 사람의 도움이 없다면 생존조차 하지 못하거나 다른 사람들로부터 소외되는 삶을 피하기가 어려워진다. 실제로 사람은 태어나서 일정 기간은 배우고 익히는 일에 집중한다. 그리고 이후로 집중도가 떨어지기는 하지만, 사람은 배우고 익히는 일을 이어가고, 결국 죽음에 이른다. 삶에 우여곡절이 있어 배우고 익히는 활동이 두드러져 보이지 않아도 그 활동은 삶의 이면에 항상 존재한다. 이 점에서 사람에게 학습은 본질적이다. 그래서 학습하지 않는 사람을 상상하기는 어렵다.

배운다거나 익힌다거나 학습과 같은 용어가 없다고 하더라도[2)] 사람인 한 배우고 익히는 활동을 하지 않을 수 없다. 사람은 모여서 살고 이들 사이에는 앎의 영역과 수준에서 차이가 있다. 어떤 영역에서든 앎의 수준 차이가 있고, 이 차이 때문에 그 영역에 새롭게 진입하는 사람은 학습하는 위치에 있게 된다. 앎의 수준이 높은 사람이 체계적으로 교수하지 않아도 옆에서 그를 보면서 학습하는 것이 불가능하지는 않다. 그러나 그가 교수에 나서준다면 학습의 과정에서 시행착오를 줄임으로써 더 수월하게 학습할 수 있다. 그렇지만 학습에서 난관에 직면했을 때 그가 교수해 주지 않으면 더 이상 학습을 지속하지 못하고 중도에 정지해야 하는 상황이 벌어질 수도 있다.

먼저 배워 익힌 사람이 자신이 배워 익힌 것을 다른 사람에게 전하지 않으면 어떻게 될까? 만약 배워 익히는 것을 다른 사람이 보지 않는 데서 하거나 다른 사람이 알아채지 못하게 하면, 그가 다른 사람에게 전하지 않는 이상 그것을 다른 사람이 알려면 스스로 배워 익힐 수밖에 없다. 그런데 배워 익힌 것을 다른 사람에게 전하는 나눔을 하는 사람이 있고, 인류는 그러한 나눔을 '교수'

---

2) 하라 히로꼬(1990)의 오헤어인디언 연구에 의하면, 이 부족에는 배운다는 단어가 없다.

라는 고유한 활동으로 발전시켜 왔다. 그래서 학습과 쌍을 이루는 교수 활동이 존재하고, 이 두 활동이 교육을 구성하는 두 축이 되었다. 교수는 가르치는 것에 머물지 않고 잘 배우고 익히고 있는지 확인하는 데까지 나아가는 활동이다. 인류의 역사에서 학습이 중요하다는 점은 부정할 수 없다. 그러나 인류가 교수라는 기제를 생성하고 발전시켜 왔다는 점 또한 중요하다.

배워 익힌 사람에게 배워 익힌 것은 그의 앎의 목록에 포함된다. 그는 자기가 아는 것을 모르는 사람을 만나면 알려주어서 알게 하고 싶은 욕구가 생긴다. 그런데 그것을 모르는 모든 사람에게 바로 전할 수 있는 것은 아니다. 그것은 물건처럼 전할 수 없기에 특별한 활동이 필요하고, 그것이 바로 교수다. 교수하려면 자기가 아는 것을 다른 사람이 모른다는 것 못지않게 현재 무엇을 어디까지 알고 있는지 확인하고, 바로 그 지점에서 교수를 시작해야 한다. 그렇지 않으면, 상대방은 교수하는 사람이 하는 활동을 이해할 수 없다. 교수도 일종의 소통이므로 교수를 접하는 사람이 알아들을 수 있게 소통해야 하고, 그가 아는 수준의 말로 시작해야 한다. 그렇게 해서 결과적으로 교수자는 학습자가 자기 앎의 수준까지 올라오도록 조력한다.

교수자는 학습자에게 자기가 아는 것을 나누는 교수에 참여한다. 이런 모습은 모든 영역에서 볼 수 있는데, 그렇게 해서 각 영역은 지속성을 갖게 된다. 어떤 영역도 교수자가 조력하지 않으면 유지하고 발전하는 데 한계가 있을 수밖에 없다. 교수자가 자기 앎을 나누는 데 나선다는 것은 그 앎을 전유하지 않겠다는 결단에 따른 것이고, 이를 실행하고 계속할 수 있는 것은 그것을 아는 행위를 함께하는 데서 보람을 느끼기 때문이다(엄태동, 1998). 교수자가 자기 학습을 게을리하지 않아 학습자보다 앎의 높은 수준을 유지해도 언젠가는 학습자가 자기를 추월하는 상황을 맞이하게 된다. 교수자는 이를 교수의 성공으로 인식하며, 이러한 인식은 교육의 맥락에서 볼 수 있는 특이한 현상이다.

5. 성숙의 길을 함께 열어가는 동행

경제 성장으로 대표되는 국가 발전은 근대화 시대의 화두가 되었다. 경제 성장을 가능하게 하는 사람의 성장도 강조되었고, 교육에 관한 논의에서도 성장에 주목하였다. 앎이 확대되고 심화하며, 능력이 향상되는 것은 교육의 목표가 되었고, 이 목표가 달성되어야 사람이 성장한 것으로 인식되었다. 6.25 전쟁의 폐허 속에서 나라를 재건하고 부흥시켜야 하는데 물적 자원은 턱없이 부족하니 기대할 수 있는 건 사람밖에 없었다. 교육입국을 내걸고 우선 제도교육인 학교 교육의 발전에 주력하였고, 그 결실로 경제 성장을 중심으로 관련 분야에서 일하는 사람을 양성해 낼 수 있었다. 이 기조는 현재도 계속 이어지고 있다. 그러나 성장의 한계도 인식하게 되었고, 코로나19 팬데믹은 성장의 한계를 넘어서서 성장의 폐해를 여실히 보여주는 계기가 되었다. 그렇다고 무한히 과거로 회귀할 수는 없으므로 현재의 시점에서 상황 극복을 위한 가능한 대안을 모색해 나가고 있다. 그중 하나가 교육 자체에 관한 성찰이다.

교수자가 자기가 아는 것을 학습자에게 가르치고 확인하는 것은 외적으로 드러나는 현상이다. 의미 있게 구분하는 앎의 영역을 교과라고 한다면, 그 영역에 관한 앎의 체계적인 내용은 교과 내용이라고 할 수 있다. 우리는 그동안 교수자나 학습자보다도 이들이 다루는 교과 내용에 더 주목해 온 경향이 있다. 이것은 제도교육의 맥락에서 교과 내용을 다룬 다음 시험을 보고, 그 시험으로 드러나는 성적에 주목했기 때문이다. 그러나 어떻게 가르치고 확인하는지, 그리고 어떻게 배우고 익히는지를 중심으로 생각하면 교과 내용은 그러한 활동을 하는 데 활용하는 수단이 된다. 그러면 어떤 교과 내용이든 그것을 어떻게 가르치고 확인하는지, 그리고 이에 조응하여 어떻게 배우고 익히는지가 중요하게 된다.

교수자는 교과 내용을 매개로 교수한다. 그런데 여기에는 교수자의 전 생애적 경험이 실린다. 그리고 이 경험에는 교과 내용에 관한 앎의 현 수준에 이르기까지의 학습 경험 및 그동안의 교수 경험이 포함된다. 여기에는 교과 및 교과 내용에 대한 태도, 학습자를 대하는 태도, 교과 내용을 다루는 방식, 교과 내용을 학습자들에게 교수하는 방식, 교수와 학습에 어긋남이 감지될 때 이 문제에 대응하는 방식, 교과 내용을 매개로 교수하는 시간 전체를 운용하는 방식 등도 포함된다. 그리고 이를 둘러싼 다양한 경험도 작용하고 있다고 보아야 할 것이다. 이 점에서 교과 내용을 매개로 교수하는 상황은 교수자 자신을 드러내는 상황이라고 할 수도 있다. 이 점에서 파머(이종인 역, 2000)는 교수에는 용기가 필요하다고 말하였다.

세계 제2차 대전 이후 설립된 유엔 산하 전문기구인 유네스코에서도 성장의 한계에 직면하여 이를 전쟁으로 해결하고자 한 후폭풍을 실감하고, 사람의 존재 수준에 주목하였다. 인지 차원의 지식과 실행 차원의 기술이 성장을 추동하는 것은 분명하다. 그러나 이 성장이 적절한 수준으로 제어되지 않으면 무한 증식의 욕구에 휘말려 오히려 양극화가 진전되고 사람이 사람의 존재성을 부정하는 전쟁까지 불사하는 사태가 벌어진다. 이를 극복하려면 외적으로 드러나는 성장에 매몰되지 않고 내적으로도 성장하는 성숙에 주목해야 한다. 이러한 맥락에서 유네스코에서는 포르의 주도 아래 『존재 학습(Learning to be)』이라는 보고서를 발간하였다. 이를 계기로 인식론적으로 접근했던 교육에 관한 사유를 존재론적 접근으로 전환하는 단초를 마련하였다.

인류의 역사를 통해 확인할 수 있는 것처럼 사람만큼 사람에게 위협적인 존재는 없다. 또한 어떤 어려운 상황에서도 타인에게 도움의 손길을 내밀고 타인을 대신하여 죽음도 불사하는 존재가 사람이다. 사람은 두 가지 측면을 다 가지고 있다. 이 중 어떤 존재를 지향할 것인지가 존재론적 물음이다. 후자의 모습은 소수에게서 볼 수 있지만, 다수에게 가치 있는 것으로 인정되고 있다. 그것은 인류의 역사에서 다수가 성현으로 존중하는 소수의 삶에서 엿볼 수 있다. 그리고 가깝게는 공동체를 지향하고, 무수한 실패에도 불구하고 인류의 실험으로서 포기하지 않는 사람들의 시도 속에서 엿볼 수 있다. 이들은 서로 다름에도 불구하고 그 다름을 인정하고 품어가면서 함께 살아가는 동행의 흔적을 유산으로 남긴다.

6. 타인의 삶을 향한 탐구와 기도

우리나라는 '널리 인간을 이롭게 한다(弘益人間)'는 건국 이념을 가지고 있다. 이것이 이념이기는 하지만, 구체적인 실천이 없다면 의미가 없다. 이 이념을 실천하는 출발 장소는 가정이다. 서로 다른 배경에서 성장한 두 사람이 만나 가정을 이루고, 유전자를 물려주긴 하지만, 또 다른 생명을 잉태하여 키운다. 조건 없는 사랑은 부모와 자녀 사이에서 시작되고, 이 사랑이 토대가 되어 외부로 확산한다. 자녀에게 부모는 뿌리에 해당하지만, 자녀는 결국 부모의 둥지를 떠나는 타인이다. 둥지를 떠나기까지 부모는 자녀를 헌신적으로 키우고, 자녀가 자기보다 더 나은 사람이 되기를 기원한다. 이 기원은 절대자를 향한 기도와 같은 것이다.

내 자녀는 다른 사람의 자녀와 같이 어울려 성장하고, 서로 영향을 주고받기에 다른 사람의 자녀를 도외시할 수 없다. 다른 사람의 자녀를 환대하고 돌보는 관행이 결국은 자기 자녀에게 긍정적인 영향을 미치는 환경이 된다. 공동체를 구현하고자 하는 사람들은 내 자녀와 더불어 다른 사람의 자녀도 함께 챙기는 것을 당연하게 생각한다. 그래서 지역에서 어른들이 아이들을 함께 기른다는 '공육(共育)' 개념도 등장하였다. 이러한 맥락에서 지역의 연로한 어른들을 지역주민들이 함께 모시는 것도 당연하게 생각한다. 그래서 지역주민은 자기가 함께하지 못하는 동안 자기 가족의 일원인 아이나 노인을 누군가 잘 돌봐줄 것이라는 믿음을 가지고 자기 일에 전념할 수 있다.

여기에는 타인에 관한 관심이 전제되어 있다. 이 관심이 지나친 개입으로 흐르기도 하지만, 거리를 두고 지켜보면서 결정적인 순간에 필요한 도움을 주는 행위로 나타나는 절제를 바람직하게 생각한다. 거리를 두고 지켜보는 것과 결정적인 순간에 필요한 도움을 주는 것은 이어지는 행위로서 직관이 작용하기도 하지만, 여기에는 탐구가 수반된다. 그것은 아이나 노인이 어떻게 생활하는지, 이러한 생활의 흐름 속에서 특정한 순간에 정말 필요한 것이 무엇인지 알아야 하기 때문이다. 이러한 행태와 교수자가 학습자를 탐구하는 행태가 근본적으로 다른 것은 아니다. 그래서 우리의 일상을 교육의 관점으로 조망할 수 있고, 일상에서 교육적 측면을 찾아낼 수 있다.

인구수는 줄어드는데 젊은 층이 도시로 나가게 되면, 농산어촌 지역은 점점 활력을 잃을 수밖에 없다. 그래서 지역을 활성화하려는 정책적 시도도 있고, 지역에서 자체적으로 노력하기도 한다. 이를 '마을 살리기'라는 이름으로 진행하는데 그 핵심은 지역의 자생력을 키우는 것이다. 이러한 맥락에서 지역주민들이 도시로 나가지 않고도 지역에서 학교 교육에 참여할 수 있고, 일자리를 마련하여 소득을 낼 수 있는 구조를 만들어 가고 있다. 여기에 정부에서 정책적 지원을 하고, 중간지원조직이 조력하고 있다. 이 과정에서 그 지역이 역사 속에서 어떻게 현재에 이르게 되었으며, 현재 어떤 자원들이 있고, 이를 토대로 어떻게 지역을 활성화할 것인지 모색한다. 이것은 지역주민들의 삶을 배경으로 한 탐구이고, 여기에는 그들의 삶의 질이 향상되기를 바라는 소망이 담겨 있다.

조금만 둘러보아도 우리는 무수히 많은 사람과 맞물려 있고, 우리가 아는 사람보다 더 많은 모르는 사람에게 도움을 받으며 살아가고 있다는 것을 알 수 있다. 아침에 일어나서 저녁에 잠이 들 때까지 우리 주변에 있는 모든 게 다른 사람들의 노고 과정이고 그 결과물이다. 그들도 직업으로 일하고 보수를 받으므로 그것에 관해 특별히 고마운 마음을 가질 필요는 없다고 생각할 수도 있다. 아마도 그렇게 생각하는 사람이 다수일 것이다. 그러나 만약 그들이 없었다면 우리는 현재와 같은 편리한 삶을 살 수 없을 것이다. 이러한 맞물림을 자기 직업, 더 나아가 삶과 관련하여 생각해 보면, 그 맞물림이 상생으로 진전되는 길을 찾을 수도 있고, 그 연장선에서 자기와 맞물려 있는 사람들의 안녕을 기원할 수도 있다.

7. 세계로 이어가는 지역의 사유

우리는 지역 체제 속에서 살아가고 있을 뿐만 아니라 국가 체제 및 세계 체제 속에서 살아가고 있다. 정보통신기술의 발달은, 현재 휴대폰 활용에서도 보듯이, 세계의 움직임이나 세계에 관한 정보를 손안에서 확인할 수 있게 만들었다. 이것은 간혹 경계가 흐려지는 현상으로 나타나기도 한다. 다시 말하면, 어디까지가 고유하게 우리 것인지 분간하기 어려울 정도로 사유와 실천에서 다양하고 복잡한 섞임이 일어나고 있다. 그러나 그러한 섞임의 연장선에서 지역의 문화가 형성되고 변화되며, 지역에서의 삶이 진행된다. 물론, 지역에 하나의 문화만 있는 것은 아니며, 다양한 문화가 교차하고 있고, 그래서 아무리 규모가 작은 지역이라고 하더라도 지역에서의 삶은 복합적이고 복잡하다.

코로나19 팬데믹을 겪으면서 세계는 우리가 상상하던 것보다 더 밀접하게 맞물려 있으며, 나라 내에서의 역동은 물론 나라 간에도 복잡한 역동이 있음을 확인하게 되었다. 또한, 코로나19 팬데믹은 사람 간의 맞물림뿐만 아니라 사람과 자연의 맞물림에 대해서도 구체적으로 확인한 계기가 되었다. 더 나아가 그동안 선각자들이 심각하게 받아들이라고 경고해 온 자원고갈, 환경오염, 기후 변화가 얽혀 있고, 이것이 지구 생태계를 위협하면서 사람에게도 위협이 된다는 것을 절감하게 되었다. 그러므로 우리의 시야를 우리가 현재 사는 지역에 한정하여 사유하고 실천하는 것에서 벗어나 지구촌의 흐름을 파악하고 지구촌에서 상생하는 방향으로 사유하고 실천해야 한다.

코로나19 팬데믹만이 아니라 미국과 중국의 무역 분쟁, 최근에는 러시아와 우크라이나 간 전쟁이 우리나라에 심각한 영향을 미치고 있으며, 우리나라와 일본 간의 다양한 갈등 역시 곧바로 우리의 삶에 영향을 미치고 있다. 이 어느 것에도 연결된 조직이 있고, 사람이 있으며, 그 조직이 바로 우리 곁에 있을 수 있고, 그 사람이 바로 우리 이웃일 수 있다. 우리가 그동안 도덕의 가치를 다루고, 다양한 사태에서 윤리적 쟁점을 논의하였지만, 통념적인 바른길에서 벗어나 자기의 이익을 배경으로 한 명분을 관철하려는 무리한 행태를 보면서, 그리고 이것이 역사 속에서 반복되는 것을 보면서 또다시 우리 자신을 뒤돌아보게 되었다. 우리는 그동안 어떻게 살아왔는가? 우리의 질문은 여기서 멈추지 않는다. 모든 걸 무위로 돌리거나 퇴행시키기도 하는 엄연한 현실 앞에서 우리는 어떻게 살아갈 것인가?

우리나라는 국제 원조를 받는 국가에서 국제 원조를 하는 국가로 바뀌었다. 그 대표적인 것이 농업 부문의 원조다. 아프리카 농업이 많이 낙후되어 있는데 식량을 무상으로 원조하는 대신 그곳의 전문가들과 함께 우리나라 작물을 기반으로 하고 그곳의 토양과 기후에 맞되 좀 더 생산성 높고 품질이 좋은 작물로 개량한다. 그리고 그곳에서 농부들에게 선진적인 농사법을 교육하고, 함께 농사를 짓고, 결과적으로 그 작물을 통해 소득을 올리고, 그들의 삶의 질이 향상되는 것을 지켜본다. 우리나라는 개발도상국에서 장기간에 걸쳐서 진행한 토목 사업에도 참여하여 우수한 품질의 결과물로 신뢰를 쌓아가고 있다. 그뿐만 아니라 그곳 사람들에게 일자리를 제공하고, 인근 지역의 주민들에게 도움이 되는 일을 찾아서 하였고, 그중 빠지지 않은 게 아이들 교육 여건 개선이다. 우리나라는 홍익인간의 이념을 실천하면서 이것이 가능하다는 것을 입증하고 있다.

우리는 이웃과 더불어 살아가는 길을 모색해야 한다. 좀 멀리 떨어져 있어도 재난을 당한 사람들, 어려운 처지에 놓인 사람들을 도울 수 있다. 더 나아가 다른 나라 사람이라도 재난을 당하거나 어려운 처지에 놓인 사람들을 도울 수 있다. 우리나라의 지역에서 학습하여 향상한 재능을 그 나라에 직접 가서 발휘할 수도 있고, 우리나라의 지역에 머물고 있으면서도 그들에게 도움의 손길을 내밀 수 있다. 이것을 가능하게 하는 방도가 있고, 이를 매개하는 단체들이 있다. 우리나라가 선진국이 되기까지 우리 자신의 노력 못지않게 그 노력을 받아주고 빛나게 한 수많은 도움의 손길이 있었다. 이를 되돌려 갚으려는 마음을 내고 실행하는 것은 이미 우리가 지역에 갇혀 있지 않은 사유와 실천을 하고 있다는 증거다. 이렇게 하여 우리나라는 분쟁이 끊이지 않는 가운데서도 선한 영향을 미치는 선도 국가가 될 수 있다. 그리고 이것은 우리나라가 일제의 식민 지배를 받으면서도 선각자들이 독립을 꿈꾸며 함께 꾼 꿈이기도 하다.

제7장

긴 호흡으로 이루어 나가는 평생학습마을공동체[1)]

평생학습도시에 이어 평생학습마을 담론이 확산하고 있다. 그리고 평생학습마을 담론이 활성화되면서 마을공동체 담론도 재소환되고, 마을공동체 형성을 위한 소소한 노력이 활력을 얻어가고 있다. 이러한 변화의 흐름을 선도해 나간 지역이 있다. 바로 시흥시다. 경기도에 소속되어 있는 기초자치단체들은 서울특별시와의 관계에서 잉여적인 지역에 머무르지 않고 이를 넘어서는 비전을 수립하고 실천하는 모습을 보여왔으며, 그중에서도 시흥시는 평생학습 관련 정책에서 다른 기초자치단체와 비교되는 긴 호흡을 보여주고 있다. 이 글에서는 시흥시의 이러한 모습에 대해 논의하고자 한다.

1. 평생학습도시에서 평생학습마을로

시흥시는 2006년에 평생학습도시로 선정되었다. 경기도 내에서는 2001년 광명시, 2002년 부천시, 2004년 이천시, 2005년 구리시와 수원시가 평생학습도시로 먼저 선정되었고, 시흥시는 2006년에 안산시, 용인시, 평택시와 함께 평

1) 이 글은 2021년 12월 28일 시흥시청 평생학습과에서 '시흥시 평생학습마을공동체 10년을 돌아보다'라는 부제로 주최한 "2021년 마을회담 컨퍼런스" 행사에서 발표하였다.

생학습도시가 되었다. 이것은 경기도 내에서 기초자치단체가 교육부의 평생학습도시 조성사업에 신청하는 흐름에 시흥시도 참여했다는 것을 의미한다. 이것은 또한 시흥시가 주민들의 평생학습 참여에 비중을 두고 도시를 기획하고 운영하기로 했다는 의미이기도 하다. 주민들의 평생학습 참여가 중요하다는 점에 동의한다고 하더라도, 이를 지원하고 관리하는 정책을 시 정책의 중심에 놓는 것은 기존의 관행에서는 벗어난 것이다. 이것은 시흥시의 지속 가능한 발전에 대한 기대와 열망이 없다면 시도하기 어렵다.

시흥시가 평생학습도시로 선정되었다고 하더라도, 시흥시는 그동안 시민의 평생학습 참여를 지원하고 관리해 온 관행을 가지고 있지 않았으므로 이러한 관행을 만들어 나가는 것 자체가 과제일 수밖에 없다. 평생학습이라는 용어를 알고 있다고 하더라도 일상생활에서 이를 실감하는 데는 경험의 축적이 필요하다. 주민자치센터 같은 곳에서 주민들을 위한 교육 프로그램을 운영하는 전례가 있으므로 평생학습을 이들이 참여하는 학습으로 인식하는 것이 자연스럽다. 다시 말하면, 공공기관에서 제공하는 교육 프로그램에 주민들이 참여하는 학습을 평생학습으로 인식하는 것이다. 학교에서 제공하는 교과과정에 학생들이 참여하는 학습에 익숙한 상태에서는 그 연장선에서 평생학습을 이처럼 인식하는 것이 어색하지 않다.

동별로 설치된 주민자치센터에서 주민들에게 교육 프로그램을 마련하여 제공하는 것도 이전에는 상상하기 어려웠던 것으로 상당히 진전된 것이다. 주민자치센터는 주민들의 주거지에서 근거리에 있어서 접근하기가 어렵지 않지만, 주민 각자의 위치에서는 이에 관해 서로 다르게 판단할 수 있다. 다시 말하면, 교육 프로그램에 참여하는 것으로는 여전히 접근하기 어렵다고 판단하는 주민들이 있을 수 있다. 이 점을 고려하면 주민들의 주거 공간 안으로 들어가는 기획도 가능하다. 평생교육실천협의회에서는 시흥시가 평생학습도시로 선정된 이후 평생학습도시에 걸맞은 방식으로 작동하려면 무엇을 어떻게 하면 좋을지 구상하는 자체 워크숍을 진행하였고, '평생학습마을'을 하나의 방안으로 정리하였다. 평생교육실천협의회는 이를 시흥시에 제안하였고, 시흥시는 이를 수용하였고, 이는 이후 시흥시가 전국적으로 평생학습마을 관련 정책사업을 선도하는 계기가 되었다.

기초자치단체는 광역자치단체에 비해 규모가 작지만, 그래도 기초자치단체가 평생학습을 염두에 두고 지역 전체를 설계하는 것은 2021년 현재의 시점에서도 여전히 간단한 일이 아니다. 2006년 평생학습도시로 선정된 이후 2007년부터 당장 정책을 개발하고 수립하여 추진해야 하고, 결과적으로 성과를 내야 하는 업무 담당자의 위치에서는 아무리 다른 평생학습도시의 전례가 있다고 하더라도 난감할 수밖에 없다. 왜냐하면 다른 평생학습도시와의 차별성도 고려하지 않을 수 없기 때문이다. 이러한 상황에서 평생교육실천협의회의 제안과 접속이 이루어진 셈이다. 시흥시에서는 우선 시범적으로 평생학습마을 사업을 추진하기로 하고, 참여할 마을과 사업을 시행할 단체를 공모하고 심사하여 선정하였다. 여기서 참이슬아파트가 선정되었고, 평생학습마을 관련 구상을 체계적으로 다듬어 온 평생교육실천협의회의 제안서가 비교 우위를 갖게 되어 사업 시행 단체로 선정되었다.

평생교육실천협의회는 2007년부터 2009년까지 3년간 시흥시의 사업비로 참이슬아파트 단지를 참이슬마을로 하는 평생학습마을 사업을 위탁 운영하였다(이규선, 2017). 시흥시는 물론 전국적으로 아파트가 점점 증가하는 추세에 있다. 그러므로 공동체를 형성하기 어렵다는 아파트에 대한 선입견 때문에 아파트 단지를 대상으로 하는 사업을 추진하지 않는 것은 시대착오적일 수 있다. 바로 이 점에서, 처음부터 의도한 것은 아니지만, 시흥시가 참이슬아파트 단지에서 평생학습마을 사업을 시행한 것은 오히려 선진적이라는 평판을 얻게 되었다. 평생교육실천협의회는 시흥시와 협치하는 가운데 시범사업을 충실하게 수행하였다. 이를 기반으로 경기도는 평생학습마을공동체 사업을 추진하게 되었고, 시흥시도 2012년부터 2021년까지 10년간 이 사업에 참여하였다. 시흥시의 이 사업에도 평생교육실천협의회가 민관협력 차원에서 적극적으로 참여하였다.

2. 평생학습마을을 평생학습공간으로

시흥시의 참이슬평생학습마을, 꿈샘평생학습마을, 보성생명순환마을은 평생학습마을공동체 사업에 2021년 현재 10년간 참여하고 있는 마을로서 모두 아파트 단지로 구성되어 있다. 일반적으로 아파트 내에는 관리동이 있고, 그 안에 관리사무소, 입주자대표회를 비롯하여 부녀회나 노인회 등에서 사용하는 공간이 있다. 참이슬마을에는 아파트 입주 시기부터 관리동에 도서실, 입주자대표 회의실, 헬스장, 경로당이 있었다. 꿈샘평생학습마을에는 관리동에 주민회의실이 있었고, 경로당도 별도로 있었다. 보성생명순환마을에는 관리사무소와 입주자대표 회의실로도 사용하는 도서실이 있었고, 테니스장이 별도로 있었다. 이러한 상황에서 아파트 단지를 평생학습마을로 조성해 간다는 것은 처음에는 상상하기도 쉽지 않다.

흔히 간과하는 사실이지만, 어떤 공간도 활용하는 사람이 거기서 어떤 활동을 하는지에 따라 공간의 성격이 변한다(윤여각, 2016). 예컨대, 아파트의 한 가구에 학교교육에 참여하는 청소년이 있다면 그가 사용하는 방은 그가 공부하는 동안 학습공간으로 전환된다. 만약 그 가구에 문해교육에 참여하는 노인이 있다면, 그가 사용하는 방 역시 그가 공부하는 동안 학습공간으로 전환된다. 엄밀히 말하면, 아파트 내에서 어떤 공간이든 우연적인 학습이 일어날 개연성이 있고, 그 순간 그 공간은 학습공간이 된다. 다만, 아파트 단지에는 학교와 같은 공적인 성격의 거점 공간이 마련되어 있지 않을 뿐이다. 그런데 이 난점을 해결하는 데 도움이 되는 개념이 등장하였다. 바로 '마을학교'다. 마을학교는 '마을에서 인정하는 학교'라는 의미 외에도 '마을주민이 운영하고 이용하는 학교'라는 의미가 있다.

이러한 마을학교는 법령에서 명시하는 학교와 같은 설립 조건을 충족하지 않아도 된다. 어디든 공간을 확보하고 거기서 주민들이 참여하여 서로 가르치고 확인하며 배우고 익히는 활동을 하면 그 공간은 마을학교가 된다. 마을학교를 어떻게 꾸려나갈 것인지는 전적으로 주민들의 계획과 실행에 달려 있다. 다만, 여기에는 주민들의 공론과 의견의 수렴이 있으므로 마을학교는 일반 학교와 마찬가지로 공적인 성격을 가지며, 한편으로는 편하면서도 다른 한편으로는 누구도 임의로 또는 자기 마음대로 해서는 안 되는 장소가 된다. 그리고 마을학교는 일반 학교와 마찬가지로 주민들의 학습이 활발하게 이루어지는 장소, 나중에라도 그렇게 기억되어야 하는 장소가 된다.

참이슬평생학습마을은 2008년 지하 헬스장을 리모델링하여 마을학교 강의실 1개, 강당 1개, 사무실 1개, 공동육아 공간 1개를 마련하였고, 2012년에 동아리방 2개를 추가로 마련하였다. 2014년에는 관리동 2층에 있던 작은 도서관과 동대표 회의실을 통합하여 북카페와 독서실로 개조하였다. 그동안 소수 회원제로 운영하던 아파트 경로당은 2008년 '은나래마을학교'로 명칭을 변경하여 비회원도 이용할 수 있게 하였다. 최근에는 아파트 정화조 공간을 수경채소 재배실 또는 공동부엌으로 개조하는 문제를 마을 의제로 선정하여 논의하고 있다. 꿈샘평생학습마을은 2012년 아파트 관리동 주민회의실을 '마을동아리방'으로 명명하여 주민들이 자유롭게 공동체 활동을 할 수 있게 하였고, 2013년에는 다시 주민회의실을 작은 도서관으로 리모델링하여 도서관 1개, 공부방 2개로 만들었다. 또한 아파트 경로당도 참이슬마을학교 운영팀의 지원을 받아 문해교실로 활용하였다. 보성생명순환마을은 2012년부터 2013년까지 아파트 관리사무소 옆 작은 입주자대표 회의실 겸 도서실에서 마을학교를 시작하였고, 2014년에는 아파트 유휴 공간을 리모델링하여 강의실 3개와 사무실을 갖춘 마을학교를 개교하였다. 또한, 2012년 평생교육실천협의회에서 전래놀이강사 양성 프로그램 운영 후 모든 마을학교에서 전래놀이 프로그램을 운영하게 되면서 2013년 아파트 테니스장을 '보성생명순환마을학교 운동장'으로 명명하여 아이들 운동장으로 운영하였다. 그리고 2012년부터 다른 아파트에는 없는 퇴비장과 허브하우스를 관리사무소의 관리 공간에서 마을학교 활동공간으로 확장하여 주민들의 상자텃밭 활동을 지원하였다.

이처럼 평생학습마을로 명명되고 그 마을에 마을학교라는 거점 공간의 필요성이 인식되면서 기존의 공간은 물론 유휴 공간을 마을학교 운영에 활용하기 시작하였다. 이렇게 우리나라 아파트 역사에서 유례를 찾아볼 수 없는 일이 벌어지게 되었다. '학습'이라고 하면 어딘가 다른 데 가서 해야 한다고 생각했던 마을주민들이 마을 안에서 학습하는 기획을 하고 실천하면서 마을학교를 넘어 평생학습마을도 점점 실감해 가고 있다. "우리 아파트 단지에는 마을학교도 있어, 우리 아파트 단지는 그냥 아파트 단지가 아니라 평생학습마을이야!"라고 다른 지역 사람들에게 말할 수 있게 된 것이다. 그리고 다른 아파트 단지 내에서는 상상할 수도 없는 활동들을 자랑삼아 소개하고, 그들의 삶이 어떻게 변화되었는지를 피력하는 이야기가 이어진다. 즉, 마을주민들도 제대로 인지하지 못하는 사이에 별로 할 얘기가 없었던 아파트 단지에서의 삶이 할 이야기가 많아진 평생학습마을에서의 삶으로 전환되어 가는 것이다.

3. 평생학습마을에서 주민들의 관계를 평생교육을 위한 관계로

아파트 단지가 조성되고 입주가 완료되면 입주자대표회의나 동대표회의가 꾸려지고, 부녀회와 노인회도 꾸려진다. 입주가 완료되었다고 하더라도 하자가 있는 집이 있을 수 있고, 이 문제를 입주민들이 개별적으로 해결하는 것은 효율적이지 않으므로 입주자대표회의를 구성하여 조직적으로 대응하게 된다. 아파트 단지에서의 정주가 안정화되면 입주자대표회의는 아파트 전반을 관리하는 체제로 재조직된다. 동대표회의는 이 과정에서 조직된다. 아파트 단지 내에 장이 서기도 하는데 이는 주로 부녀회에서 주관한다. 노인들은 따로 노인회를 구성하기도 하는데 아파트 단지에서의 조직 구성은 「공동주택관리법」 제21조 제1항에 따른 것이다. 그러므로 아파트 단지 내에는 몇 개의 조직이 있고, 아파트 주민들은 그 안에 지위와 역할이 있는 사회적 관계로 묶여 있다. 대표하는 주민이 주로 활동하지만, 아파트 단지를 통해 연상하는 것은 이러한 사회적 관계다. 여기에 동대표나 입주자대표를 선출하는 과정에서 정치적 관계가 조장되기도 하고, 아파트 관리비나 잡수입의 집행과 관련된 경제적 관계가 드러나기도 한다. 아파트 단지에서 교육적 관계는 이전에는 생각조차 해본 적이 없는 관계다.

평생학습마을공동체 사업을 시행하면서 마을학교가 만들어졌고, 마을학교를 위한 전용 공간도 마련되었다. 앞서 언급한 것처럼 참이슬평생학습마을, 꿈샘평생학습마을, 보성생명순환마을은 마을학교라는 범주에 포함되는 전용 공간을 마련해 나갔는데, 여기에는 이를 논의하고 결정하는 조직이 있다. 아파트 단지에는 이미 조직이 존재하므로 마을학교 운영을 위한 조직, 즉 마을학교 운영위원회도 기존 조직에 추가되고, 마을학교 운영을 위한 구성원도 기존 조직 구성원을 중심으로 배치된다. 예컨대, 입주자대표회의 회장이 마을학교 운영위원회 위원장과 마을학교 교장을 겸하는 식이다. 물론, 마을학교운영위원회 위원장과 마을학교 교장을 각각 다른 주민으로 세울 수도 있다.

여기서 흔히 간과하는 사실이지만, 누구나 지위와 역할에 따른 사회적 관계 체제 속에서 살아가면서 동시에 학습자이기도 하고 교수자이기도 한 삶을 살아간다. 학습은 인간에게는 숙명과 같은 것이라서 특정한 지위 내에서 맡은 역할을 더 잘하기 위해서, 그리고 다른 지위를 맡으면 그에 따르는 역할을 해내고, 더 나아가 더 잘하기 위해서 학습을 중단할 수 없다. 한순간도 빠짐없이 학습에 참여할 수는 없지만, 학습 자체를 중단할 수는 없다. 그리고 여기에는 교수자의 조력이 있다. 사회화와 교육은 서로 다른 개념이지만, 사회화는 교육이 매개되지 않으면 그 수준을 향상할 수 없다. 실제로 지위에 따른 역할을 제대로 하려면 능력이 뒷받침되어야 하는데, 이 능력은 전적으로 교육의 매개를 통해 함양되고 증진된다. 이렇게 보면, 아파트 단지 내에서 교육은 여기저기서 진행되고 있는 셈이다.

평생학습마을공동체 사업에 참여하면서 마을학교를 운영하는 것에 대해 참여자들은 이전과는 다른 마음 자세로 임한다. 마을학교 운영과 관련하여 논의하면서 수다를 할 수도 있지만, 아이들의 성장은 물론 주민들의 성장과 맞물려 있는 것이기에 공적인 사무로서의 책무가 더 무겁게 인식된다. 경기도에서도 평생학습마을공동체 사업을 추진하면서 마을코디네이터를 배치하였다. 마을코디네이터는 마을주민 중에서 선정하며, 비록 임금이 큰 액수는 아니지만, 마을 내에서 하는 일자리가 되었다. 평생학습마을공동체 사업도, 마을학교 운영도 마을로서는 처음 해보는 일이기 때문에 참여자가 이에 적합한 능력을 갖추고 있지 않았다. 이 사업의 중간지원조직으로 참여한 평생교육실천협의회에서는 이 능력의 함양 및 증진에 주목하고 리더교육 프로그램을 운영하였으며, 마을 단위에서 진행하는 어떤 교육 프로그램이든 참여한 주민이 학습동아리를 꾸려 학습을 계속 이어가는 실험을 하게 하였다. 가능한 범위에서 마을주민이 교육 프로그램의 강사가 되게 하였고, 학습동아리를 통해 강사로 성장하기도 하였으며, 협동조합까지 꾸리는 단계로 나아가는 사례도 등장하였다.

아파트 단지 내에서 가정마다 구획된 공간 안에서 삶을 살아간다. 아파트 주민으로서 관리비를 내고, 쓰레기를 분리해서 내놓고, 자가용을 정해진 공간에 주차하는 것 이외에 다른 것은 신경 쓰지 않고 살아도 된다. 그러나 아파트 단지 내 열린 공간에서 서로 마주치고, 엘리베이터 안에서 마주치는 주민들과 서로 소통하면서 더 나아가 좀 더 환대하고 돌보면서 살기에 좋은 아파트 단지로 만들어 나가는 꿈을 꿀 수도 있다. 여기에는 아파트 단지 내에서의 삶에 관한 선입견이나 고정관념에서 벗어나는 인식의 전환이 있어야 한다. 이 인식의 전환은 주민 각자의 삶에 관한 성찰을 수반한다. 그리고 이 과정에서 공동체적인 삶에 관한 사유와 실천들이 소환되고, 학습의 소재가 된다. 주민들은 여기서 더 나아가 부지불식간에 가르치려 드는 마음을 내려놓고 학습에 조력하는 교수자로 나설 마음을 낸다.

4. 평생학습마을살이를 평생학습문화로

근대화 이후 자원고갈의 문제, 화석연료의 사용에 따른 이산화탄소 배출과 환경오염의 문제, 그 연장선에 있는 인간 중심의 삶의 방식에 따른 지구 생태계 파괴의 문제, 그리고 이 모든 문제와 맞물려 있는 독과점에서 파생되어 온 양극화 문제로 점점 더 사는 게 힘들어졌다는 사람들이 늘어나고 있다. 현대로 오면서 부모 세대보다 자녀 세대가 더 살기 어려워질 것이라는 예측이 현실이 되고 있다. 그래서 새로운 세대들은 많은 것을 포기해야 한다는 시대적 압력에 시달리고 있다. 이러한 흐름 속에서 서로를 살리는 소망을 키워나가는 공동체 논의가 소환되고 있다. 그리고 그 이면에는 각자가 변해야 한다는 절박한 심리가 있다. 그러므로 평생학습마을공동체 사업은 시대적인 화두와 접속하고 있다.

마을에서의 삶, 즉 마을살이를 어떻게 할 것인가? 각자 자기가 알아서 살아도 되는 삶의 지형에서 왜 다른 사람과 더불어 사는 삶을 진지하게 사유하고 실천해야 하는가? 우리는 이미 고령화사회로 가고 있고, 젊은 세대가 이 사회를 감당하기에 너무나 부담되고, 이 부담은 다른 요인들과 맞물려 출생률이 더 떨어지는 현상으로 나타나고 있다. 지역 소멸이 언급되기 시작하였고, 이러한 경향이 계속 이어진다면 우리나라 역시 소멸의 가능성이 있음을 부정할 수 없다. 그러므로 우리부터라도 변해야 한다는 절박감이 나타나기 시작했다. 변하려면 성찰이 있어야 하고, 성찰은 학습의 과정에서 나오는데, 여기서 선진적인 사유와 실천을 해온 사람들의 조력이 필요하다.

우리는 완벽한 존재가 아니라 성숙해지기를 바라는 존재다. 권력을 앞세워 한 사람이 다수를 한 방향으로 몰고 가는 방식은 적어도 우리나라에서는 다수가 외면하는 방식이 되었다. 각자 자기 의견을 내고, 자기 의견이 다수의 동의를 받지 못한다고 하더라도 그 의견이 존중되는 것을 선호한다. 이것 자체가 한 존재의 존엄성 문제로 인식된다. 그래서 가능한 한 공론을 하는 장이 자주 마련되고 열린다. 여기서 다른 사람의 의견을 듣고 자기 생각을 가다듬으면서 배움이 일어나고, 이러한 기회의 반복 속에서 배운 것의 익힘이 일어난다. 다시 말하면, 공론장은 학습이 일어나게 매개하는 장이 되는 것이다. 다수의 의견을 경청하는 것을 효율성의 관점에서 시간을 낭비하는 것으로 인식하던 사람들이 의견을 수렴하여 힘 있게 그리고 일관성 있게 일을 추진하는 것이 결국은 효과적이라고 인식해 가고 있다.

같은 아파트 단지에 사는 '무명의 어떤 사람'이 아니라 몇 호에 사는 '우리 마을주민'으로 인식되면 그들에게 더 관심을 가지게 되고, 그들의 호명에 자연스럽게 응답하게 된다. 이것은 평생학습마을공동체 사업을 통해 마을학교에서 제공하는 다양한 교육 프로그램(경기도에서 보조금을 지원하는 프로그램과 자부담 또는 재능기부를 받아 운영하는 비예산 프로그램)에 참여하여 주민들이 계속 만나서 가능해진 것이다. 교육 프로그램에 참여하여 학습만 하는 것이 아니라 사는 것에 관한 다양한 이야기를 나누므로 서로에 관한 관심이 자연스럽게 서로에 대한 돌봄으로 이어진다. 그리고 혼자서 해야 한다고 생각했던 것을 알고 지내는 다른 주민들과 자연스럽게 함께하게 된다. 여기에 평생교육

실천협의회와 같은 중간지원조직이 함께하고, 시흥시청의 담당자들도 함께하면서 만남의 기회는 더 늘어나고 확장된다. 그러면서 협업의 가치도 알게 된다. 이처럼 참이슬평생학습마을, 꿈샘평생학습마을, 보성생명순환마을이 조금씩 편차는 있지만 마을살이의 모양새를 바꾸어 나가고 있다.

우리가 태어나는 순간 이미 우리가 배우고 익혀야 하는 문화가 우리를 둘러싸고 있다. 우리는 그 문화를 일일이 배우고 익혀야 한다. 그렇게 하지 않으면 우리는 다른 사람들과 의미 있는 소통을 할 수 없다. 평생학습마을공동체 사업을 하기 전에 마을에는 이미 주민들이 공유하는 문화가 있었다. 그런데 마을에서 이 사업에 참여하기로 했고, 2012년부터 2021년 현재까지 이 사업을 하고 있다. 마을학교가 만들어지고, 마을학교를 중심으로 많은 활동이 기획되고 실천되었으며, 이 과정에서 논의도 많이 하면서 점점 기억에 남는 일도 많아졌다. 10년의 흐름 속에서 새로운 문화가 형성되기 시작하였고, 주민들이 의미 있게 받아들인 문화는 주민들 사이에서 공유되고 있고, 아파트 단지에 새롭게 이주해 오는 사람들이나 마을학교 교육 프로그램에 처음으로 참여하는 사람들에게 그 문화를 알리고 있다. 다시 평생학습마을공동체 사업을 하기 이전의 모습으로 돌아갈 수도 있다. 그러나 학습한 것이 이미 자산이 되고, 학습 관련 문화가 형성되고 그 기반 위에서 몸틀조차 변화된 주민들의 현재를 모두 과거로 되돌릴 수는 없다.

5. 학습의 막힘을 풀어나가는 길

지진이나 화산 폭발, 폭우나 폭설과 같은 자연재해로 인한 피해는 아무리 대비한다고 하더라도 피하기가 어렵다. 너무나 피해가 커서 집이 무너지고, 길이 끊기고, 농작물이 전량 못쓰게 되는 사태도 벌어진다. 삶의 기반 자체가 허물어질 뿐만 아니라 목숨을 잃게 되는 일도 비일비재하다. 지진이나 화산 폭발은 일어나기 전에 대피할 수밖에 없다. 폭설이 내려 그 무게가 견딜 만한 수준을 넘어서면 모든 게 무너질 수도 있고, 그 정도면 외출하기도 어려우므로 적절한 시점에 눈을 치우는 작업을 해야 한다. 폭우는 경사를 따라 급물살을 만들어 내고, 지대가 낮은 곳을 범람하게 하므로 관리해 온 물줄기의 흐름이 막히지 않게 해야 하고, 그 이전에 지대가 높은 곳에 나무를 많이 심고 가꾸어 빗물을 가능한 한 많이 담아두고 서서히 아래로 내려가게 해야 한다. 그래서 치수(治水)는 예나 지금이나 지도자가 관리해야 할 주요 항목이다.

인구가 많아지면서 주거지가 확대되었고, 주거 형태도 변화되었다. 우리나라와 같이 산악지형이 많은 지역에서는 주거 문제를 해결하기 위해 평지부터 집을 위로 높이 쌓아가는 아파트 건설을 선택하였다. 인구가 밀집하는 대도시에는 아파트도 많지만, 사무 공간으로 사용하는 빌딩도 많다. 그리고 이러한 건물들의 밀집도가 높아서 햇볕의 문제나 바람의 흐름과 같은 문제가 발생한다. 햇볕도 잘 들지 않고, 바람도 잘 통하지 않으면 생물이 살아가는 환경이 쾌적하지 않다. 그래서 예로부터 물 못지않게 바람도 고려하는 풍수지리(風水地理) 담론이 계속 이어지고 있다.

산업혁명을 거쳐 정보혁명의 시대를 맞이하면서 지식을 가지고 있는 사람이 자본을 유인하는 모습이 대세를 형성해 가고 있다. 이러한 시대적 흐름 속에서 현재까지도 학습에 관한 논의나 능력이나 역량에 관한 논의가 활발하게 이루어지고 있다. 학교에서 진행하는 교육에 관한 논의는 언제 어디서나 어떤 수준에서든 진행하는 평생교육에 관한 논의로 확장되었고, 학습자의 학습권이 강조되면서 평생학습에 관한 논의로 이어지고 있다. 아이들이나 청소년들의 학습에서 누구도 뒤에 남지 않게 해야 한다는 정부의 책무는 평생학습에도 해당한다는 주장이 확산하고 있다.

제4차 산업혁명의 도래까지 언급되고 있는 현시점에 인생 100세 시대까지 맞물리면서 이미 이전보다 더 오래 직업 세계에 머물러야 하는 상황이 전개되고 있다. 그리고 직업 세계의 여건으로 하나의 직장에서 머무르는 기간이 짧아지고 인생에서 여러 번 직장을 구해야 하는 상황에 내몰리고 있다. 그렇다고 쉽게 직장을 구하기도 어렵고, 정규직으로 들어가기는 더욱 어렵게 되어 우리 삶의 여건은 점점 더 어려워지고 있다. 결혼하기도 어렵고, 결혼해서 아이를 낳는 결정을 하기도 쉽지 않고, 아이를 낳으면 양육을 위해 경력이 단절되는 것을 각오해야 하는 사태까지 벌어진다. 아파트 단지마다 경력이 단절된 전업주부가 많은 것은 이 때문이다. 노년이 되어도 새로운 직업을 구하기가 어렵기는 마찬가지다. 그렇다고 자녀가 노년이 된 부모를 부양할 형편이 안 되어 저소득층 또는 빈곤층으로 내몰리는 노년이 많다. 아파트 단지에 사는 노년은 그나마 형편이 낫다고 할 수 있지만, 삶의 활력이 떨어지는 것에서 예외가 되기는 어렵다.

아파트 단지에는 많은 가구가 살고 있다. 그중에는 안정적인 일자리를 가지고 있는 주민도 있고, 불안정한 일자리를 전전하는 주민도 있으며, 일자리를 구하는 데 너무나 많은 어려움을 겪는 주민도 있다. 여기에 전업주부와 은퇴한 노년도 주민으로 함께 산다. 어느 경우든 현재보다 나은 삶을 소망하고, 그 소망에 다가서는 데 도움이 되는 학습을 생각하게 된다. 여기에 학교에서 학업에 참여하고 있는 아이들이나 청년들이 있으므로 아파트 단지 주민들의 삶에서 학습은 상당한 비중을 차지하고 있다고 보아야 한다. 그렇지만 이전에는 아파트 단지에서 학습을 중심에 두는 기획 자체가 없었고, 그것은 생각조차 나지 않았을 것이다. 그런데 평생학습 담론이 등장하고, 평생학습도시가 선정되고, 이어서 평생학습마을공동체 사업까지 추진되면서 아파트 단지에서도 평생학습과 접속할 수 있게 되었다. 그리고 주민들이 학습하는 경로에 장애가 있음도 알게 되었고, 이것을 극복해 내는 것을 과제로 설정하였다. 그런데 학습의 경로에 있는 장애는 복잡하게 얽혀 있는 실타래 같아서 주민마다 하나하나 가닥을 잡아서 풀어나가는 길을 찾아야 한다.

6. 공간, 관계, 문화의 재검토

평생교육실천협의회는 2007년부터 2009년까지 참이슬아파트 단지에서 평생학습마을 사업을 시행하면서 평생학습이 관계 맺기를 통해 이루어짐을 깨닫게 되었고, 관계를 맺고 유지하고 발전하게 하는 데 거점 공간 확보가 중요함을 알게 되었다. 그리고 평생학습마을 사업이 일회성 사업으로 끝나지 않고 지속가능성을 가지려면 평생학습을 중심에 두는 마을문화가 형성되고 유지되고 발전해야 한다는 점도 깨닫게 되었다. 이러한 맥락에서 평생교육실천협의회는 공간과 관계와 문화라는 핵심 개념을 하나의 묶음으로 생성하게 되었다(이규선, 2017). 공간과 관계와 문화는 일상적인 용어이기도 하지만, 평생교육실천협의회의 실천 속에서 하나로 이어지는 계열화가 이루어진 것이다. 물론, 이 세 개념을 하나로 꿰는 개념은 평생학습이다.

공간은 사방이 있으므로 네모로 표시할 수 있고, 관계는 사람이 맺으므로 세모로 표시할 수 있고, 문화는 공간에서 사람 사이로 흐르는 공기와 같은 것으로 원으로 표시할 수 있다. 관계는 내·외부의 역동에 따라 끊임없이 변한다. 이 과정에서 공간에 대한 의미 부여도 변하고, 이에 따라 공간의 재편이 계속 일어난다. 공간 안에서 관계 맺음이 계속 변하면서 이 활동의 누적이 문화의 변화도 추동한다. 학습을 매개한 관계 맺음이 성장을 지향하는 것에서 성숙을 지향하는 데까지 나아가면 공간은 공유와 나눔, 환대와 돌봄이 일상화되는 살 만한 그리고 살고 싶은 장소가 되고, 여기서는 인간으로서 존재의 수준 향상을 지향하는 문화가 흐르게 된다. 이러한 논의를 도식화하면 [그림 1]과 같다. 물론, 이러한 모습은 이상적이다. 그러나 이것은 공동체라면 소망하는 비전 같은 것이다.

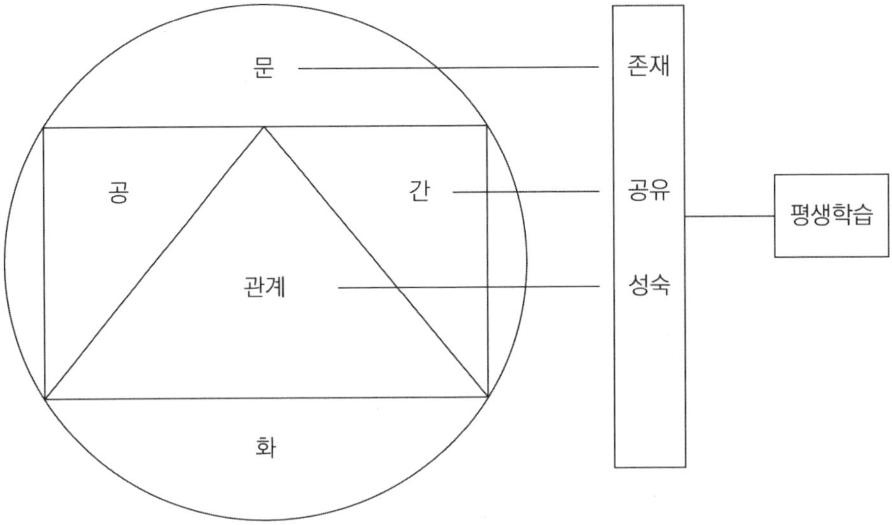

[그림 1] 마을의 공간과 관계와 문화 및 가치지향과 기반

평생교육실천협의회에서 하나의 묶음으로 생성한 공간과 관계와 문화는 경기도의 평생학습마을공동체 사업의 맥락에서 일과 학습과 문화의 묶음으로 변형된다. 이것은 일과 학습이 선순환되는 문화를 형성하는 것이 중요하다는 정책 지향에 따른 것이다. 이러한 정책 지향의 저변에는 복지와 교육과 노동이라는 골든 트라이앵글(golden triangle)의 가치에 대한 인정이 있다. 즉, 교육이나 노동에 참여하기 어려운 상태에 있는 사람에게 복지 정책이 개입하여 교육을 매개로 노동에 참여할 수 있도록 여건을 조성하는 것이다. 정부에서 교육이나 노동에 참여하기 어려운 사람에게 알아서 교육이나 노동에 참여하라고 하는 것은 무책임한 것이다. 왜냐하면 정부의 존재 이유가 그러한 사람들에게 조력하여 교육에 참여함으로써 더 능력을 향상하고, 향상된 능력으로 노동에 참여함으로써 결과적으로 국가의 부를 증대하고, 증대된 부로 다시 필요한 사람들에게 조력하는 선순환을 만들어 내는 데 있기 때문이다.

일과 학습의 선순환이 중요한 시대에 그것을 가능하게 하는 공간과 관계와 문화라는 계열화는 평생학습마을에만 적용되는 것이 아니라 단위를 마을이 아닌 조직으로 설정해도 여전히 의미가 있다. 물론, 여기에는 평생교육실천협의회도 포함되고, 시흥시청도 포함된다. 예컨대, 시흥시청에서도 직무능력의 향상을 위한 학습이 진행되어야 하고, 직무전환에 따른 학습도 진행되어야 하며, 학습의 결과는 직무를 발전시키는 방식으로 반영되어야 한다. 그리고 시흥시청은 이러한 순환이 이루어지도록 문화를 형성해야 하고, 이러한 문화의 형성을 다양한 제도로 뒷받침해야 한다. 직무 수행을 잘하기 위한 학습에서는 융합적 사유가 일어나기도 하는데, 이러한 사유가 일반화되어야 직무의 칸막이를 넘나드는 융합적 실천도 가능하게 된다. 시흥시청에서 평생학습 관련 업무와 주민자치 관련 업무의 연계를 시도하는 것은 그 가능성을 구체화하는 것이다. 현시점에서는 아파트 단지가 관여되어 있으므로 주택 관련 업무도 여기에 접속될 수 있을 것이다.

7. 시간 인식의 전환

경기도청에서 추진한 평생학습마을공동체 지원 사업에 참여한 시흥시청은 2012년 8월부터 2021년 12월까지 이 사업에 참여한 참이슬평생학습마을, 꿈샘평생학습마을, 보성생명순환마을이 어떤 성과를 보여주고 있는지 평가하는 연구를 발주하였고, 이 연구를 평생교육실천협의회가 수탁하였으며, 현재 마무리하는 단계에 있다. 평가 기간은 2012년부터 2020년까지 만 9년간이다. 오랜 연구와 개발 기간을 거쳐야 세계적으로 경쟁력 있는 물품을 내놓을 수 있는 사례를 제외하고 이렇게 오래 예산을 지원하는 사업은 드물다. 이것은 공동체를 형성하는 것을 긴 호흡으로 바라보는 정책적 지향이 있어야만 가능하다.

평생교육실천협의회는 평생학습마을 사업에 처음 참여한 이후 다듬어 온 공간과 관계와 문화의 개념 묶음을 평가에 적용하기로 하였다. 9년이라는 시간의 흐름 속에서 공간도 관계도 문화도 변화되었음을 직감하고 있었기 때문이다. 평생교육실천협의회는 함께 사업에 참여한 중간지원조직으로 세 마을에 밀착되어 있기는 하지만, 조금은 거리 두기를 하는 위치에 있으므로 그러한 변화를 직감할 수 있었다. 이 연구 이전에 경기도 평생학습마을 평가준거 개발 연구(강대중 · 이윤조 외, 2017)가 있었고, 지표별로 4단계의 준거를 제시하였다. 이들의 연구는 평가하는 시점에서 지표별로 어떤 단계에 있는지 평가하는 방식을 취하고 있다. 지표별 4단계 제시에는 1단계에서 4단계까지 진행되는 시간의 흐름이 전제되어 있다. 그러나 이들의 연구에서 제시한 영역과 지표로 제시한 범주, 그리고 준거의 4단계는 불변형이라기보다는 여전히 검토의 여지가 있는 진화형이라고 할 수 있다. 이 점에서 평생교육실천협의회의 이번 연구는 비교 검토의 자료가 된다는 점에서 학술적으로나 정책적으로 의미가 있다.

평생교육실천협의회에서는 공간과 관계와 문화를 영역으로 설정하고, 영역마다 지표를 설정하였으며, 평가한다고 할 때 근거가 될 수 있는 주요 성과가 단계별로 어떤 다른 양태로 나타나는지 제시하였다. 이 작업은 철저하게 현장의 자료에 기초한 것이다. 이를 반영한 평가표는 다음 〈표 1〉과 같다.

〈표 1〉 평생학습마을공동체 성과 평가표

영역	지표(배점)	단계			지표별 평가	총괄 평가
		1단계	2단계	3단계		
공간	전용 공적 공간(10)					
	공간의 명칭 · 규칙 · 개방(10)					
	공간 운영비(10)					
관계	전담조직(6)					

영역	지표(배점)	단계			지표별 평가	총괄 평가
		1단계	2단계	3단계		
	역할분담(9)					
	활동가 역량(6)					
	프로그램(9)					
	공동체 활동(5)					
	학습동아리(5)					
문화	공론장문화(10)					
	학습문화(10)					
	돌봄문화(5)					
	협업문화(5)					
합계						

평생학습마을공동체 사업은 한번 시도해 보는 사업이 아니라 지역재생과 맞물려 있는 사업이라고 할 수 있다(지희숙, 2018). 이것은 지역 전체를 재구조화하면서 지역을 활성화해 나가는 사업이다. 이것은 단기간 안에 이루어질 수 없다. 새로운 문화를 형성하고 유지하고, 발전해 나가야 하는 긴 호흡이 필요하기 때문이다. 다시 말하면, 시간의 축적 또는 축적의 시간을 반드시 고려하고, 사업에 반영해야 한다. 이러한 맥락에서 성과 평가를 누가 어떻게 할 것인지도 숙고해 보아야 한다. 그동안은 평가의 객관성에 주목하였다. 체크리스트에 따라 준비해 놓은 자료나 현상적으로 드러나는 모습을 보고 하는 평가는, 대단한 분석력과 통찰력을 가지고 있지 않다면, 실제로는 인상적인 수준의 평가를 넘어서기 어렵다. 그리고 이러한 평가는 현실 적합성 면에서 한계가 있고, 평가를 위한 평가로 빠지는 난점을 갖게 된다.

평생학습마을공동체 지원 사업에서 성과 평가는 순위를 매기고 특별한 성과를 드러내 보이는 것으로 종결지을 수 없다. 왜냐하면 모든 마을은 평생학습마을공동체를 형성해 나가는 과정에 있고, 이 과정에서 평생학습마을공동체를 계속 진전시키는 과제를 가지고 있기 때문이다. 현재 어떤 단계에 있는지 확인하고, 왜 그 단계에 머물러 있는지 분석하고, 다음 단계로 나아가기 위해 무엇을 어떻게 하는 것이 좋은지 방안을 모색하지 않는다면 이 사업을 처음 시작한 취지에 맞지 않는다. 일반적으로 지원 사업은 최종적으로 지원을 하지 않아도 되는 홀로서기 상태를 목표로 한다. 그러나 다른 한편으로 생각해 보면, 지원 사업은 지원의 필요성을 점검하고 확인해서 필요한 지원을 정식 예산 항목에 반영하는 것으로 마무리할 수도 있다. 이것은 지역주민의 세금으로 추진하는 모든 정책사업이 궁극적으로 지역주민의 행복한 삶으로 귀결되어야 하기 때문이다.

제8장

지속 가능한 평생학습마을공동체의 전제와 조건[1)]

지속 가능성과 평생학습마을공동체가 지역에서 화두가 되고 있다. 지속 가능성을 보장하기도 어렵고, 평생학습마을공동체를 형성하고 유지하기도 쉽지 않다. 그렇기에 둘을 연결한 지속 가능한 평생학습마을공동체는 비현실적인 개념일 수 있다. 그러나 여기에 지역주민의 꿈 또는 비전이 있으므로[2)] 이 개념을 충분히 검토해 보아야 한다. 지속 가능한 평생학습마을공동체는 저절로 형성되지도 않고 유지되지도 않는다. 전제와 조건이 갖추어지지 않으면 지속 가능한 평생학습마을공동체는 구호에 머물게 된다. 널리 회자하는 말처럼 빛 좋은 개살구 같은 게 되지 않으려면, 더 익숙해지기 전에 되돌아보고, 곱씹어 보고, 허술한 지점 또는 허술해질 만한 지점을 챙겨야 한다.

---

1) 이 글은 2023년 10월 13일 제15회 시흥시평생학습축제에서 마을공동체 분과가 진행한 '지역이슈 세미나'에서 발표하였다.

2) 지역주민도 인간으로서 더 나은 삶 또는 양질의 삶을 살기를 원한다. 지역주민이 평생학습마을공동체에 대해 회의적인 시선을 보내면서도 기대를 쉽게 버리지 못하는 건 더 나은 삶을 향한 꿈조차 버릴 수는 없기 때문이다.

1. 마을공동체 비전의 공유

마을은 동네와 마찬가지로 지역의 가장 작은 단위에 해당한다. 가장 작은 단위이기에 거기서 사는 사람들은 서로에 대해 많은 걸 안다. 서로에 대해 많은 걸 안다고 해도 서로에 대한 불만이 있을 수 있다. 그러나 불만이 있는 채로 계속 함께 사는 게 불편하므로 어떤 식으로든 불만을 풀어내는 작업을 한다. 그래서 다시 환대하고, 필요하면 돕기도 하는 관계를 이어간다. 이게 '마을' 하면 떠오르는 모습이다. 이 모습과 '공동체'의 개념이 겹친다. 공동체는 서로 다르지만, 함께하는 걸 지향하는 집단으로서 완결형이 아니라 진행형이다. 이 점에서 공동체는 고유 명사가 아니며, 동사에 가깝다. 마을공동체는 마을이 지향하는 공동체이며, 마을의 비전이다.

농산어촌의 마을과 도시의 마을은 다르다. 도시에서는 큰 아파트 단지도 하나의 마을이 될 수 있다. 다시 말하면, 인구 밀도가 높아도, 도시에서는 아파트 단지가 하나의 구역이 되고, 마을과 같은 단위가 된다.[3] 활동 무대가 너무 다른 사람들이 한곳에 모여 산다는 것으로 그곳을 마을이라고 명명하고, 이들을 마을주민이라고 명명하기에는 무리가 있다. 함께 살기보다 같은 아파트 단지에 살고, 아파트 단지 내 자기 아파트에서 익명성을 보장받으며 산다. 빈번한 소통이나 밀접한 소통이 없으므로 한 아파트 단지에 산다는 것 말고 공유하는 게 거의 없다. 그렇지만 마을공동체라는 용어를 쓰는 건 이러한 관행에 대한 문제 제기가 있고, 거기서 벗어나고자 하는 소망이 있기 때문이다. 물론, 아파트 주민 모두 이에 동의하는 건 아니다. 오히려 소수가 꾸는 꿈일 수도 있다. 그리고 이 꿈은 긴 여정의 시작일 수 있다.

---

3) 2018년 기준, 아파트에 거주하는 주민이 국민의 절반 이상이 되었다. 이러한 현실을 반영하여 등장한 단어가 '아파트 공화국'이다. 이 점에서 아파트 단지가 주민자치의 한 단위로 인식되고, 마을공동체 운동의 현장으로 주목되었다(남기업, 2020).

우리나라 전체의 가구 유형이 다양해지고 있다. 계속 증가하는 경향을 보이는 것 중에서 1인 가구가 첫 번째고, 부부 가구가 두 번째다. 결혼하지 않고 혼자 살거나, 결혼했지만 직장 사정이나 자녀 유학이나 사별 등으로 혼자 살거나, 이혼하고 혼자 사는 인구가 증가하고 있다. 또한, 자녀를 낳지 않았거나 자녀를 다 키워 떠나보내고 부부만 사는 가구도 꾸준히 증가하고 있다. 자녀를 돌보거나 손자녀를 돌보는 사례가 아니라면 점점 가족 관계의 범위가 줄어드는 추세다. 그래서 가족과 같은 이웃을 만들거나 그러한 이웃을 통한 돌봄이 절실해지는 흐름이 형성되고 있다. 이러한 흐름 속에서 이심전심으로 떠오르는 단어가 마을공동체다. 유년이나 청소년이나 노년으로서 취약한 상태에 있을 때 위험에 처하지 않고 좀 더 안전하게 살기를 희망하는 것은 당연하다.

이러한 희망은 필요하기에 갖게 되므로 누군가 이를 구체화하려고 시도하게 된다.[4] 취약한 상태에 있는 유년이나 청소년이나 노년을 당사자나 보호자의 일로 제쳐두지 않고 공동의 일로 받아들이고, 함께하는 다양한 방안을 모색한다. 저절로 되는 일은 없으므로 필요한 것을 학습해야 한다. 이때 학습 자체는 혼자서 감당해야 하지만, 이 학습을 혼자서 하지 않고 함께할 수 있다. 마을공동체의 형성을 염두에 두는 주민들은 이렇게 공동 학습을 하고, 학습하여 알게 된 것이나 갖추게 된 능력을 토대로 마을공동체 형성에 필요한 일을 함께한다. 여기서 시행착오는 불가피하다. 그 필요를 모든 주민이 공감하는 건 아니므로, 일을 하는 데 장애가 있을 수 있고, 그들만으로 그 장애를 넘어서는 데는 한계가 있기 때문이다.

마을공동체 형성이 필요하다고 생각하고 소수가 시작하지만, 상황은 고정되어 있지 않고 계속 변한다. 이들 중 일부가 다른 곳으로 이사할 수도 있고,

---

4) 이 시도는 정책사업과 맞물리기도 한다. 이규선・윤여각・지희숙・장명희(2021)의 연구보고서에는 정책사업으로 시작하여 10년 넘게 그러한 시도와 실험을 이어가고 있는 참이슬아파트의 사례가 담겨 있다.

이들 간에 다툼이 있는데 해소가 안 되어 분열이 일어날 수도 있다. 단순한 친목 모임으로 계속 이어가기보다 마을공동체 형성의 디딤돌이 되어 마을공동체를 제대로 형성하고 유지하는 데까지 염두에 두고 나아가다 보면 조직을 만들게 된다. 그런데 조직이 만들어지고 커지면 조직 자체를 유지하는 데 주목하느라 조직을 만든 취지에서 점점 멀어지는 사태도 발생할 수 있다. 한 사람도 마을공동체 비전을 유지하기 어려운데 다수가 일관되게 마을공동체 비전을 유지하는 건 더 어렵다. 그러므로 마을공동체 비전을 공유하고, 그 이전에 마을공동체 비전 공유를 위한 학습을 중단하지 않아야 한다.[5)]

2. 교육에 대한 안목의 함양과 증진

지역에서 대다수 일은 행정과의 관련 속에서 이루어진다. 마을 단위에서는 수많은 정책사업이 시행되는데, 여기에는 일상적인 것도 있고, 새롭게 시행하는 것도 있다. 한편으로 행정적으로 처리하고, 다른 한편으로 그 결과를 모아 상급 기관에 보고한다. 주민자치센터에서 교육 프로그램을 운영하거나 시・군・자치구 평생학습관에서 교육 프로그램을 운영하는 것도 행정적인 맥락에서 시행하는 사업이다. 행정에서 주민의 교육 참여를 위해 예산을 배정하고, 예산에 맞게 교육 프로그램을 개설하고, 주민의 참여를 독려하고, 참여한 주민 수가 이 사업의 중요한 실적이 된다. 그러므로 주민이 다수 참여하는 교육 프로그램을 개설하는 것, 또는 교육 프로그램에 주민이 다수 참여하도록 유도하는 것이 행정의 맥락에서 중요한 일이 된다.

---

5) 마을에서는 수많은 일이 벌어지므로 상황마다 마을공동체로 수렴해 나가는 노력이 필요하고, 이 노력을 뒷받침하는 역량이 있어야 한다. 이 역량의 함양과 증진은 학습을 통해 가능하다.

평생교육사가 제도화되기 이전에 이 일은 모두 지방자치단체의 행정 맥락에서만 처리되었다. 이 일을 맡은 담당자는 인사이동에 따라 1년 안에 바뀌기도 한다. 이 일을 전담하는 사례는 거의 없었다. 그러나 평생교육사가 제도화되면서 평생교육사는 이 일을 전담하는 사람이라는 인식이 생겼다. 이전에는 교육이 지방자치단체의 행정에 묻힌 채 의식조차 되지 않았다면, 이제는 지방자치단체의 행정에서 교육이 의식되기 시작하였다. 평생학습도시로 선정되려고 노력하고, 평생학습관을 설립하고, 평생교육사를 배치하고, 평생학습도시로 재지정되려고 노력하는 흐름은 이러한 의식을 더 강화하였다. 그러나 여전히 교육은 지방자치단체의 행정에서 주된 관심사라고 보기 어렵다.

이것은 교육에 대한 편견에서 비롯된 것이기도 하다. '교육'이라고 하면 학교교육과 같은 제도교육을 연상한다. 학교교육에 대한 행정은 이를 전담하는 교육자치단체에서 담당하므로 일반자치단체는 교육에 주된 관심을 둘 이유가 없다. 지방자치단체 중 일반자치단체가 법적으로 학교교육에 지원할 여지가 만들어지고, 평생교육에 관한 사무를 맡아야 할 의무가 생기면서 일반자치단체에서도 교육에 관심을 두게 되었지만, 주변적인 일로 인식하기도 하였다. 그러나 법적 근거를 두고 진행하는 교육은 다 제도교육이다. 달리 말하면, 예산을 배정하여 진행하는 모든 교육은 제도교육이다. 그러므로 평생교육 관련 업무를 전담하는 부서만이 아니라 연수처럼 교육이 포함된 프로그램을 진행하는 한 거의 모든 부서가 제도교육과 맞물려 있다고 볼 수 있다.

부서의 신입직원은 제도교육에 참여한 경력이 있다. 그리고 취업한 이후 업무 능력 향상을 위해 직장 내에서 제공하는 교육 프로그램에 참여하기도 하고, 자비를 들여 외부의 교육 프로그램에 참여하기도 한다. 이러한 교육 프로그램에 참여하는 것과 더불어 부서 내에서 다른 직원들, 그중에서도 선임자나 상급자와 함께 일하면서 부서 업무와 관련하여 실무적인 것을 학습한다.[6] 이 학습에는 반복적인 훈련의 요소가 있으며, 업무 숙달이 당사자뿐만 아니라 부서 직원 모두에게 중요하므로 결코 이를 소홀히 할 수 없다. 업무에 숙달한다는 건 그만큼 업무와 관련된 역량이 함양되고 증진된다는 것이다. 당사자 내적으로 학습이 진행되지 않는다면 이는 불가능하다.

지방자치시대에 강조되고 있는 개념이 '협치'다. 협치의 강조는 지방자치가 궁극적으로 주민자치로 나타나야 한다는 점에서 이해할 수 있다. 주민이 행정기관과 협치하려면 협치하는 데 필요한 역량을 함양하고 증진해야 한다. 행정기관에서 정책사업으로 추진하는 게 무엇인지 알아야 하고, 정책사업의 구체적인 내용에 부합하는 적절한 활동으로 대응해야 하고, 행정기관이나 행정직원 또는 정책사업에 참여하고 있는 다른 사람들과의 관계 역시 적절하게 맺어야 한다. 이것이 주민으로서 정책사업에 무조건 동조하고 협력해야 한다는 의미는 아니다. 주민이 낸 세금을 재정으로 확보하여 정책사업을 추진하므로 그 타당성은 물론 적합성 및 효과성에 대해 주민은 판단할 수 있어야 한다. 이 식견을 갖고 표현하는 것에는 역량의 뒷받침이 있어야 한다. 이 모든 역량의 함양과 증진 역시 학습을 통해 가능하다.

3. 학습의 일상화

'학습'은 배워서 익히는 것까지 다 포함하는 개념이다. 우리는 배울 기회는 있었는데 이를 익힐 기회가 없어 배운 걸 잊어버리고 만 경험이 있다. 배운 걸 익히는 것으로 이어가지 않으면 제대로 알 수 없고, 능력으로 갖출 수 없다. 원리적으로는 배우는 시간보다 익히는 시간을 더 많이 들여야 한다. '반복학습'은 학습에서 익힘을 강조한 것이다. 익힘의 비중이 커야 한다는 점에서 학습은

6) 이러한 학습에 반복적인 요소의 비중이 커서 현장 훈련(OJT: On the Job Training)이라고 명명하기도 한다.

성격상 반복적이라고 할 수 있다. 그러나 이 반복은 기계적인 반복이 아니라 이전과 차이를 내는 반복이다. 우리는 이걸 일일이 의식하지 않아도 이전보다 좀 더 나아지려고 부단히 차이를 내는 과정을 반복한다. 이것은 우리가 의식하지 않아도 내적으로 학습이 진행될 수 있다는 걸 의미한다.

우리가 태어나서 성장하고 죽음에 이르기까지 수많은 영역이나 분야에 참여한다. 각 영역이나 분야에서 반복학습을 하는 것과 더불어 한 단계에서 다음 단계로 또는 한 수준에서 다음 수준으로 올라가는 방식으로 학습해야 한다. 한 영역이나 분야 내에서도 하위 영역이나 분야가 있어서 여기서도 반복학습과 향상학습 역시 필요하다. 그러므로 학습은 우리의 삶의 여정에서 계속 이어진다. 이 점에서 학습은 인간에게 숙명과 같은 거라고 말하기도 한다. 학습하지 않고는 생존과 실존이 불가능하기 때문이다. 외관상 삶의 여정은 자연스럽게 이어지는 것 같지만, 실제로 여기에는 언제나 학습의 매개가 있다. 학습을 통해 형성하고 확대·심화하는 앎이나 능력이 없다면 삶의 여정에서 만나는 장애를 극복할 수 없다.

지속 가능한 평생학습마을공동체의 형성이나 유지는 일회적 사건이 아니며, 단기간의 사건도 아니다. 오랜 시간이 걸리고, 소수가 시작하지만, 다수가 참여하여 생활화해야 한다. 여기에 필요한 학습 역시 계속 진행되어야 한다. 평생학습마을공동체를 형성하거나 유지하려는 사람들에 둘러싸여 태어나고, 성장하여 평생학습마을공동체를 형성하거나 유지하는 데 참여하는 가운데 필요한 능력을 함양하고 증진하고, 일정 시점에서는 앞서서 일하거나 선도적인 시도를 하는 역할도 자임해야 한다. 이후에는 후속세대가 평생학습마을공동체를 잘 유지하고, 더 나아가 평생학습마을공동체가 발전해 나가도록 지원해야 한다. 이러한 흐름에 지위와 역할의 변화가 있고, 그에 맞는 역량의 뒷받침이 있어야 하고, 이것이 가능하도록 학습을 게을리하지 않아야 한다.[7]

---

7) 이러한 맥락에서 '평생학습도시'는 주민 누구나 평생 학습하는 걸 지향하는 도시라고 할

지속 가능한 평생학습마을공동체의 형성과 유지가 언제나 원활하게 이루어지지는 않는다. 주민이 마치 한 사람인 것처럼 활동하는 건 기대하기 어렵다. 주민은 서로 다른 기질과 성격이 있고, 소질과 적성을 가지고 있으며, 서로를 배경으로 하는 서로 다른 환경에서 살고 있다. 각자의 이해관계가 똑같을 수 없으며, 사태나 상황에 대한 인식이 다르고 대처하는 방식도 다르다. 이러한 다름이 있기에 의견을 나누고 수렴하는 절차가 필요하고, 의견의 충돌이 있을 때 이게 돌아설 수 없는 갈등으로 번지지 않도록 조정의 과정을 거쳐야 한다. 마을 내에서 예측하지 못한 상황이 벌어지기도 하지만, 마을 밖에서 들어오는 요인에 의해 갑자기 혼란이 초래되기도 한다. 이 모든 걸 해결해 나가려면 역량이 있어야 하고, 이 역량은 학습을 통해 형성되고 증진된다.[8)] 이 학습 역시도 언제나 진행형일 수밖에 없다.

이렇게 볼 때, 지속 가능한 평생학습마을공동체의 형성과 유지는 학습의 일상화를 통해 가능하다. 학습의 일상화는 '학습하는 문화'와 맞물려 있다. 학습의 가치를 인정하고, 학습을 권유하고 권장하며, 필요하다면 학습에 조력하고, 무엇보다도 학습할 여건을 조성하는 걸 당연하게 인식해야 한다. 그렇지 않다면 '일상적으로 학습해야 한다'는 주장은 선언 수준을 넘어설 수 없다. 바람의 길과 물의 길이 있는 것처럼 학습의 길이 있을 수 있으며, 이 길은 막힘이 없어야 한다. 바람의 길과 물의 길에도 장애가 있듯이, 학습의 길에도

수 있으며, '평생학습기업'은 사원 누구나 평생 학습하는 걸 지향하는 기업이라고 할 수 있다.

8) 마을공동체에 대한 기억 자산이 있는 주민이, 비록 소수라고 하더라도, 마을공동체를 희망하는 건 자연스럽다. 그들은 그 희망을 동력으로 필요한 역량을 학습하여 형성하고 증진하려고 노력하고, 지난한 시간을 버텨낸다. 그 과정에서 자기가 성장하고 있다는 느낌도 생기고, 주민들이 달라져 가는 모습을 보며 보람도 느끼고, 주민을 포함하여 정책사업 관계자의 인정을 통해 더 진전하고자 하는 의욕도 갖게 된다. 이 과정에서 개별 주민의 관심사나 문제를 더 세세하게 살피고, 이를 논의 주제로 삼아 학습하는 계기로 만들어 간다. 이렇게 해서 마을살이에 대해 학습하고, 함께 살아가는 학습력을 매개로 공동체 역량이 형성되고 향상된다.

장애가 있다. 학습은 일상적으로 일어나지만, 일상화될 수 있도록 이 장애에 주목하고, 제거하거나 극복하도록 조력하지 않으면 성장과 성숙에 어려움을 겪게 된다.

4. 학습의 체계화

우리가 무언가를 알거나 능력을 발휘한다고 할 때, 앎이나 능력에는 체계가 있다. 하나의 요소로 충분한 앎이나 능력은 인간의 삶에서는 가능하지 않다. 여러 요소가 짜임새 있게 결합하여 앎이나 능력을 형성할 때, 이것이 의미 있게 작동할 수 있다. 한 단계 또는 수준에 머무는 것으로 충분한 앎이나 능력 역시 인간의 삶에서는 가능하지 않다. 앎이나 능력은 계속 확대·심화해야 하고, 그 결과 다음 단계나 수준으로 향상해야 한다. 그래야 더 많이 깊이 알고, 다양한 상황에서 능력을 발휘할 수 있다. 앎이나 능력은 학습을 통해 형성하고 확대·심화하므로 이 학습은 체계적으로 진행되어야 한다. 이러한 학습의 체계화를 위해 '학습의 설계'를 해야 하고, 우리는 일정 시점부터는 자기 학습을 설계할 수 있어야 한다.

학습의 속도와 리듬에서 개인차가 있는 것처럼 학습력에도 개인차가 있다. 한 개인의 학습력도 형성되고 향상되므로 특정 시점의 학습력으로 그를 단정하는 건 타당하지 않다. 오히려 교육의 맥락에서는 학습력을 형성하는 가운데 낮은 학습력의 수준을 점점 높게 향상해 나가도록 스스로 노력하고 누군가 조력하는 게 중요하다. 인간에게 학습은 숙명과 같으므로 피할 수 없고, 따라서 학습력을 갖추어야 한다. 학습력은 인간에게 기초능력에 해당하는데, 단일 능력이 아니라 복합능력이라고 할 수 있다. 학습력은 학습하는 가운데 형성되고, 시간의 흐름 속에서 점점 향상된다. 평생학습마을공동체를 형성하고 유지하는 건 주민이고, 주민의 활동을 뒷받침하는 기제는 학습이므로 주민의 학습 양태와 학습력에 개인차가 있다는 건 전제가 되어야 한다.

지속 가능한 평생학습마을공동체는 지역이 겪고 있는 어려움을 해소하거나 직면하고 있는 문제를 해결하는 방향으로 나아가야 한다. 평생학습마을공동체를 형성하고 유지하는 것 자체가 어려운 일이며, 여기에는 복잡한 문제가 개입되어 있다. 어디서부터 시작해야 할지도 막연하고, 무엇이 핵심적인 문제이고 다른 문제들이 어떻게 맞물려 있는지 파악하는 것도 간단하지 않다. 시흥시에서 활동하는 평생교육실천협의회는 이와 관련하여 마을학교[9]가 문제를 풀어나가는 고리가 될 수 있을 것으로 판단하였다. 리더로 세워진 사람들부터 평생학습마을공동체가 무엇인지 알아야 하고, 평생학습마을공동체의 구체적인 모습을 상상하고 그려보고 실천하는 전 과정에서 공론을 통해 적절한 시점에 적절한 방식으로 필요한 사항을 결정해야 하는데 마을학교가 이를 위한 장소가 될 수 있다.

마을학교에서 논의하고 의견을 수렴하고 결정하면서 집약적인 학습이 일어나지만, 마을학교이므로 별도의 교육 프로그램을 개발하여 운영할 필요도 있다. 마을 내에서 자체적으로 교육 프로그램을 기획하고 운영하는 경험을 하면서 이게 가능하다는 것뿐만 아니라 확대해 나갈 수 있다는 점도 알게 되고, 무엇보다 이 일을 전담하는 일자리를 만들어 낼 수 있다.[10] 이 일을 체계적으로 진행해야 하는 것만큼 이걸 가능하게 하는 학습 역시 체계적으로 진행해야 한다. 시행착오가 불가피하지만, 한 번의 경험을 하고 이에 대해 성찰하면서

---

9) 마을학교는 교육 관련 법에 명시된 학교가 아니라 마을에서 세우고 인정하는 교육의 장으로서 주민이 주체가 되어 운영하거나 참여하는 학교다.

10) 마을에서 학습동아리에 참여하여 형성한 능력으로 마을 강사가 되고, 교육협동조합과 같은 창업을 시도하고, 마을에 관한 관심을 마을평생교육활동가(또는 코디네이터)로 이어가는 변화가 일어난다(이규선 · 윤여각 · 지희숙 · 장명희, 2021). 평생교육실천협의회는 혜택이 개인에게 돌아가는 노년 일자리를 창출하는 데도 주목했지만, 아파트 주민 전체가 교육의 맥락에서 혜택을 받을 수 있는 공공적 일자리인 코디네이터의 배치에도 주목하였다.

좀 더 진전된 경험을 할 수 있게 계획하고, 이를 실천해야 한다. 이러한 경험이 축적되면 평생학습마을공동체를 형성하고 유지하는 데 적합한 관행을 정착해 나갈 수 있다.[11)]

평생학습마을공동체를 선언하고, 일정한 운영의 틀을 마련했다고 해서 지속 가능성이 보장되는 건 아니다. 마을 내의 상황이 달라지고, 마을을 둘러싼 환경 역시 계속 달라진다. 학습해야 하는 과제는 계속 생겨나고, 학습을 계속 하다 보면 더 학습해야 할 게 생겨난다. 더 이상 학습하지 않아도 되는 상황이 된다면 그건 발전이 중도 정지된 상황이고, 결과적으로 정체된 상황이다.[12)] 다음 단계의 진전된 활동을 하는 데 필요한 학습은 미리 준비해서 하는 게 필요하다. 준비된 앎이나 능력으로 더 많은 선택지를 가질 수 있고, 조금은 무리가 가더라도 감당할 수 있는 선택을 할 수 있다. 이러한 일의 흐름의 체계성은 체계적인 학습을 통해 뒷받침된다. 처음 시도하는 일일수록 체계적인 학습으로 준비하고 대처하고 다음 단계로 나아가야 한다.

5. 학습의 연계 · 융합화

사람마다 소질과 적성이 다르므로 흥미를 갖게 되는 영역이나 분야가 다르다. 결과적으로 사람마다 형성하고 향상해 나가는 재능이 다르므로 자기 재능을 발휘할 수 있는 영역이나 분야에서 활동하는 건 당연하다. 적재적소에 사람

11) 이러한 관행의 정착은 그동안 학습이 체계적으로 이루어져 왔다는 걸 예증해 준다.
12) 물론 교육을 의식할 때 이러한 상황을 인식할 수 있다. 그러나 평생학습마을공동체를 선언하고, 일정한 틀을 마련해 나간 경험에 대한 기억 자산이 사라지는 건 아니므로 마을에서 펼친 역사를 존중하는 게 필요하다. 이것은 마을이 이전에 비해 그만큼 진전했고, 비록 실패한다고 해도 경험이 없는 것보다 있는 게 낫기 때문이다. 이러한 경험을 한 사람이 다른 마을에 가서 평생학습마을공동체의 씨앗을 심는 사례가 이를 예증해 준다.

을 배치한다고 할 때 이것은 재능이 있는 사람을 적절한 자리에 배치하는 것을 의미한다. 적절한 배치가 되지 않을 때 활력이 떨어지고, 관계 속에서 상승효과도 기대하기 어렵다.[13] 그러므로 인생의 여정에서 일찍부터 소질도 있고 적성에도 맞는 영역이나 분야를 찾아내고, 여기에 필요한 앎이나 능력을 형성하고 확대·심화해 나가야 한다. 그렇게 해서 갖춘 재능을 토대로 우리는 역량을 최대한 발휘할 수 있다. 이러한 역량 발휘로 참여하는 영역이나 분야는 활력을 얻게 된다.

한 개인이 한 영역이나 분야에서만 활동하는 건 아니다. 우리는 다양한 영역이나 분야에 참여하며, 일정한 지위와 역할이 있다면 그 역할을 잘하기 위해 학습해야 한다. 각각의 학습이 완전히 별도로 이루어진다고 보기는 어렵다. 어떤 영역이나 분야든 공통으로 적용되는 기초적인 게 있기 마련이며, 이 토대 위에서 각 영역이나 분야에 고유한 사항들을 학습한다. 학습한 사항이 우리 안에서 정확히 어떤 맞물림이 일어나는지 우리는 알 수 없다. 그러나 어떤 식으로든 맞물림이 있을 걸로 짐작할 수 있으며, 뇌의 작동 기제에 연계와 융합은 보편적이라고 가정할 수 있다. 사람이 모여 상승효과를 내는 사례도 연계와 융합을 보여주며, 전체는 부분의 합 이상임을 알 수 있다.

한 사람에게 다양한 부문이 맞물려 있는 것처럼, 한 마을에도 다양한 부문이 맞물려 있다. 마을에는 정치[14], 경제, 사회, 문화, 행정 그리고 교육 등이 맞물려 있다. 주민이라면 누구나 참여하는 것이지만, 누구나 모든 부문에서 탁월한 역량을 보이는 건 아니다. 이것은 부문 내에 있는 다양한 영역이나 분야에서도 마찬가지다. 예컨대, 마을학교에서 교육만 진행되는 건 아니다. 마을학교에는

---

13) 이러한 인사의 중요성을 강조하여 '인사가 만사다'라고 말하기도 한다.

14) 마을에서 누군가 리더로서 자기 세력을 만들고 키워나가려는 사심을 갖고 움직이는 정치가 작동하면 그 자체가 평생학습마을공동체를 유지하는 데 걸림돌이 된다. 그렇게 되지 않으려면 마을주민이 '마을시민'으로 성장해 가야 한다. 이 점을 염두에 두고 마을학교의 모든 프로그램은 함께 살아가는 마을살이에 대한 학습을 놓치지 않아야 한다.

행정도 있고, 경제도 있다. 교육에도 프로그램을 기획하는 것과 운영하는 것에는 다른 앎이나 능력이 필요하다. 기획에 재능이 있는 주민이 있는가 하면, 운영에 재능이 있는 주민도 있다. 그리고 당연히 교수에 재능이 있어서 교수자의 역할을 하는 주민이 있다. 이들의 어우러짐으로 마을학교가 운영되고, 발전한다.

한 지역은 국가체제와 맞물려 있다. 이것은 지역 간 맞물림이 있다는 것을 의미한다. 영역이나 분야마다 지역 간 편차가 있을 수 있고, 이 편차는 학습기회의 편차로 이어질 수 있다. 특정한 지역에서 특정한 영역이나 분야가 더 앞서갈 수 있고, 그러면 그 영역이나 분야에 관한 한 높은 수준의 학습 기회까지 열리게 된다. 다른 지역에서는 이 지역에 있는 사람을 교수자로 모시거나 일부러 시간을 내서 그 사람이 있는 곳까지 가서 교수해 주기를 요청해야 한다. 또는 그 사람이 교수자로 참여하고 있는 프로그램을 통해 학습해야 한다. 이렇게 학습의 장이 지역 간 연계되는데, 이러한 연계는 이전부터 있었으며, 정보의 유통이 활발하게 일어나면서 더 쉽게 볼 수 있다.

이제 학습의 장이 인터넷 공간에서도 활발하게 펼쳐지고 있다. 디지털 대전환의 시대를 맞이하여 인터넷 공간을 활용하는 비중이 커지면서 학습의 기회도 확대되고 있다.[15] 한 지역에서는 제한적으로 학습의 기회가 열리는데 인터넷 공간에서는 교육적 필요를 충족할 수 있는 다양한 수준의 학습 기회가 열린다. 아날로그 공간에서 오는 제약에서 벗어날 수 있으므로 필요에 따라 다양한 학습 기회를 활용할 수 있고, 이러한 기회를 통해 다양한 방식으로 학습의 연계가 일어나고, 이러한 연계 속에서 학습의 융합도 일어난다. 물론, 학습자가 인터넷 공간에서 주로 진행하는 것은 배움이며, 이 배움에 관한 익힘은

---

15) 마을공동체 관련 사업을 진행하는 곳에서는 밴드나 블로그, 또는 단체 카톡을 통한 주민들의 SNS 소통이 활발하게 이루어지고 있다. 마을 전체 또는 공동의 관심사를 묶어내는 온라인 모임도 주목할 필요가 있으며, 학습의 맥락에서 이와 연계하는 것도 의미가 있다.

별도로 진행해야 한다. 의료계에서 원격 진료가 가능한 것처럼, 교육계에서도 원격으로 배움뿐만 아니라 익힘도 확인하고, 수준을 가늠해서 다음 단계로 나아가게 지원하는 방향으로 진화할 것이다. 평생학습마을공동체에서 펼쳐지는 학습의 기회를 지역 안에 마련하는 것으로 충분한 시대는 이미 지나가고 있다.

6. 다양성의 존중과 활용

연장자나 상급자나 상급 기관의 지시에 따라 일사불란하게 움직이는 것을 선호하던 시대가 있었다. 이 시대는 소품종 대량생산체제와 맞물려 있었다. 이 시기에는 평생 학습을 염두에 두지 않아도 이미 학습한 것을 토대로 새로운 학습에 대한 큰 부담 없이 한 직장에서 평생 일하고 퇴직하는 것도 가능하였다. 이때는 다양하지 않은 게 오히려 미덕이라고 보았다. 전국적으로 똑같은 교과과정에 따라 진행하는 학교교육이 이를 상징적으로 보여주는 한 단면이었다. 학습자가 현재 어떤 수준에 있는지를 적극적으로 고려하지 않아 생기는 부작용은 학습자 당사자가 감내해야 하는 것으로 인식하였다. 그리고 이를 '교수자 중심의 교육'으로 명명하였다. 이러한 교육에서는 교수자가 존중되고 학습자는 상대적으로 덜 존중되었다.

교수자의 교수가 학습자의 학습을 보장해 주지 않는다. 이것은 학습 자체가 학습자 당사자의 활동으로서 아무리 탁월한 교수자라 하더라도 대신해 줄 수 있는 활동이 아니기 때문이다. 또한, 학습자마다 학습의 속도와 리듬에서 차이가 있으며, 무엇보다도 학습의 수준에서 차이가 있고, 그 결과 도달한 앎이나 능력의 수준에서 차이가 있다. 이렇게 다른 학습자를 교수자가 똑같이 교수하는 건 타당하지 않다. 이런 교수 방식은 학습자를 소외시킬 수 있으며, 간혹 학습자의 자존감에 상처를 입힐 수도 있다. 학습은 학습자 당사자의 몫이고, 학습을 통해 실질적으로 인간으로 성장해 나갈 수 있다는 점에서 학습하는 권리를 인권의 차원에서 접근하는 진전이 있었다. 인권으로서 학습권은 보편적 권리이지만, 이 권리는 학습자 개인에게 구체적으로 보장되어야 한다.

개인의 수준을 고려하여 학습할 여건을 조성해야 한다거나, 더 나아가 개인별로 학업 진척 파일을 만들어 관리하면서 조력해야 한다는 주장은 학습자 존중의 맥락에서 나왔다. 이제 학습자의 다름은 문제가 아니라 적극적으로 고려해야 하는 사항이 되었다. 이것은 학습의 속도와 리듬의 문제만이 아니라 기질과 성격 또는 소질과 적성이 학습자마다 다르므로 이를 존중하고 이를 잘 펼쳐나갈 수 있게 조력해야 한다는 주장으로 이어졌다.[16] 이제는 다양성의 시대가 펼쳐지고 있으며, 이 시대는 다품종 소량생산체제와 맞물려 있다. 사람이 다 다르므로 기호도 다르고, 경제계도 이러한 기호의 다름을 존중하는 방식으로 전환한 것이다. 교육계도 이러한 흐름을 타고 있다.[17]

아무리 작은 지역인 마을이라도 다양한 부문이 맞물려 돌아간다. 그리고 각 부문에서 역량이 있는 주민이 적절한 역할을 해줄 것을 기대한다. 이전에는 이것을 각자에게 일임하고, 필요하면 활용하는 방식을 취했다면, 이제는 각자가 자기에게 적합한 학습에 참여하여 역량을 향상할 여건을 조성하는 게 마을 단위의 과제일 수 있다는 인식이 생겨나고 있다. 이것은 지역 인적 자원개발 및 관리의 논의 맥락과도 맞물려 있다. 인적 자원개발 및 관리는 경제와 맞물린 경영의 맥락에서 논의하는 것이지만, 교육의 맥락에서 이를

---

16) 여기서 조력이 가르치려 드는 방식으로 이루어져서는 안 된다. 어린 주민이라고 하더라도, 그들의 이야기를 경청하고 공감하는 방식으로 소통하면서 그들의 삶에서 출발해야 한다. 모든 주민에게 이렇게 접근할 때 개별성과 다양성을 존중하면서도 공통분모를 뽑아낼 수 있고, 어떤 주민도 소외되지 않으면서 스스로 했다고 느낄 수 있다. 마을평생교육활동가는 이러한 흐름으로 설계하는 전문가가 되어야 한다.

17) 정규 학교교육에 대안적인 성격의 교육을 인정하는 체제의 구축이 그 한 예다. 대안교육에 대한 인정 이후에 평생교육에 관한 담론도 확대되었다는 점은 주목할 만하다.

도외시할 필요는 없다. 이것은 지역에서 적재적소에서 일할 사람이 필요하고, 이러한 사람의 육성을 우연에 맡기기보다 체계적으로 기획하고 실행할 필요가 있기 때문이다.

지역에는 다양한 자원이 있다. '자원'이라는 용어 때문에 이를 경제 맥락 또는 경영 맥락에서 접근한다. 자원에는 물적 자원[18]과 인적 자원이 있다. 자원은 활용할 가치가 있는 것을 말한다. 이 가치가 반드시 경제적 가치에 한정되는 건 아니다. 교육적 가치 차원에서도 생각해 볼 수 있다. 지역의 자연은 교육의 자료가 되며, 지역의 시설은 교육의 장으로 활용할 수 있다. 지역의 다양한 유산 역시 교육의 자료가 되며, 유산이 있는 장소 역시 교육의 장으로 활용할 수 있다. 그리고 무엇보다도 지역에는 주민이 있고, 각 주민 각자에게는 남다른 재능이 있다. 이 재능은 학습의 소재가 되며, 이 재능이 있는 주민은 교수자가 될 수 있다. 우리는 평생학습도시 또는 평생학습마을의 개념으로 이제 겨우 지역 전체를 교육의 맥락에서 조망하기 시작하였다. 평생학습마을공동체는 이러한 조망에 공동체라는 지향까지 추가한 셈이다.

7. 상생하는 대화

아무리 시대가 디지털 대전환을 맞이한다고 해도, 그래서 인공지능이 우리 삶에 깊숙이 들어온다고 해도, 사람의 역할이 사라지는 건 아니다. 이 시대에도 사람이 있고, 사람의 어울림이 있고, 사람이 펼쳐나가는 세상이 있다. 오히려 인권과 더불어 다양성이 존중되는 시대를 거치면서 더욱 인간에 관한 사유가 깊어지고 있다. 이 세상에 인간만 존재하는 게 아니라 다른 동물을 포함한

18) 물적 자원은 자연 자원과 문화 자원으로 구분하기도 한다. 여기서 문화 자원은 인간의 작위가 가해진 자원을 말한다.

생태계와의 공존이 더욱 중요하게 인식되고 있으므로 인간 중심의 사유에 갇히지 않고 이를 열어젖히고 확장해 나가는 진전이 있다. 이러한 흐름 속에서 강조되고 있는 게 '상생'이다. 들로르 등의 보고서에서 문제 삼았던, 그리고 강조했던 '함께 살아가는 능력'을 함양하고 증진하는 '함께 살아가는 학습(learning to live together)'의 화두도 상생일 수밖에 없다.

세계 평화를 지향하면서 유엔이라는 국제기구를 만들었지만, 국지적인 분쟁은 끊이지 않고, 최근에는 러시아가 우크라이나를 침공해서 전쟁까지 일어났으며, 아직도 진행 중이다. 상생의 가치를 아무리 강조해도 상생을 현재에 구현하고 이를 지속하는 건 지극히 어려운 일이다. 각자의 이해관계, 각 지역의 이해관계, 더 나아가 각국의 이해관계, 또는 각국에서 주도적인 영향력을 행사하는 세력의 이해관계는 너무나 강하게 작용하고 있으며, 결정적인 순간에 파괴적인 힘으로 작용한다. 우리는 이 힘이 현재도 작용하고 있음을 알고 있고, 앞으로도 작용할 것으로 예견할 수 있다. 그런데 공동체를 지향하는 사람들은 비록 소수라고 하더라도 이러한 흐름을 거스르며 가려고 한다. 평생학습마을공동체 역시 각자의 이해관계에 갇히지 않고 이를 거스르며 가려고 하며, 그 기저에는 상생의 가치를 구현해 나갈 수 있다는 희망이 있다.

사람이 만들어 가는 문제는 결국 사람이 풀 수밖에 없다. 이러한 문제 해결의 과정에서 반드시 해야 하는 게 '대화'다. 일방적으로 자기주장만 하는 걸 대화라고 하지는 않는다. 서로가 생각하고 있는 걸 말로 표현하고, 상대방의 이야기를 경청하고, 자기 이야기를 이어가는 방식으로 진행하는 게 대화다. 이것을 '의사소통'이라고 한다면, 이 소통은 원활해야 하며, 원활하게 이어 나가는 능력이 뒷받침되어야 한다. 다시 말하면, 의사소통능력(또는 대화능력)은 함양하고 증진해야 하며, 이것은 학습을 통해 가능하다.[19] 능력 또는 역량

19) 의사소통능력은 기초능력에 해당한다. 의사소통은 언어를 매개로 한 소통으로서 여기서 언어는 말과 글뿐만 아니라 소통에 활용되는 신체 동작이나 표정까지 포함하는 개념이다.

관련 대다수 논의에서도 의사소통능력은 기초능력으로 인식하고 있다. 학습력 또한 의사소통능력의 뒷받침을 통해 구현되는 능력이다.

평생학습마을공동체는 지향하는 것으로서 미래를 꿈꾸며 그 꿈을 현재로 가져오는 것이므로 평생학습마을공동체에 관한 공론이 있어야 한다. 누군가 먼저 평생학습마을공동체를 제시할 수 있지만, 혼자 제시하는 것으로 마을 전체가 평생학습마을공동체로 방향을 틀어가는 데는 한계가 있다. 다수의 공감과 동의가 있어야 하고, 그 이전에 이를 가능하게 하는 의사소통이 있어야 한다. 그렇게 하지 않으면, 다른 사람들은 가치 지향을 공유하기 어렵고, 누군가 하는 일에 들러리 서는 게 아닌가 하는 의구심을 가질 수도 있다. 세상이 급변하기에 여기에 맞추느라 자신조차 제대로 돌보지 못하고 살아온 상태에서 자기중심으로 주변에 대한 무관심을 유지하며 사는 것에 익숙했는데 그렇지 않은 삶으로 전환하는 데는 오랜 의사소통이 필요하고, 내적 대화라고 할 수 있는 자기만의 숙고도 필요하다.

평생학습마을공동체를 지향한다고 해놓고도 이를 일관되게 유지하는 건 쉽지 않다. 마을주민의 전출 및 전입과 같은 변동이 있을 수 있고, 외부로부터 영향을 미치는 변화에 따라 이해관계가 달라질 수 있다. 사소한 오해가 깊은 갈등으로 번지기도 한다. 전입해 온 사람에게 이해를 구하고, 서로 다른 이해관계를 조율하고, 오해에서 비롯된 갈등을 막는 길은 결국 누군가의 중재이며, 서로 대화하는 것이다. 평생학습마을공동체를 지향하고 있으므로 어떻게 말하고 행동하든 다른 사람이 다 이해할 걸로 전제하는 건 적절하지 않다. 오히려 평생학습마을공동체를 지향하고 있으므로 학습을 일상화하고, 체계화하고, 연

의사소통능력이 함양되고 증진되지 않으면 마을의 과제를 수행하는 전 과정에서 어려움을 겪게 된다. 그 시발점에 해당하는 게 마을회의를 통해 의제를 설정하고 논의하는 것이다. 마을회의를 하는 과정에서 주민은 학습한다는 의식 없이 학습하며, 이 학습의 경험을 통해서 성장한다는 의식 없이 성장하기도 한다. 이 점에서 일상학습의 차원에서 마을회의의 중요성이 강조되기도 한다.

계하고 융합을 시도하듯이, 일상에서 대화를 이어가고 서로 상생하는 결과로 이어질 수 있도록 진전시켜야 한다.[20] 그만큼 평생학습마을공동체는 어려운 실험이지만, 그래서 오히려 더더욱 인류가 꿈꾸기를 중단하지 않은 의미 있는 실험이다.

---

20) 마을살이를 교육의 시선으로 접근할 때 우리는 이러한 주장을 할 수 있다. 마을주민이 서로의 삶에서 학습하고 깨달음을 얻는 교육적 관계를 맺고 이 관계를 확장해 나가는 것, 그리고 이 관계 속에서 자기가 어떤 존재로 성장하고 성숙해 나갈 것인지 성찰하고 실천하는 것, 이것은 마을주민의 과제일 뿐만 아니라 우리 모두의 과제이기도 하다.

제9장

마을공동체 이해하기: 나와 너의 마을! 우리 마을![1)]

최근 마을에 주목하는 흐름이 다시 나타나고, 마을살이를 통해 공동체를 지향하는 흐름도 다시 나타나고 있다. 이것은 분명히 역사가 반복되고 있음을 보여준다. 그러나 시대의 변화는 역사의 반복이 차이 나는 반복이기를 요구하고 있다. 다시 말하면, 유행처럼 마을이나 공동체를 언급하는 수준을 넘어서서 마을주민의 삶의 질적 수준이 실질적으로 향상되는 성과로 이어지기를 요구하고 있다. 여기에는 마을과 공동체에 대한 앎이 관련되어 있고, 이 앎의 수준을 향상해야 하는 교육의 과제가 맞물려 있다. 마을은 나의 마을이기도 하고, 너의 마을이기도 하지만, 마을이 우리의 마을이 되려면 나와 너의 어우러짐의 가치를 인식하고 이를 구현하기 위해 노력해야 한다.

1. 마을의 호출

현대에 와서 이전에 있었던 마을이 완전히 사라진 것은 아니다. 근대에 산업화가 진행되면서 도시화가 함께 진행되고, 시골이 도시에 종속된 모습을 보이

1) 이 글은 2023년 8월 19일 방송대평생교육사협회가 한국지역사회교육재단에서 수탁받아 진행한 사업인 "마을활동가들의 학습 리빙 랩"에서 발표하였다.

기도 했지만, 시골에도 마을이 있었고, 도시에도 마을은 있었다. 녹록하지 않은 삶을 살아가면서 서로 환대하고 돌보면서 사는 게 좋다고 생각하고, 간혹 갈등하고 티격태격하기도 하지만, 그래도 다시 서로 환대하고 돌보는 관계로 돌아오는 마을은 있었다. 그러나 현대에 들어와 각자의 삶에 지쳐 있기도 하고, 함께하지 않아도 문제 될 게 없다는 식으로 개인주의를 이해함으로써 서로 소원한 삶이 당연하게 여겨져 왔다. 그래서 함께하는 게 해야 할 일처럼 인식되고, 함께하지 않는 게 일에서 벗어난 편한 상태가 되었다.

옆집에 사는 사람과 마주칠 때 인사해도 되고, 안 해도 되고, 인사를 안 한다고 해서 누가 뭐라고 하지도 않으므로 그러한 삶이 불편하지 않다. 그래서 옆집에 사는 사람과 일 년 동안 말 한마디 하지 않고 살 수 있다. 그래도 각자의 삶은 존중되고, 서로의 삶은 침해받지 않는다. 이러한 관계는 혼자 사는 게 불편하지 않도록 뒷받침하는 물질문명의 발달로 가능하게 된 것이다. 그러나 아이를 낳아 키우는 상황, 같이 살지는 않지만, 부모님의 안부를 걱정해야 하는 상황에서 옆집에 사는 사람과의 관계를 소원한 상태로 두는 건 문제가 된다. 옆집에 사는 사람의 도움이 필요한 상황이 발생하기 때문이다. 요컨대, 혼자서도 불편하지 않게 살 수 있지만, 이게 가능한 때가 있고, 가능하지 않기도 하고 문제가 되는 때가 있다.

여기에는 각자의 기질과 성격이 작용한다. 혼자 있는 걸 좋아하는 사람이 있는가 하면, 다른 사람들과 어울리는 걸 좋아하는 사람이 있다. 다른 사람이 어려움을 겪고 있을 때 도움의 손길을 내미는 걸 주저하는 사람이 있는가 하면, 어려움을 겪고 있는 다른 사람의 얼굴을 외면하지 못하고 바로 손길을 내미는 사람이 있다. 마을활동가는 주로 후자에 가깝다. 아무리 시대가 변하여 개인주의가 지배적인 경향을 보인다고 해도, 이들의 기질과 성격의 발현을 완전히 막지 못한다. 환대와 돌봄이 필요한 상황이 발생하면 누군가 나서는 사람이 있고, 이들로 인해 누군가는 버림받았다는 느낌에서 함께 나누고 있다는 느낌으로 힘을 내게 된다. 이렇게 나서는 사람은 실제로는 소수다.

이전의 마을에도 관계에서 비롯되는 문제는 늘 있었다. 그러나 그 문제를 해소하려고 노력하는 사람이 있고, 그래서 해소되지는 않더라도 완화되기라도 하면 마을주민들은 더 이상 서로 얼굴 붉히지 않고 지낼 수 있다. 나도 마을에 살고, 너도 마을에 살지만, 우리 마을이라는 느낌이 들 때는 문제가 첨예해질 때가 아니라 문제가 해소될 때이고, 여기에 누군가 나서는 사람이 있을 때다. 그런 사람이 없을 때 물리적으로는 같은 마을에 있어도 서로 외면하며 살며, 이조차도 불편해서 싫으면 마을을 떠나겠다는 결심을 하게 된다. 마을은 관계의 문제가 전혀 없는 곳이 아니라 늘 새로운 문제가 발생하지만, 그 문제를 해결하려는 누군가 나서고 다수가 이를 묵인하는 곳이다.

문명이 발달하여 한편으로는 삶이 편리해졌지만, 다른 한편으로는 삶이 훨씬 더 피로해졌다. 해야 할 일은 더 많아지고, 먹고사는 문제를 해결하는 게 점점 더 어려워진다. 평생직장은 점점 사라지고 평생 직업을 가져야 하고, 살아온 기간보다 더 긴 기간을 심신이 불편한 상태로 살아내야 하는 상황으로 내몰리고 있다. 그래서 개인주의에 익숙하기는 하지만, 쉼과 회복이 있는 삶을 희망하게 되고, 개성이 존중되면서도 다른 사람들과 함께하는 공간을 찾게 된다. 그중 하나가 마을이다. 이런 마을은 이미 모든 게 준비되어 있어 들어가 살기만 하면 되는 곳이 아니다. 이전에는 혼자서 쉼과 회복을 찾으려고 했다면 이제는 다른 사람들과 함께 찾으려고 해야 하고, 이를 위해 대화에 나서야 한다. 마을은 대화의 끈을 놓지 않으려는 사람들이 만들어 가고 유지하는 곳이다.[2] 이런 마을이 새롭게 호출되고 있다.

---

2) 이러한 맥락에서 보면, 마을에 거주하는 수준에 머물지 않고 다른 주민들과 함께함으로써 비로소 마을주민이 되어 간다고 말할 수 있다.

2. 공동체의 호출

한 사람의 지도력 아래 또는 여러 사람이 뜻을 모아 공동체를 형성하고 유지하려는 노력은 인류의 역사에서 계속 반복되었다. 하나의 공동체가 형성되어 여러 세대를 이어가면서 유지되는 사례는 실제로는 드물다. 그만큼 공동체를 형성하려고 노력할 수는 있지만, 이를 유지하는 건 매우 어려운 일이다. 여기에는 많은 변수가 작용하고, 그 변수 중에는 공동체를 해체하게 만드는 힘으로 작용하는 게 있기 때문이다. 그렇지만, 인류는 지금까지 공동체를 형성하고 유지하려고 노력해 왔고, 개별 공동체는 해체된다고 하더라도 공동체를 형성하고 유지하려는 노력 자체는 중단되지 않고 계속 반복되고 있다. 이 점에서 공동체를 형성하고 유지하려는 노력은 다분히 실험적이라고 말할 수도 있다.[3] 다만, 이 실험은 중단되는 우여곡절을 겪으면서도 반복되고 있다.

무엇인가를 함께하는 사람들의 모임을 공동체로 호명하곤 한다. 그중 대표적인 게 마을공동체다. 마을공동체를 형성하고 유지하는 핵심 기제인 평생교육 또는 평생학습을 강조하여 평생교육마을공동체 또는 평생학습마을공동체가 정책 용어로 등장하고 있다. 마을의 맥락을 떠나 어디서든 학습을 강조하는 학습공동체가 널리 사용되기도 한다. 공동체를 형성하고 유지하는 데 교육이나 학습이 중요하다고 인식하고, 공동체가 지속되기를 기대하면서 평생교육이나 평생학습을 강조하기도 하지만, 공동체의 형성과 유지에는 정치, 경제, 사회, 문화 등 여러 부문이 개입되고, 이러한 부문들 역시 중요하다. 그러나 공동체는 함께하는 사람들이 뜻을 같이하거나 뜻을 같이하게 되기를 기대하는 전제가 있으므로 그러한 상태가 되는 과정에 개입하는 교육의 매개를 논외로

---

3) 코로나19로 전 세계적으로 국가 차원의 폐쇄가 일어나고 공급망이 붕괴하면서 지역마다 주민들은 생존에 위협을 느끼게 되었고, 이는 일부 지역에서 공동체 논의의 확산으로 이어졌으며, 논의에 그치지 않고 마을 단위에서부터 공동체를 실험하는 시도로도 이어졌다.

하는 것은 불가능하다.

특정한 사람들의 집단을 공동체로 호명할 수는 있지만, 그러한 호명이 공동체성을 보장해 주지는 않는다. 오히려 공동체에는 유지하는 걸 가능하게 하는 요인뿐만 아니라 해체되는 걸 가능하게 하는 요인이 공존하고 있으며, 집단 역동으로 공동체는 언제든 해체될 수 있다. 그만큼 공동체는 형성하는 것 못지않게 유지하기 위해 노력해야 하며, 특별한 노력을 하지 않아도 공동체가 유지되는 사례는 존재하지 않는다. 공동체를 구성하는 사람 모두 똑같은 강도로 노력하는 건 아니며, 여기서 공동체 형성 과정에서 그리고 공동체 유지 과정에서 누군가의 헌신이 있어야 한다는 유추가 가능하다. 뜻을 같이한다는 건 매우 추상적이며, 삶 속에서 구체적인 체험을 통해 그 가치를 내면화하는 과정이 반드시 수반되어야 한다. 이것이 저절로 이루어지지 않으므로 누군가의 기획과 이에 대한 다수의 동조가 있어야 한다.

실제로 공동체를 형성하고 유지하는 일은 매우 어렵다. 그런데도 왜 인간은 공동체를 형성하고 유지하려고 할까? 유네스코의 포르 보고서에서는 제2차 세계대전과 같은 참상을 반복하지 않으려면 인간의 존재 수준을 향상하는 것 이외에 다른 대안이 없는 것으로 보았다(Faure et al., 1972). 그러나 이후에도 국지적인 분쟁은 계속되었고, 인간이 인간을 향해 저지르는 폭력은 중단되지 않았다. 유네스코의 들로르 보고서에서는 이 문제가 인간의 더불어 사는 능력 부족에서 비롯되었다고 보았다(Delors et al., 1996). 더불어 사는 것도 저절로 이루어지는 게 아니라 그것을 가능하게 하는 능력이 뒷받침되어야 하며, 이 능력은 계속 향상되어야 한다. 유네스코 들로르 보고서는 당시 상황에 대한 비판적 분석이면서 동시에 인류가 끊임없이 지향해 온 비전의 반복적 제시이기도 하다. 인류에게는 함께 사는 공동체의 비전을 끊임없이 지향해 온 역사가 있다.

함께 사는 공동체는 무언의 집단이 아니다. 끊임없이 대화하며 서로의 생각을 나누고, 문제에 직면해도 이러한 방식은 그대로 유지된다. 서로 다른 생각을 할 수도 있으므로 문제에 대한 대안도 다를 수도 있다. 이러한 다름이 불편할 수도 있지만, 그러한 불편은 잠정적이다. 이 불편은 대화하면서 풀어가면 되기 때문이다. 뜻을 함께하면서 공동체를 형성했지만, 공동체를 형성하고 유지하는 과정에서 더욱 뜻을 함께하는 것의 가치를 인식하게 된다. 언제나 이런 긍정적인 흐름만 있는 건 아니지만, 그래도 그 가치 인식에서 오는 평안한 느낌 또는 성취감은 공동체의 유인가이기도 하다. 뜻을 함께한다면 꼭 함께 살지 않아도 된다. 이것이 멀리 떨어져 있어도 공동체를 형성하는 게 가능한 이유다. 그리고, 이것이 현재에도 여러 장면에서 공동체를 호출하는 이유다.

3. 선의에 대한 기대와 현실

공동체 또는 공동체를 지향하는 마을에서는 주민들의 선의를 기대한다. 이것은 인권을 존중하는 체제에서 일반적으로 볼 수 있는 현상이다. 그러나 어떤 나라에서도 완벽하게 인권을 존중하는 체제를 갖추고 있지 않을 뿐만 아니라 인권이 침해되는 사례는 수없이 많다. 어느 계층에 속하는지 또는 어떤 사회적 위치에 있는지 또는 어느 정도 정치적 영향력이 있는지에 따라 인권을 존중하는 범위가 다르고, 인권 존중을 표방하면서도 인권을 침해하는 것에 민감하지 않은 사례도 많다. 그러므로 다른 사람의 선의를 기대할 수는 있지만, 언제나 그 기대가 충족되리라는 보장은 없다. 이것은 다른 사람만이 아니라 자기 자신도 마찬가지다. 인간은 자기 이해관계를 초월하기 어려운 존재이기 때문이다.

최근 지역 소멸의 가능성이 언급되고 있다. 여기서 지역은 주민들이 사는 곳이므로 지역이 소멸한다는 것은 물리적 공간이 사라지는 게 아니라 그곳에서 사는 주민들이 사라지는 것이다. 지역 소멸은 한 지역의 인구만 감소하는 게 아니라 우리나라 전체의 인구가 감소하는 맥락과 맞물려 있다. 결혼하는 나이가 점점 많아지고 있고, 결혼하지 않는 사람도 증가하고 있다. 결혼할 수 있는 조건을 갖추는 것, 결혼하고 살아갈 집을 장만하는 것, 자녀를 낳아 양육하는 것, 가족을 부양하는 것, 어느 것 하나 간단하지 않다. 그래서 현실적인 판단에 따라 결혼하지 않거나 결혼하더라도 자녀를 낳지 않게 된다. 결과적으로 새로 태어나는 아이는 줄어들고, 고령층은 꾸준히 사망하다 보니 인구가 줄어들 수밖에 없다. 이러한 상황에서 결혼하고 자녀를 낳는 것이 좋다고 설득하고 당사자가 이에 따르는 선의를 기대하기는 어렵다.

주민이 줄어드는 비율에는 지역 간 편차가 있다. 이 비율이 큰 지역은 지역소멸 위험 지역이 된다. 행정 차원에서는 주민이 줄어드는 비율을 줄이기 위해 노력할 수밖에 없다. 현재 살고 있는 주민이 다른 지역으로 이주하지 않게 하고, 다른 지역에 사는 주민에게 유인가를 제공하여 이주해 오게 하는 다양한 방안을 모색하여 추진한다. 인구가 줄어드는 상황에서 한 곳의 주민이 늘면 다른 곳의 주민은 줄어들므로, 문제의 근본적 해결은 되지 않아 등장한 개념이 '관계 인구'다(田中輝美, 2021). 지역에 드나드는 사람이 증가하게 하는 방안을 모색하여 지역주민의 삶을 활성화한다면 실제로 인구가 늘어나는 것은 아니지만, 늘어나는 것과 같은 효과를 볼 수 있다. 이를 위해서는 지역에 오는 사람들을 환대해야 하고, 머무르는 기간을 늘리려는 사람에게 텃세를 부리지 않아야 한다. 사람들이 드나듦으로 인해 나타나는 역동과 이에 따른 유불리 판단에도 불구하고 이를 감내하는 주민들의 선의가 있어야 하는데 이 선의는 현실적으로 강제할 수 없다.

인구는 줄어들어도, 로봇이 보편화되지 않는 이상 지역주민의 일상적 삶의 편리를 챙기는 일자리를 줄이기는 어렵다. 이 일자리를 외국인 노동자들이 채우고 있다. 이들은 제1차 산업 분야는 물론 제2차, 제3차 산업 분야에서도 점점 증가하고 있다. 이제는 이들이 없는 지역의 삶을 상상하기조차 어렵게 되었다. 그리고 이들을 이웃에 두고 함께 살아가는 문제도 피할 수 없게 되었다. 이들을 둘러싸고 발생하는 다양한 이해관계와 여기서 비롯되는 문제도 피할 수 없게 되었다. 이들이 우리나라 또는 지역의 필요를 충족하고 있으므로 이들과 상생하는 삶을 주장할 수 있다. 다시 말하면, 이들을 공동체 형성과 유지에서 그림자 같은 변수가 아니라 중요한 변수로 고려해야 한다는 것이다. 그러나 이들을 포용하는 시민의식을 갖추고 있지 않은 주민에게 이들과 함께하는 삶의 비전을 받아들이는 선의를 당장 기대하기는 어렵다.

공공질서 또는 공중도덕은 어느 날 갑자기 형성되지 않는다. 오랜 시간의 흐름 속에서 그 가치를 체험하고 일상화하는 경험이 누적되어야 한다. 이 점에서 사람들의 선의는 전제하는 게 아니라 형성해 갈 걸 기대하는 것이다. 현실에서는 언제나 사람들의 선의를 비트는 상황이 존재하고, 선의를 무시할 수 있는 이해관계가 앞선다. 그러므로 기대하는 선의가 보이지 않는다는 걸 비판하기에 앞서 기대하는 선의가 어떻게 보이지 않게 되었는지 그 역동, 더 나아가 그 역사와 맥락을 살펴보아야 한다. 이러한 노력을 한다고 해서 기대하는 선의가 저절로 생겨나는 것도 아니다. 주민 스스로 그 가치를 인식하고 내면화하는 체험이 수반되어야 한다. 그렇게 하지 않으면 공동체 형성과 유지는 명분으로만 언급되고, 주민들의 일상적인 삶 속에 스며들지 못한다.

4. 서로 다름에서 출발

앞서 여러 사람이 뜻을 모아 공동체를 형성하고 유지하려고 노력한다고 언급하였다. 그러므로 공동체 형성과 유지에서는 여러 사람이 뜻을 모으는 게 앞선다. 뜻을 모아야 그다음에 공동체를 형성하고 유지하는 노력을 이어갈 수 있다. 그래서 공동체의 형성과 유지에서 뜻이 강조되는 경향이 있다. 그리고 그 뜻으로 인해 갈등하는 사태가 벌어지기도 한다. 시간의 흐름 속에서 뜻의 구현을 방해하는 엄연한 현실에 직면하기도 하고, 그 뜻에 대한 해석이나 구현의 범위 설정에 이견이 나타나기도 하기 때문이다. 사람은 입력된 대로 작동하는 기계가 아니라 삶의 경험을 통해 형성한 인지 체계에 따라 생각하고 행동하려는 성향이 있고, 삶의 경험이 똑같지 않으므로 이후의 전개는 다를 수밖에 없다.

누구도 서로 똑같지 않다. 뜻을 모아 공동체를 형성하고 유지하려고 노력한다고 하더라도 이 사실은 변하지 않는다. 오히려 서로 다름에도 불구하고 뜻을 함께한다는 전제 아래 서로 다른 부분을 인정하려고 하지 않을 때 문제가 발생하고, 이 문제는 분란을 거쳐 공동체의 해체로까지 이어질 수 있다. 서로 다른 사람에게 있는 서로 다른 소질과 적성을 토대로 뜻을 모아 함께 공동체를 형성하고 유지하려고 노력한다. 오히려 뜻을 모아 공동체를 형성하고 유지하려고 노력하는 가운데 서로 다른 소질과 적성을 최대한 활용할 때 그 노력이 더 지속 가능할 수 있다. 공동체는 홀로 존재하지 않고 공동체를 둘러싸고 있는 환경과 상호 작용해야 한다. 이 상호작용에 필요한 역량은 다양한 소질과 적성 중에서 부합할 가능성을 높인다.

누구나 똑같은 일을 똑같은 방식으로 해서 공동체가 유지되지는 않는다. 공동체도 하나의 모임이므로 여기에는 그 유지를 위한 다양한 역할 분담이 필요하다. 어떤 역할이든 적합한 능력이 필요하고, 이 능력은 저절로 형성되는 게 아니라 학습을 통해 형성된다. 그리고 이 학습의 강도와 밀도는 학습하는 당사자의 소질 및 적성과 밀접하게 관련되어 있다. 누구나 똑같은 재능을 가지고 태어나지 않으며, 선천적인 재능이 있다고 하더라도 사람이 다르면 그 재능이 발휘되는 양태 또는 세부 사항은 똑같을 수 없다. 그러므로 서로 다름은 출발점이며, 여기서 그 다름을 최대한 활용하여 상승 작용을 일으키는 게 관건이다. 그래야 형성한 공동체가 정체하지 않고 발전할 수 있다.

각 개인에게 공동체는 환경으로서 삶의 조건이 된다. 각 개인은 자기의 소질과 적성을 토대로 특정 분야에서 계속 향상해 나가야 하는 과제를 갖게 된다. 이 과제 수행 과정에서 느끼는 성장감, 그리고 이 과제의 수행이 다른 사람들에게도 도움이 되는 데서 오는 보람은 각자의 존재 수준과 맞물려 있다. 공동체가 존재 수준 향상에 도움이 되어야 하는데 어느 시점 이후로 걸림돌로 인식된다면 당사자에게 공동체는 살만한 터전이 될 수 없다. 그러므로 당장 뜻을 모아 공동체를 형성한다는 사실 못지않게 이후의 긴 여정을 염두에 두어야 하고, 이 여정에서 참여자의 삶의 질적 수준 향상이 중요한 고려 사항이 되어야 한다. 여기에 제한이 불가피한 상황이 벌어진다면, 당연히 긴 설득의 과정을 거쳐야 한다.

공동체를 형성한다고 해도 공동체는 다양한 상황을 겪고 다양한 문제를 해결해 나가야 한다. 현실의 복잡한 문제를 해결하려고 공동체를 형성하지만, 그 문제는 저절로 해결되지 않으므로 공동체를 구성하는 사람들이 각자의 위치에서 역량을 발휘하여 그 문제를 해결해 나가야 한다. 여기서 누군가 지시하면서 일을 시키고 이에 복종할 것을 요구하면 그 관계는 협력적이지 않을 수 있다. 공동체에서 누군가 앞에 나서는 사람은 있지만, 그는 다른 사람들을 위해 그렇게 하는 게 아니라 다른 사람들과 함께하기 위해 그렇게 하는 것이다. 그러므로 공동체의 성취는 한 사람에게 수렴되는 게 아니라 모두에게 공유된다. 이러한 공유가 공동체에서 사람들의 공공성에 대한 인식을 더욱 강화한다.

5. 대화로 푸는 불편

함께 살아가는 사람에 대해서도 속속들이 아는 데는 한계가 있다. 누구에게나 다른 사람이 알기 어려운 여지가 있고, 아무나 알지 않았으면 하는 부분도 있다. 누구와 어떤 상황에서 이야기하는지에 따라 똑같은 이야기가 다른 의미로 다가오기도 한다. 그러므로 서로를 이해하기 위한 이야기 나눔, 즉 대화가 필요하다. 마을주민들은 언제나 오해의 여지를 안고 살아간다. 실제로 오해하기도 하고, 그 오해로 인해 갈등하기도 하지만, 이러한 상황을 오래 끌지 않는 건 갈등에서 오는 불편에서 벗어나서 함께하고자 하는 지향이 있기 때문이다. 불편하다면 대화해야 하고, 대화 과정에서 오해를 풀고, 대화 이후에 갈등 상황에서 벗어날 수 있다. 그러나 여기에 자존심이 걸리면 먼저 대화에 나서기 어렵게 되고, 서로 외면하는 기간이 길어진다. 극단적으로는 이것이 공동체를 해체하는 약한 고리가 될 수도 있다.

뜻을 모아 마을에서 공동체를 형성하는 데 나섰어도 누군가 강하게 자기주장을 하고, 다른 사람의 의견을 경청하지 않는 모습을 보이면, 의견을 낸 당사자뿐만 아니라 경청할 마음의 자세가 되어 있는 다른 사람들까지 마음의 상처를 입을 수 있다. 함께하는 공동체가 아니라 자기주장을 하는 사람의 소유물로 인식되고, 다른 사람들은 들러리가 되는 것처럼 인식될 때 뜻은 바래지고, 함께하고 싶은 마음은 약해진다. 자기주장만 강하게 하는 사람이 다른 사람들의 이러한 인식과 마음을 눈치채지도 못하고 자기 제어를 하지 못한다면 그와 함께할 명분도 이유도 약해질 수밖에 없다. 이러한 상태가 지속되면 결국 공동체는 해체될 수밖에 없다. 함께하기 위해서 공동체를 형성한 것이지 누군가 스스로 돋보이려고 하는 데 들러리 서려고 뜻을 모은 게 아니기 때문이다.

사람들 간의 상호작용 관계 체제(이를 '사회'라고 한다)에서 불합리하고 부조리한 것을 인식하고 이를 개선하거나 개혁하려는 뜻을 모은 사람들이 모임을 구성한다. 처음에는 뜻을 구현하기 위해 노력하지만, 그 모임이 하나의 조직이 되어 활동의 유형이 정착되면 뜻의 구현 못지않게 조직을 운영하는 데 주력하게 된다. 함께 논의하고 결정하는 게 아니라 소수가 또는 한 사람이 주로 결정하고 다른 사람들은 이를 수용하고 따르기만 하는 관행이 형성된다. 여기서 대화는 확장성을 갖지 못한다. 더 많은 사람이 참여하여 대화를 나누는 건 효율적이지 않은 걸로 간주한다. 그렇게 되면 공동체를 형성하고 유지하려는 뜻을 모은 사람들은 뜻을 구현한다고 표명하며 활동하는 과정 내내 함께하고 있다는 느낌을 점점 상실해 간다.

뭔가 뜻과 다르게 돌아가고 있다는 걸 감지한 사람들이 이에 대해 문제제기하고, 비판적으로 성찰하며 자기 점검을 철저히 해보자고 권유해도 이를 당사자에 대한 부정적 비판으로 받아들이고 불편한 감정을 드러낸다. 이러한 감정은 언어로도 표현되어 권유한 사람 역시 불편해지고, 이 불편함은 다시 언어로도 표현된다. 이러한 상황은 결국 말다툼으로 이어지고, 말다툼하는 걸 대화라고 볼 수는 없다. 말하지만 대화는 하지 않는 상황이 계속되고, 비판적 성찰 또는 자기 점검을 할 수밖에 없는 불가피한 사건이 벌어지지 않는 한, 이 상황은 되돌려지지 않는다(서근원, 2013). 뜻이 분명하면 분명할수록, 여기에 대단한 결기가 수반되면 수반될수록 그로부터 구축된 틀에 구속되기 쉽고, 결국 함께할 사람이 배경이나 수단이 되지만, 이를 인식조차 하지 못한다.

뜻을 함께해도 뜻을 구현하는 과정에서 구체적인 일과 관련하여 언제나 이견이 있을 수 있다. 똑같은 사람이 아니므로 이견이 있는 건 당연하다. 문제는 '이 이견에 어떻게 대처하는가?'이다. 이견이 있다는 게 불편할 수 있다. 이러한 불편은 내적으로 어긋남이 있다는 것이다. 여기서 필요한 건 이 어긋남이 어떻게 나타나게 되었는지 알아내는 것이다. 이에 대한 대답을 혼자서 상상하는 것만으로는 얻을 수 없다. 그것은 어긋남의 접점에 있는 사람들이 대화(필요하다면 긴 대화)해 보아야만 비로소 알 수 있다(서근원, 2013). 이러한 대화는 비판적 성찰이나 자기 점검을 수반한다. 일상에서 대화하는 건 뜻을 모아 함께하기 위한 것이고, 갈등의 상황에서는 함께하던 이전과 같은 모습으로 돌아가기 위한 것이다.

6. 차이 나는 반복

마을에서 일상은 반복되며, 일 년 단위의 흐름도 반복된다. 마을에서는 사람들의 어우러짐이 있고 관계의 역동이 불가피하므로 반복의 양태는 완전히 똑같을 수 없다. 반복에 일정한 유형이 있고 흐름이 있으므로 내일의 일을 정확히 예측할 수는 없지만, 대충 예상하는 건 가능하다. 매일 완벽하게 다른 일상을 살아가야 한다면 아마도 예측 불가능성에서 오는 긴장을 견디기 어려울 것이다. 매일 세부 사항에서 미세한 차이가 있지만, 그 차이를 무시할 수 있을 정도로 유사한 일상으로 인해 마을에서 주민들은 긴장을 풀고 일상을 살아갈 수 있다. 그러나 해결해야 할 문제에 직면한다면 사정은 달라진다. 마을은 마을을 둘러싸고 있는 지역체제, 국가체제, 세계체제와 맞물려 있으므로 주민들이 마을 안에서 자족적으로 살아가는 데는 한계가 있다.

한 지역에서 '마을성'을 되살리는 차원에서 '마을 만들기'를 시도하는 정책 사업을 추진해 왔다(이규선, 2017). 이 과정에서 아파트 단지도 마을로 인식되기 시작하였다. 아파트 단지에는 아이들을 위한 놀이터도 있고, 아파트 관리를 전담하는 사무소도 있고, 여기에는 아파트 운영에 참여하는 운영진이 모이는 장소도 있다. 경로사상의 영향으로 아파트 단지에는 반드시 노년을 위한 시설도 있다. 주택 단지에는 골목이 있지만, 아파트 단지에는 엘리베이터가 있다. 엘리베이터를 같이 타고 내리면서 인사를 하므로 '마을 만들기'를 하면서 엘리베이터를 '세로 골목'으로 명명하게 되었다. 호명이 달라지면 의식의 지향에 변화가 생긴다. 그래서 아파트 단지는 예전처럼 익명성을 존중하는 데 안주하지 않고 주민들끼리 새로운 시도를 하는 데까지 나아가고 있다. 아파트 단지에서 학습하는 모임을 만들고, 학습의 성과를 드러내는 학습 축제를 여는 게 그 대표적인 예다.

아파트 단지를 마을로 호명한다고 해서 주민들이 곧바로 아파트 단지를 마을로 인식하는 건 아니다. 아파트 단지를 마을로 인식하고 운영한 사례가 전혀 없는 상태라면 여기에는 누군가의 개입이 있어야 한다. 지역활동가 중에는 마을 만들기에 관심이 있는 사람이 있고, 이들이 모여 만든 조직이 비영리민간 단체로서 마을 만들기 사업을 수행하는 중간지원조직이 될 수 있다. 아파트 운영진을 포함하여 주민들은 마을 만들기가 생소하지만 중간지원조직과 함께 하면서 아파트 단지를 마을로 재구조화하는 게 가능하고 의미가 있다는 걸 체험하게 된다. 여기에 앞장서는 주민은 이전보다 더 많은 고민과 수고를 해야 하고, 생소한 일을 하면서 이견으로 갈등하기도 하지만, 마을의 가치를 체험하기 이전의 상태로 되돌아갈 수 없다는 결심을 하기도 한다. 마을 만들기 사업으로 함께한 중간지원조직이므로 사업의 종료와 함께 이 조직은 물러나야 한다. 그 자리를 앞서 언급한 결심을 한 주민들이 채우면, 아파트 단지 주민의 자치는 새로운 단계로 나아가게 된다.

평생직업 시대를 맞이하고, 100세 시대까지 맞이하고 보니, 직업 전환을 위한 학습 또는 여가 선용을 위한 학습이 하나의 흐름을 형성하게 되었다. 순전히 홀로 하는 학습도 가능하지만, 일반적으로 프로그램으로 진행하는 교육의 장에 참여하여 학습하는 게 보편화되고 있다. 「평생교육법」에서는 읍·면·동 단위에서 참여할 수 있는 교육의 장을 '평생학습센터'로 명명하고, 이를 활성화하는 것을 기초자치단체 장의 직무로 규정하고 있다. 실제로 서울특별시에서는 읍·면·동보다 작은 동네에서 학습이 활성화되도록 '동네배움터' 사업을 추진해 왔다. 한동네 살면서도 삶의 배경이 다른 주민들이 함께 학습할 분야에 참여한다는 건 생소한 일이었다. 그러나 점점 주민들은 함께 학습하는 데 익숙해지고 있고, 학습의 성과를 마을의 발전으로까지 이어가는 시도도 하고 있다.[4)]

4) 지역을 재생하거나 사회적 경제를 정착시키거나 주민자치가 이루어지게 하는 등 마을을 기반으로 하는 사업은 마을 만들기 사업 또는 마을공동체 사업으로 범주화할 수 있는데,

익숙한 삶의 방식에 안주하지 않고 삶의 질적 수준을 향상하는 방안을 모색하고, 이를 구체적으로 실천하려고 노력한다. 삶은 반복되지만, 삶에는 어제와 오늘, 그리고 내일 차이가 난다. 이 과정에서 뜻을 모으고 함께하는 모임을 만들고, 오래된 미래 같은 공동체의 형성과 유지를 지향한다. 이전에는 나의 마을이나 너의 마을로 서로를 침해하지 않는 한 문제 될 게 없었지만, 이제는 나와 이웃이 어우러지는 우리 마을로 살만한 곳으로 만드는 일에 함께 나서고 있다. 마을주민 모두 그렇게 할 수 없는 사례가 대다수다. 그러나 상대적으로 소수가 나서더라도 다수가 이를 지지하고 지원한다.[5] 이것은 환대와 돌봄이 있는 마을의 가치를 인정하고, 이 가치를 구현하기 위해 가능한 범위에서 차이를 내는 게 마을살이에 활력을 불러온다는 걸 인정하기 때문이다.

7. 존재 수준 향상 실험

나의 마을과 너의 마을에서 머물지 않고 우리의 마을로 만들어 가려면 그러한 방향으로 뜻을 모아야 하고, 결과적으로 공동체의 형성과 유지를 지향해야 한다. 여기에는 인식의 전환이 수반되어야 하고, 마을공동체 형성과 유지에 필요한 역량을 함양하고 증진해야 한다. 이것을 가능하게 하는 게 교육이고,

---

이러한 사업을 통해 한편으로 주민들 사이에서 다양한 학습이 진행되고 있고, 다른 한편으로 이를 매개하는 마을활동가의 역할이 확대되고 있다.

5) 마을을 살만한 곳으로 만드는 데 먼저 나서는 사람이 마을활동가다. 이들이 처음부터 마을 일에 높은 관심을 가졌던 것도 아니고 마을 일을 잘했던 것도 아니다. 이들은 누군가 마을 일에 나서야 한다고 판단하고 자기가 나선 것이며, 마을 일을 하려고 주민 모임을 꾸리고 주민조직을 만들어 나가면서 공동체의 형성과 유지의 중요성을 인식하고 관련 역량도 향상해 나갔다고 볼 수 있다. 이를 옆에서 지켜본 마을주민들이 이들을 지지하고 지원하게 된다. 이러한 흐름에는 우여곡절이 있으며, 따라서 우연에 맡기기보다는 긴 호흡으로 마을 일을 챙기고 함께 참여하는 방식으로 활동하게 하는 기획이 필요하다.

개인의 위치에서 보면 학습이 필요하다. 학습은 배우고 익히는 것으로, 인지적인 차원에서 아는 것만이 아니라 기술적 차원에서 아는 것과 관계적 차원에서 아는 것까지 다 포함한다. 다시 말하면, 지식과 기술과 태도가 다 적절하게 갖추어져야 한 단계의 학습이 마무리된다. 여기에는 절대적으로 시간이 필요하고, 체험이 수반되어야 한다. 그렇지 않으면 피상적 앎의 수준에 머무르고, 학습은 중도 정지되고 만다.

제2차 세계대전으로 유네스코와 같은 국제기구가 만들어지고, 여기서 과거를 비판적으로 성찰하면서 존재의 수준을 향상하는 학습, 즉 『존재 학습(Learning to be)』의 필요성과 중요성을 역설하였지만(Faure et al., 1972), 당시에는 이를 받아들이는 데 한계가 있었다. 제2차 세계대전으로 인류의 분쟁과 전쟁은 끝나지 않았고, 이후에도 분쟁과 전쟁이 계속 이어졌다. 분쟁이나 전쟁에 나서는 데 명분이 없는 것은 아니지만, 그 명분으로 인해 벌어진 분쟁과 전쟁으로 타인이 비인간으로 취급당하고, 타인을 비인간으로 취급하는 인간의 반인간성을 드러내는 문제는 반복되었다(Nussbaum, 2020). 이 문제는 인간이 자기의 존재 수준을 향상하지 않는 한 극복하거나 해결할 수 없다. 비록 유네스코의 보고서 『존재 학습』이 미친 파장이 세상을 바꿀 정도는 아니었지만, 적어도 교육의 맥락에서 존재 학습이 매우 중요하다는 화두를 던진 셈이다.

제2차 세계대전에서 자행된 일본군의 '마루타 실험'에서 알 수 있듯이, 인간에게 인간이 가장 위험한 존재일 수 있다. 그러나 인간에게는 이러한 잔인한 면 못지않게 타인에 대한 연민으로 자기희생도 감수하거나 자기의 존재 수준을 향상하면서 타인의 존재 수준 향상에도 헌신하는 면도 있다. 인류는 이들을 성인 또는 성현[6]의 반열에 올려놓고, 상대적으로 소수이긴 하지만, 그들과 같은 수준에 올라가려고 노력하는 흐름을 이어가고 있다. 이들이 미치는 파장

---

6) 이들은 이미 죽은 자일 수 있지만, 마치 살아 있는 존재처럼 우리에게 영향을 미친다(內田樹, 2023).

은 가볍지 않으며, 이들은 인류가 자기의 존재 수준을 가늠하는 기준이 되고 있다. 여기서 거의 극단적인 예를 들었지만, 유사한 모습은 우리나라에서도 볼 수 있고, 우리 마을에서도 볼 수 있다.

앞서 언급한 것처럼 마을에서 주민들은 서로 다른 삶의 경로를 거쳐 왔으므로 이들에게는 공유하는 문화 못지않게 공유하지 않는 문화도 있다. 공유하지 않는 문화가 있다는 건 그만큼 세상을 다르게 바라보는 여지가 있다는 것이다. 이것이 서로를 파괴하는 힘으로 작용하지 않는다면 이를 인정하고 함께하는 데 유용한 자산으로 활용할 수 있다. 서로 다름을 분쟁의 꼬투리로 삼지 않고 상생의 자원으로 인식할 때 이를 어떻게 활용할 것인지를 두고 대화하는 게 가능하다. 이것은 또한 현재에 집착하지 않고, 더 나은 미래를 조망하는 시야를 갖출 때 가능하다. 이러한 포용력과 탄력성은 일상을 반복하면서도 차이를 내려는 노력으로 갖출 수 있다.

마을활동가는 마을주민의 삶의 질적 수준을 향상하는 데 함께하려고 분주하게 움직인다. 그러나 이를 곱지 않은 시선으로 보는 주민이 있으며, 이들이 이렇게 하는 데는 나름의 이유가 있다. 마을활동가의 활동이 자기에게 충분히 이해되지 않았을 수도 있고, 이전 마을활동가의 부정적인 변신에 환멸을 느꼈을 수도 있다. 그러나 이들에게 자기 일과 주민들의 일이 분리되지 않고, 그러한 미분리로 자기의 개인적인 일이 뒤로 미루어지는 사례가 많다는 것은 부정할 수 없다. 이들은 남들이 하지 않는 일을 실험하고 있다. 바로 마을공동체의 형성과 유지에 관한 실험이다.[7] 이것은 인류 역사에서 끊임없이 실패하면서도

---

7) 이 실험을 마을활동가가 주도해서 이끌어가는 방식으로 할 수도 있지만, 주민들과 함께 마을공동체를 형성하고 유지하기 위해 해결해야 할 문제를 찾고 대안을 모색하고 실행하는 방식으로 할 수도 있다. 후자는 실행연구 또는 실천연구의 성격이 있으며, 이러한 연구는 학습을 매개로 더 잘 살아가는 방안을 실험한다는 점에서 '학습 리빙 랩'과도 맞닿아 있다. 대전광역시 서구의 '주민연구자 과정'(지희숙 · 윤여각 · 김미순 · 최윤예, 2022)은 이를 잘 보여주는 사례다.

반복하고 있는 실험이다. 그리고 그 실패와 반복에는 인간의 존재 수준 향상이 맞물려 있다. 즉, 마을공동체를 형성하고 유지하는 데 참여하는 사람들의 존재 수준이 향상하지 않아 실패하는데, 그 존재 수준 향상의 과제를 이어가려는 사람들이 그 일을 반복하고 있다.[8] 그러므로 우리 마을 만들기는 우리의 한계와 가능성을 다 품고 있다고 말할 수 있다.

---

8) 마을활동가는 누구보다도 마을살이에서 존재 수준 향상의 필요성을 절감하는 상황에 놓여 있다고 말할 수 있다. 그래서 먼저 자기 성장, 그리고 이조차 넘어서는 자기 성숙에 이르는 자기 학습에 주목하고, 이를 집단학습으로까지 확장하는 시도를 한다.

제 3 부

미래 의제와 접속: 모두를 위한 평생교육의 방향과 과제

제10장 미래사회 대비 지역 평생교육 프로그램 개발[1)]

미래사회는 아직 오지 않은 사회이지만, 우리는 미래사회를 예상하면서 현재에서 미래사회에 대비하기도 한다. 물론, 우리가 어떻게 대비하는지에 따라 우리가 예상했던 미래사회는 다른 양태를 보일 수도 있다. '현재와 같은 삶의 방식을 지속한다면'이라는 전제를 가지고 미래사회를 예상하기 때문에 현재의 삶의 방식을 조금만 틀어도 예상하는 미래사회의 양태는 달라지는 것이다. 여기서 달라지는 미래사회의 양태는 우리가 기대하는 것이어야 한다. 최근에 우리가 기대하는 미래사회를 맞이하기 위해 지역에 관심을 기울이는 흐름이 나타나고 있다. 교육계에서는 이를 적합한 교육 프로그램 개발로 시도하고 있다.

1. 지역평생교육의 모습

'지역평생교육' 하면 사람들은 지역에 별도 영역으로 존재하는 평생교육을 생각하는 경향이 있다. 이러한 경향이 있다는 것은 현실이지만, 유네스코를

1) 이 글은 2022년 7월 28일 경기평생교육학습관이 주최한 "지역교육공동체 기반 학교평생교육 역량 강화 연수"에서 발표하였다.

중심으로 평생교육 개념을 확산한 취지에 비추어 보면, 그것은 타당하지 않다. 평생교육은 다양한 장에서 진행하는 교육을 분절하지 않고 통합적으로 조망하는 개념이며, 한 개인으로 보면 평생의 시점에서 참여하는 모든 교육을 분절하지 않고 통합적으로 조망하는 개념이다. 그러므로 '지역평생교육'은 지역에서 언제 어디서나 어떤 수준에서든 진행하는 모든 교육을 분절하지 않고 통합적으로 조망하는 개념이다.

「평생교육법」에서는 「초·중등교육법」과 「고등교육법」에서 다루는 교육과 중복을 피하는 차원에서 이를 제외한 나머지 교육에 대해 다루고 있다. 이러한 법률적 조치를 학술적 개념으로 대체하는 것은 타당하지 않다. 그러나 현실적으로 법률의 영향력은 막대하다. 「평생교육법」에서 평생교육을 학교의 정규교과과정을 제외한 체계적인 교육으로 규정함으로써 평생교육은 학교의 정규교과과정이 아니라면 학교에서 진행하는 어떤 체계적인 교육도 포괄하게 되었으며, 학교 밖에서 진행하는 교육도 체계적으로 진행한다면 다 포괄하게 되었다. 다만, 학교 안이든 밖이든 체계적으로 진행하지 않는 교육이라면 법률상의 평생교육에서는 배제된다. 체계적으로 진행하는 교육은 프로그램으로 설계하여 진행하는 교육이다.

결과적으로 법률상의 평생교육에서는 프로그램으로 진행하지 않는 교육은 다 배제된다. 그런데 프로그램으로 진행하는 교육보다 프로그램으로 진행하지 않는 교육의 비중이 더 크다는 것은 상식에 속한다. 가정에서 진행하는 교육이나 직업 세계의 작업 현장에서 진행하는 교육은 대부분 프로그램 없이 필요하다고 판단하면 즉각 실행한다. 지역에서는 언제 어디서나 어떤 수준에서든 앎의 수준이 상대적으로 높은 사람이 교수자가 되어 앎의 수준이 낮은 사람을 학습자로 하여 교수 활동을 전개할 수 있다. 역으로 지역에서는 언제 어디서나 어떤 수준에서든 앎의 수준이 상대적으로 낮은 사람이 학습자가 되어 앎의 수준이 높은 사람의 조력을 받으며 학습 활동을 전개할 수 있다. 이렇게 보면,

지역에서는 엄청난 규모로 교육이 진행되고 있음을 알 수 있다.

코로나19의 여파로 사회적 거리 두기가 시행되면서 프로그램으로 진행하는 교육은 중단되기도 하였다. 그러나 사람이 더불어 사는 곳에서 교육은 중단되지 않는다. 언제 어디서 어떤 수준에서든 교육을 진행하고, 비록 이런저런 어려움이 있다고 하더라도 이를 극복하는 방안을 찾아 어떻게든 교육을 진행한다. 그리고 프로그램으로 진행하는 교육을 다른 양태로라도 복원한다. 디지털 전환으로 가능하게 된 온택트(on-tact)로 진행한 교육이 그 대표적인 예다. 교육계는 멀리 떨어져 있어 참여하기 어려운 문제, 정해진 시간대에 참여할 수 없는 문제, 직접 대면할 수 없는 문제를 해결해 온 역사를 보여준다. 컴퓨터의 발달에 따라 인터넷 안에서 또는 인터넷을 매개로 엄청난 규모로 교육의 장이 열리는 모습은 이제 당연시되고 있다.

삶의 거의 모든 영역에서 디지털 전환이 진행되고, 이 과정에서 시간과 장소와 수준에서 비롯되는 문제들이 불가능한 상태에서 가능한 상태로 개선됨에 따라 지역에서의 삶이 새롭게 조망되고 있다. 실제로 대규모를 지향하는 자본주의에서 벗어나 소규모로 재생 가능한 자본주의를 지향하는 흐름(Schumacher, 2013)이 이어지고 있고, 오래된 미래를 현재에서 되살리려는 흐름(Norberg-Hodge, 2007)도 이어지고 있으며, 이러한 흐름은 지역에서 새로운 미래를 찾는 노력으로 수렴되고 있다(조희정, 2021). 현재도 지역은 국가체제 및 세계체제와 맞물려 있다. 미래에 지역은 현재보다 더 국가체제 및 세계체계와 연결되고, 지역에 있음으로써 발생하는 불편이 완화되거나 해소되는 방향으로 진화할 것이다. 그러면 지역에 거주하면서 참여하는 평생교육의 영역이 더 확대되고 기회 역시 확대될 것이다.

2. 지역에 관한 관심

국가가 형성된 이후 최고지도자가 머무는 곳은 번창하였고, 진전된 문명의 이기들이 주는 편리함으로 매혹적인 곳이었다. 그만큼 그곳에서는 권력을 둘러싼 암투가 있고, 부의 축적을 둘러싼 착취가 있고, 무엇보다도 권력에서 밀려나 있거나 부를 축적하지 못한 사람들을 수단시하는 욕망이 꿈틀거렸다. 그래서 가장 문명화된 곳에서 가장 타락한 모습이 나타나고, 죄악이 난무하고, 권력과 부의 양극화가 점점 심화하였다. 산업화가 진행되면서 사람들이 일자리를 찾아 이동하였고, 사람들이 몰리는 곳을 중심으로 도시화가 진행되었다. 국가의 수도 같은 곳은 대도시가 되었다. 국민은 대도시에 사는 것을 선호하였고, 대도시의 주변부 인생보다 여유 있는 인생을 살더라도 농산어촌 주민들은 뭔가 부족하거나 미흡한 존재로 인식하였다.

도시에서 더 많은 기회가 열리는 것으로 인식하다 보니 농산어촌에서 도시로 이주하는 흐름이 계속 이어졌다. 그래서 농산어촌에 새로운 인구가 유입되지 않고 도시로 나가기만 하니 남아 있는 사람은 그래도 고향을 떠나지 못하는 노인뿐이다. 이들이 다 죽고 나면 그곳에 사는 사람은 한 명도 남지 않게 된다. 결과적으로 나타나게 될 이러한 흐름을 예견하면서 '지역 소멸'이 심각하게 대처해야 할 문제로 등장하였다. 전체적으로 인구가 줄어들고 있는데, 지역 소멸의 조짐도 보이므로 기초자치단체와 그 이하 행정 단위에서는 심각한 국면이 도래하게 된 것이다. 생산가능인구가 줄어들면 세수가 줄어들고, 지역 재정 여건이 열악해질 수밖에 없고, 중앙과의 관계에서 종속적인 상태를 벗어나기 어렵다.

지역을 '위기'의 관점에서만 바라보았는데 MZ세대가 등장하면서 다른 방식의 사유와 실천이 나타나게 되었다. 그 이전에도 산업화나 도시화에 대한 저항이 없었던 것은 아니지만, 지나친 산업화나 도시화로 인해, 앞서 언급한 바와 같은 정의롭지 못한 모습에 대해 혐오의 감정이 강하지는 않았다. 무엇보다도 양극화로 인해 아무리 노력해도 더 이상 어찌하지 못하고 제자리걸음을 하거나 뒤처지는 자신을 보면서 그런 현실이 아니라 그런 현실이 되게 한 힘들에 대한 혐오의 감정이 강해졌다. 이들에 의해 '헬조선' 담론이 등장하고 '탈조선'이 시도되었지만, 현실이 더 나아진 것은 아니다(강정석, 2016: 135-152). 이들이 찾은 돌파구 중 하나가 지역의 가치 재발견이다.

대도시에만 자원이 풍부한 것은 아니다. 대도시가 아닌 지역에도 자원이 가득하며, 그것은 자연과 사람이 남긴 흔적이 있고, 현재도 자연과 사람이 존재하기 때문이다. 다만, 어떤 것이든 자원으로 규정하는 것은 사람이고, 그 사람이 무엇을 자원으로 규정하는지에 따라 자원의 범주와 가치가 달라진다. 대도시에 있는 사람들이 다양한 이유로 지역을 찾는다. 그들 나름으로 지역에 가치를 부여하면서 지역을 찾는다. 그러나 지역주민들이 지역에 어떤 가치를 부여하는지에 따라 그 가치가 대도시 사람들 또는 다른 지역 사람들을 유인할 수도 있다. 여기서 인식의 전환 또는 발상의 전환이 요구되며, MZ세대가 이에 앞장서는 모습을 보인다.

지역이 대도시 주민들을 위한 물품을 제공하는 생산지가 되고, 여기에 지역주민들이 동원될 때 위험의 외주화 또는 힘든 노동의 외주화와 같은 현상이 벌어지기도 하며, 지역이 황폐해지기도 한다. 이런 현상은 국가 간에도 일어난다. 다른 나라에서 수익을 창출하는 사업을 하면서 현지 주민들을 저렴한 임금을 주고 활용하고, 그들의 삶의 질을 조금이라도 나은 방향으로 유도하는 별도의 프로그램을 가동하지 않으면 국가 간 양극화를 피할 수 없다. UN에서는 우리나라가 다른 나라에서 사업을 하면서 상생의 길을 찾으려고 하고, 특히 원조를 제공하는 다양한 사업에서 그곳 주민들과 함께하고 그들과 상생하기 위해 노력하는 모습에 대해 긍정적으로 평가하고 있다. 코로나19 팬데믹을 거치며, 격차가 있는 국가 간 그리고 한 국가 내에서 지역 간 상생의 길을 모색해 나갈 필요성을 절감하면서 지역 간 연계를 중시하는 글로컬라이제이션(glocalization)이 다시 주목받고 있다(안희경, 2020: 23-27).

3. 각자의 관심에서 우리의 관심으로

자본주의가 진전되면서 생산자가 만들어 낸 상품을 소비자가 구매하는 양태가 삶의 전반에 퍼지게 되었다. 소비자 측에서 보면, 필요한 상품을 제공해 주는 모든 사람은 서비스 제공자가 된다. 상품을 구매할 능력이 있다면, 세상은 소비자 개인 중심으로 돌아가는 것처럼 보일 수 있다. 그래서 더 많은 부를 축적하고, 결과적으로 더 많은 구매력을 갖추기 위해 노력하는 삶을 살게 되고, 이러한 삶이 표준으로 인식된다. 이러한 흐름 속에서 개인주의는 더욱 강화된다. 내가 나에게 갖는 관심만큼 타인에게 관심을 가질 필요도 없고, 만약 그러한 사람이 있다면 그는 특이한 존재로 인식된다.

대도시 회사원이라면, 아침에 일어나 집에서 회사로 출근하고, 다시 회사에서 퇴근하여 집으로 가서 쉬고 자는 생활이 반복된다. 그래서 집이 있는 지역에서 주민들이 사는 삶이나 회사가 있는 지역에서 주민들이 사는 삶에 관한 관심은 거의 없다. 농산어촌에 사는 주민이라면 이웃과 소통하는 삶이 일상화되어 있어서 이웃의 삶에 관한 관심이 많다. 그러나 대도시에 물품을 제공하는 일정이 바쁘면 농산어촌에 살아도 이웃의 삶을 돌아볼 여력이 없다. 그래서 지역을 떠나는 결정을 해도 과거의 주민들처럼 미련이 크게 남지 않는다. 각자도생이 보편적인 사회에서 일차적인 관심은 자기 자신이며, 타인은 이차적인 관심의 대상일 뿐이다.

이러한 흐름 속에서도 처음부터 어려움을 겪는 이웃에게 관심을 두고 어떻게든 조력하려는 사람이 있다. 약자라고 판단되는 사람과 함께하면서 그들에게 어떤 식으로든 도움이 되고자 하는 사람을 '지역활동가'라고 한다. 지역활동가는 대도시 주변부에서 그리고 농산어촌에서 주민들의 삶의 질을 향상하는 데 앞장선다. 다 그런 것은 아니지만, 그것을 자기가 한 일이라고 자랑하기보다는 그들이 스스로 그렇게 하는 수준에 이르지 못한 것을 더 아쉬워한다. 다시 말하면, 불가피하게 개인주의에 빠져 자기 삶의 울타리에서 빠져나오지 못하는 사람들에게 손을 내밀고 오히려 그들이 홀로서기를 할 수 있도록 조력하는 사람들이 존재해 온 것이다. 이들에게 지역은 다양한 방식의 소외가 만연하는 곳이지만, 이 소외를 해결해야 할 도전과제가 있는 곳으로 인식된다.

자본주의는 단기간의 이윤 창출에 주목하게 하고, 그래서 사람들에게 자기의 삶을 이에 최적화시키는 적응을 하게 한다. 여기에서 경쟁이 불가피하고, 경쟁에 내몰리는 삶 역시 불가피해진다. 이러한 삶에서 비롯된 피로가 누적되어 여기서 벗어나고자 하는 사람들이 귀농이나 귀촌을 시도하기도 하였다. 그러나 개인 차원의 귀농이나 귀촌으로 자본주의가 안고 있는 문제가 해결되는 것은 아니다. 코로나19 팬데믹은 자본주의가 안고 있는 문제를 적나라하게 드러내는 계기가 되었다. 자원의 공급망이 생각만큼 탄탄하지 않다는 것을 확인하게 되었고, 복잡하게 연결되어 있는 고리 중 어느 것 하나라도 끊어지는 문제가 발생해도 자본이 해결하는 데 한계가 있다는 것을 확인하게 되었다. 신뢰 자본의 중요성이 다시 강조되고 있고, 그 연장선에서 '홀로 성장하는 시대는 끝났다'(이소영, 2019)는 선언도 가능하게 되었다.

여기서 다시 주목받는 개념이 '공동체'다. 공동체는 완결된 형태로 존재하는 것이 아니라 지향해 나가는 진행형의 개념이다. 현재와 같은 삶의 방식을 고수한다면 위험에 처하게 될 것이 예상되는 사회(Beck, 1997)에서 서로 환대하고 돌보는 게 일상화되어 있는 공동체를 지향하는 것은 당연하다(조한혜정, 2014). 조한혜정(2006)에 의하면, 가정에서 학교로 교육의 중심축이 이동했고, 이제는 다시 그 축이 마을로 이동하는 흐름이 나타나고 있다. 그래서 다시 마을에 주목하기 시작했고(조한혜정, 2007), 교육부에서 평생학습도시를 선정하고 지정하는 사업은 기초자치단체를 넘어 마을에서 '평생학습'을 화두로 삼게 하였다. 이러한 흐름은 각자 자기에게 한정된 관심에서 자기를 포함한 우리에 관한 관심으로 확장되는 변화를 만들어 내고 있다.

4. 지역 자치

중앙에서 모든 걸 통제하는 방식을 취할 때 그 기준은 표준화된다. 표준화된 기준에 맞추다 보면 지역의 특이성은 약해진다. 지역의 특이성을 존중하고 배려할 이유가 없기 때문이다. 그러나 우리나라에서 군부독재를 청산하고 민주적인 방식을 도입하면서 중앙에서 지역으로 내려가는 방식의 행정을 축소하고 지역에서 자치적으로 행정을 하는 여지를 확대하는 방향으로 점점 전환하고 있다. 여전히 재정자립도가 낮아서 중앙에 의존하는 비중이 높은 지역이 존재하고, 중앙 역시 권한의 대부분을 지역에 이양하는 것에 주저하는 경향이 남아 있다. 그러나 지역의 자치가 확대되는 흐름은 대세가 되고 있다. 광역 단위의 일반자치단체와 기초 단위의 일반자치단체의 장을 직접선거로 선출하고, 지역주민의 권한 위임에 따른 책임을 지도록 하고 있다.

우리나라에서는 유치원교육과 초·중등학교교육에 관한 권한을 광역 단위의 교육자치단체 장에게 넘기는 작업도 진행되었다. 교육감 역시 직접선거를 통해 선출하고, 지역주민의 권한 위임에 따른 책임을 지도록 하고 있다. 유치원교육과 초·중등학교교육의 행·재정 사무는 광역 단위의 의회에서 감사하게 되어 있다. 교육부와의 관계가 있고, 광역 단위의 교육자치단체에 교육부에서 부교육감을 파견하는 인사를 하지만, 그 정도로 교육부가 이전과 같은 영향력을 행사하기에는 한계가 있다. 교육부에서 유치원과 초·중등학교의 교과과정을 정하고, 광역 단위의 교육자치단체에서 이를 준용하게 하고, 이를 다시 기초 단위의 교육자치단체에서 따르게 하고 있지만, 지역의 특이성을 반영하여 교과과정을 구성할 여지를 조금씩 확대하고 있다.

광역 단위의 일반자치단체와 교육자치단체가 똑같은 지역에 기반을 두고 있으면서도 서로 분리된 방식으로 운영되었으나 점점 연계하는 방식을 취하고 있고, 이러한 연계가 지역의 재생이나 지역의 지속 가능한 발전에 도움이 된다는 점을 인식해 가고 있다. 「평생교육법」에서 광역 단위의 일반자치단체와 기초 단위의 일반자치단체에도 평생교육 진흥의 기능을 부여함에 따라 지역에서는 평생교육에 관한 한 교육자치단체보다 더 주도적으로 역할을 분담하는 흐름이 형성되었다. 교육부에서 평생학습도시를 선정하여 지정하는 사업을 하고, 기초 단위의 일반자치단체 대부분이 평생학습도시로 지정되어 관련 사업을 추진함으로써 이러한 흐름은 정착 단계로 나아가고 있다.

지역 자치는 여전히 갈 길이 멀며, 언젠가 이루어 내야 하는 과제로 인식되고 있다. 현재는 행정 단위에서 자치를 논의하고 추진해 나가고 있지만, 결국 지역 자치의 주체는 주민이므로 주민이 지역 자치를 하는 역량을 함양하고 증진해야 한다. 이러한 역량은 어느 날 갑자기 형성되는 것이 아니라 긴 시간의 흐름 속에서 형성되므로 일반자치단체와 교육자치단체의 연계와 협력은 필수적이다. 지역주민으로 태어나 역량 있는 지역주민으로 성장해 나가는 과정에서 거치는 곳이 유치원과 초·중등학교이기 때문이다. 이와 무관한 방식으로 교과과정을 운영하는 것도 타당하지 않고, 이를 지원하지 않는 방식으로 일반자치단체가 작동하는 것도 바람직하지 않다.

지역 자치는 주민들의 지역에 관한 관심으로부터 시작된다. 왜냐하면 지역 자치는 주민들의 적극적 참여를 통해서 내실 있게 전개될 수 있는데, 주민들의 적극적인 참여를 가능하게 하는 것이 바로 지역에 관한 관심에서 비롯되기 때문이다. 그러므로 지역의 가치를 인식하는 안목을 형성하는 것과 무관한 방식으로 교과과정을 운영하거나, 태어나고 자란 지역에 뿌리를 내리는 노력을 하지 않고 무조건 대도시로 나가는 것에 대해 오히려 조장하기도 하는 방식으로 행정을 하는 관행은 재검토하고 바꾸어 나가야 한다. 지역에 관심을 두도록 적극적으로 권장하지 않는 어떠한 모습도 타당하지 않다. 그것은 지역 자치의 시발점인 관심 단계에서부터 이를 불가능하게 만들기 때문이다. 인구 감소로 인해 지역에서 전반적인 재구조화가 필요하다는 인식은 지역 자치에는 오히려 국면 전환을 위한 계기가 될 수 있다.

5. 지역 의제

광역 일반자치단체와 기초 일반자치단체의 장, 광역 교육자치단체의 장, 그리고 국회의원과 의회의원을 주민의 직선으로 선출하면서 후보자들이 각자 캠프를 꾸려 지역 의제를 검토하고, 대안까지 마련하여 공약으로 발표하는 절차를 거친다. 아마도 선거 시기에 지역 의제가 집약적으로 다루어지고, 가장 많이 다루어질 것이다. 이 지역 의제를 얼마나 신뢰 있고 타당한 자료를 기초로 도출했는지, 이 지역 의제를 해결함으로써 주민들의 삶의 질이 얼마나 나아질지 차분하게 검토하고 후보자 중 누군가를 선택하는 것은 주민들의 몫이다. 그러나 이는 시민의식과 맞물려 있어서 그 수준 향상의 과제를 도외시할 수 없다. 달리 말하면, 후보자 캠프에서 지역 의제를 도출하고, 이에 대해 해결책을 제시하는 것뿐만 아니라 이를 보고 그 타당성을 판단하는 것에도 이에 적합한 역량이 있어야 하므로 현재의 역량 수준의 조합에 따른 역동을 넘어설 수 없다.

어떤 후보자가 당선되든 당선자는 지역 의제를 파악하고 있고, 이를 해결하는 공약을 제시했기 때문에 주민들의 선택에 힘입어 그 공약을 이행할 수 있게 된다. 그러면 지역주민들의 삶의 질은 명백히 나아져야 한다. 그러나 지역의 역동이 원하는 방향으로만 작동하는 것은 아니므로 공약을 수정할 수 있다. 그리고 수정된 공약을 이행한다면 지역주민들의 삶의 질은 명백히 나아져야 한다. 그러나 이에 대한 체감 정도는 지역주민에 따라 다를 수 있다. 만약 공약은 해놓고 이를 이행하는 데 소홀히 한다면 지역주민은 재선 시도를 하는 당선자에게 표를 주지 않는 것으로 책임을 물을 수 있다. 이렇게 하는 것 역시 주민들의 시민의식과 맞물려 있다. 주민들의 시민의식이 향상되지 않으면 주민들이 책임을 묻는 것에 소홀할 수 있다.

우리나라에서 다른 부문에 비해 정치 수준이 낮다는 평가가 대세를 이룬다. 주민들이 삶을 살아가면서 겪는 온갖 복잡한 문제를 풀어나가려면 결국 법이나 조례에 근거해야 하는데 이를 위해서는 법을 제정하거나 개정하는 국회나 조례를 제정하거나 개정하는 의회에서의 활동이 전문적이고 체계적이어야 한다. 그런데 상정조차 되지 못하는 안이 많고, 더욱이 제대로 논의하지도 못해 자동 폐기되는 안도 많아 국회와 의회의 비효율성이 논란이 되기도 한다. 법적 근거가 없어서 또는 법이 변동된 현실을 반영하지 못해서 나타나는 많은 문제가 있고, 이 문제는 결국 국회와 의회에서 해결해야 한다. 물론, 국회와 의회에서 다루는 문제는 결국에는 지역 의제와 맞물려 있음을 알 수 있다.

정부 부처, 지방자치단체, 공기업, 준공공기관, 기타공공기관 등 공공기관도 많지만, 그 이상으로 민간 단체도 존재한다. 민간 단체에는 비정부기구도 있고, 비영리단체와 영리단체도 있다. 비정부기구로서 비영리민간단체는 국가 의제뿐만 아니라 지역 의제에도 관심이 많다. 이들은 비교적 꾸준히 지역 의제를 도출하고 그 해결책을 모색하고 이를 실천하기 위해 노력한다. 공공기관이 정책 사업을 주도한다고 하더라도 모든 정책 사업을 직접 수행하는 데는 한계가 있다. 그래서 민간 단체와의 협력을 시도하기도 한다. 실제로 이러한 사례가 많아지고 긍정적 효과가 나타나면서 현재 협치(governance) 개념이 확산하는 추세다. 지역주민들과 소통의 창구를 계속 유지하고 있는 민간 단체와의 협력은 행정의 효율성을 높이는 데도 기여하고 있다.

민간 단체와 협력하면서 행정을 한다고 해도 행정이 최종적으로 작동하는 곳은 지역주민들의 구체적인 삶의 장이다. 민간 단체가 중간에서 매개하는 역할을 하게 맡겨 놓고 지역주민들이 그 절차와 결과에 대해 무심하다면, 이것은 타당하지 않다. 그것은 지역주민들이 자기 삶에서 주도성을 발휘하지 못하기 때문이다. 그러므로 행정기관과 민간 단체가 협력하되 지역주민들이 참여하는 공론의 장을 수시로 만들어 내는 것이 필요하다. 지역주민 모두가 참여할 수는 없지만, 가능한 범위 안에서 부담 갖지 않고 편하게 참여하여 자기 삶에서 직면하는 문제들을 드러내어 함께 이야기하고 함께 대안을 모색하는 기회를 마련하는 것 자체가 시민교육에 포함될 수 있다. 지역교육 역시 공론의 주제가 될 수 있으며, 지역교육이 안고 있는 문제는 당연히 지역 의제가 된다(윤여각 외, 2016; 서근원, 2020: 제5장).

6. 역량의 향상과 수렴

경제협력개발기구(OECD)의 핵심역량 도출(Defining and Selecting Key Competencies: DeSeCo)[2] 프로젝트에서는 사람들이 살아가면서 수많은 역량이 필요하지만, 그중에 핵심역량이 있고, 이를 함양하고 증진하는 것이 매우 중요하다는 논의를 전개하였다. 이는 대단히 파격적인 논의였고, 다수의 공감을 얻었다. 이후 교과내용 자체보다 교과내용을 자료로 하여 핵심역량을 어떻

2) OECD에서 1997년부터 진행한 이 프로젝트는 2003년 3개 영역(자율적으로 행동하기, 도구를 활용하여 상호작용하기, 사회적 이질집단에서 상호작용하기)에서 9개의 핵심역량을 제시하며 마무리되었다.

게 함양하고 증진할 것인지에 관한 논의가 확산하였다. 그 연장선에서 영국을 시작으로 교과내용 중심의 오랜 관행에서 능력 중심으로 교과과정의 틀을 전환하게 되었고, 점점 교과내용보다는 능력에 더 주목하는 관행이 정착되고 있다. 교과목마다 교과내용을 얼마나 숙지하고 있는지 확인하는 평가에서 교과내용을 매개로 어떤 능력을 함양하고 형성하는지 확인하는 방식의 평가가 점점 체계화되고 있다.

우리나라는 그동안 최빈국에서 개발도상국을 거쳐 최근에 선진국으로 진입하게 되었다. 개발도상국으로 범주화된 나라 중에서 선진국으로 진입한 나라는 우리나라가 유일하다. '한강의 기적'이라고 명명하며 대한민국의 경제발전에 대해 경이로운 눈으로 바라본 학자들이 있다. 이들의 주도로 '발전교육론'이 주장되기도 하였다. 대한민국의 경제발전이라는 이해하기 힘든 현상을 다양한 변수로 측정해 보아도 설명되지 않는 미지의 영역이 있었다. 그것이 '교육'이라고 짐작하는 수준을 넘어서서 그것을 가설로 발전시킨 것이 발전교육론이다. 일제 식민 상태에서 해방되어 바로 6.25까지 거치며 황폐해진 터전 위에서 어떻게 지금과 같은 발전을 이룩할 수 있었는지 질문하고, 집요하게 이에 답하려고 노력하는 외국의 선진 학자들이 있다. 그들의 공통점은 자국의 관점으로 보지 않고, 이를 내려놓고 우리나라의 그간 경로를 그 자체의 내적 논리로 풀어내려고 한다는 것이다.

한국공학한림원에서는 우리나라 각 산업 부문의 역사를 기록하는 작업을 하였다. 그리고 각 산업 부문의 역사를 관통하는 것이 과연 있는지, 있다면 그것이 무엇인지 밝혀내는 작업을 하였다(한국공학한림원, 2019). 우리나라는 폐허가 된 상태에서 선진국의 선진 기술을 모방할 수밖에 없었고, 그 기술을 체화하기 위해 노력할 수밖에 없었다. 세계 무대에서 선진 기술이 표준화되어 통용될 때 우리나라는 이를 의식하였고, 세계적인 통용성을 늘 의식하였다. 어느 정도 선진국의 기술을 체화하는 단계를 거쳐서 조금씩 그 기술을 변경하는 작업을 하였다. 표준화된 기술을 적용하는 과정에서 약간의 변경이 필요하다는 것을 실감했기 때문이다. 모든 제품에 표준화된 기술이 적용될 수는 없다. 표준화된 기술을 약간 또는 상당한 정도로 변경해야 하는 사례는 반드시 나타나게 마련이다. 이렇게 하여 우리나라는 완전히 독창적인 것은 아니지만, 창의적인 변경을 가한 자체 기술을 가질 수 있게 되었다.

한국공학한림원(2019)에서는 이제 우리나라가 선진국으로 도약해야 하는데 이때 필요한 것이 선도 기술이라고 하였다. 완전히 새로운 개념 설계를 하는 역량이 있어야 가능한 단계다. 그런데 코로나19를 거치며 우리나라에서 자체 기술이라고 인식하고 있던 것이 개발도상국은 물론이고 선진국조차 따라 하기 힘든 선도 기술이라는 사실이 입증되는 사례가 나타나기 시작했다. 우리나라는 보건의료 분야뿐만 아니라 건축토목, 방산, 우주항공 분야에서 이미 선도 기술이 있음을 확인하게 되었고, 이를 가능하게 한 기반으로 선진적인 정보통신기술이 있다는 사실도 확인하게 되었다. 그리고 국제 무대에서 자국의 이해관계가 첨예하게 대립하는 가운데서도 상생하는 길을 모색하는 것이 엄청난 신뢰 자산이 된다는 사실도 확인하게 되었다. 그리고 이 신뢰 자산은 선진적인 민주사회에서만 가능하고 확대된다는 사실도 확인하게 되었다.

우리나라 국민은 우리 자신에 대한 평가에서 인색한 편이다. 이러한 인색한 평가가 오히려 중단하지 않고 앞으로 나가려는 추진력으로 작용하였을 것이다. 학교교육에 대한 평가에서도 마찬가지다. 입시 위주의 교육, 암기 위주의 교육, 그래서 창의성과는 거리가 있는 교육이라는 비판이 우리나라 학교교육에 가해진 비판이다. 분명히 그러한 측면이 있지만, 그렇게 단정하는 것은 유보해야 하지 않을까? 교과내용에 구속되어 있어서 문제이긴 하지만, 그 문제점을 넘어서는 거대한 흐름, 굳이 말하자면 다른 나라에서 유례를 찾아보기 힘들 정도로 대단한 교육열이 우리나라의 저변을 단단하게 하면서, 다양한 변이와 변형을 품어내 다양성으로 분출하게 한 힘으로 작용하지 않았을까?

이 점에서 기초역량 또는 핵심역량이 무엇인지, 다양한 능력을 나열하는 것을 넘어서서 그러한 능력들을 함양하고 증진하면서 서로 융합하여 어떤 능력으로 수렴시켜 나가야 하는지에 관한 진지한 사유가 필요하다.

7. 프로그램 개발의 연쇄

역량이 대도시에 있어야만 함양되고 증진되는 것은 아니다. 역량이 특정한 교과내용을 다루어야만 함양되고 증진되는 것은 아니다. 지역에 있다고 하더라도 어떤 교과내용을 어떻게 다루는지에 따라 대도시 이상으로 역량을 함양하고 증진할 수 있다. 세계 무대에서 역량을 발휘하는 다양한 사람이 해당 분야에서 선진적인 나라에서 경험하는 것을 매우 중요하게 생각하지만, 그것이 전부라고는 생각하지 않으며, 실제로 그것이 전부라면 그 나라가 아닌 다른 나라에서 태어나 성장한 사람이 세계적인 두각을 나타내는 것은 불가능해야 한다. 그러나 그것은 사실이 아니다. 어떤 나라에서 어떤 배경에서 성장했든 탁월한 역량을 발휘하는 사람이 있고, 그 사람이 그 역량을 더 발휘하도록 성장시키는 데 해당 분야의 선진국에서의 경험이 계기가 되는 건 분명하다. 요컨대, 그것은 당사자가 성장하는 데 중요한 하나의 변수에 불과하다는 것이다.

세계적으로 인정받은 명문 집단이 있고, 그 집단의 교육 프로그램은 자타가 인정한다. 그 프로그램을 통해 탁월한 역량을 발휘하는 사람이 나오기는 하지만, 그 프로그램을 통하지 않는다고 해서 그만한 역량을 발휘하는 사람이 나오지 않는 것은 아니다. 그러므로 우리는 프로그램을 먼저 사유하며 전면에 내세우려는 관행에서 벗어날 필요가 있다. 정확히 말하면, 아무리 탁월한 프로그램이라고 하더라도 개인을 그 프로그램에 무리하게 맞추려고 하지 않고, 개인에게 그 프로그램을 맞추는 방식으로 자유롭게 변경해야 한다. 교육을 학습자 중심으로 생각한다고 할 때 그 외형적인 모습은 이렇게 나타나야 한다. 다시 말하면, 교과내용 구속적인 사유와 실천에서 벗어나 학습자가 현 수준에서 다음 수준으로 나아가게 하는 데 가장 적합한 방식으로 교과내용을 다루는 방향으로 사유하고 실천해야 한다.

지역에는 다양한 의제가 있지만, 이 의제에 유달리 관심을 보이는 주민도 있고, 도대체 관심을 보이지 않는 주민도 있다. 전자는 옳고 후자는 틀린 것이 아니라 관심이 다른 것일 수 있다. 관심을 두는 것도 관련된 역량이 뒷받침되어야 하며, 그러한 역량이 함양되고 증진될 때까지 관련된 경험이 뒷받침되어야 한다. 특정한 지역 의제와 관련하여 누구나 관심을 가져야 하고, 일정 정도의 역량을 발휘해야 한다는 것은 희망 사항일 뿐이며, 이것은 결코 현실적이지 않다. 아무리 자유민주주의 사회라고 해도 어느 한 방향으로 주민들을 몰아가는 것은 독재의 변형일 뿐이며, 자유민주주의 사회에서 가장 경계해야 하는 모습이다. 보수 독재가 가능한 것처럼 진보 독재 역시 가능하다는 것을 인정해야 한다.

어느 한 영역이나 분야에 관심을 둔다고 하더라도 하나의 교육 프로그램으로 그 영역이나 분야에 필요한 충분한 역량을 함양하고 증진하는 것은 불가능하다. 하나의 영역이나 분야에도 엄청나게 많은 하위 영역이나 분야가 있고, 각 영역이나 분야마다 미세하게 구분되는 역량이 필요하다. 그리고 그 역량은 계속 증진해야 한다. 끊임없이 변화하는 시대적 흐름 속에서 어떤 상황에서도 이전에 학습한 것으로 충분한 사례는 존재하지 않는다. 변화하는 만큼 새롭게 학습해야 할 것이 있고, 이전에 학습한 것에 얽매이지 않고 그것을 내려놓아야 새롭게 학습하는 것이 가능한 사례가 있다. 물론, 이전에 학습한 것이 다 기반이 되지만, 그것에 구속되거나 얽매여서는 창의적인 사유와 실천이 불가능하다. 무엇보다도 다양한 영역이나 분야의 얽힘이 있어 융합적인 사유와 실천이 필요하기 때문이다.

지역주민 중에 똑같은 삶의 궤적을 그리며 똑같이 사는 사람은 없다. 무엇보다도 적성과 소질이 다 다르다. 그래서 관심 영역이나 분야가 똑같지 않다. 학습의 속도와 리듬도 다르다. 이 모든 게 어우러져 살아온 삶에서 현재 특정한 영역이나 분야에서 현재의 앎의 수준에 도달해 있다고 볼 수 있다. 여기에 수많은 우연적인 요인이 작용하였다. 그러나 국가나 지방자치단체 차원에서 지역주민들이 살아가는 삶의 질 향상을 지원하고, 그 가능한 길로 교육 참여를 지원한다면, 그 출발점은 '그들이 현재 어떤 영역이나 분야에서 어떤 앎의 수준에 있는가?' 하는 것이다. 이에 관한 고려 없이 교육 프로그램을 개발하여 이를 제시한다면 그것은 막연한 것이고, 그래서 구체적인 것이 아니다. 그런 지역 평생교육 프로그램이라면 결코 지역주민의 미래를 대비할 수 없다. 그러므로 미래사회를 대비하는 지역 평생교육 프로그램 개발은 선진적인 프로그램을 벤치마킹하여 도입하는 데 주안점을 두기보다는 그에 앞서 지역주민들이 지역에서 어떤 삶을 살아왔는지 알아보는 것으로부터 시작해야 한다. 그리고 역량의 증진을 위해서는 하나의 교육 프로그램이 아니라 계속 이어지는 교육 프로그램의 연쇄를 염두에 두어야 한다. 이것이 평생교육론의 시선이 중요한 이유이기도 하다(윤여각, 2021).

제11장

디지털 전환과 회복력을 위한 리더십: 모두를 위한 양질의 평생교육[1)]

1. 시대적 요청으로서 디지털 전환

과학기술의 발달은 중단 없이 이루어지고 있다. 비록 과학기술이 발달하기까지 수많은 시행착오와 시간의 축적이 있지만, 그러한 시행착오를 감내하고 시간의 축적을 인내하는 흐름이 있다. 이것은 세계 무대에서 최첨단의 제품을 향한 경쟁이 있고, 여기서 비교 우위를 차지하는 것을 중요한 과제로 인식하기 때문이다. 현재 최첨단 제품은 반도체 칩이 내장된 형태로 만들어지고 있으며, 이와 더불어 과학기술 중에서도 정보통신기술(ICT)이 거의 모든 기술의 기반이 되는 위상을 차지하고 있다.

정보통신기술은 정보를 처리해서 주고받는 기술을 말한다. 어떤 정보든 0과 1이라는 두 숫자의 조합으로 나타낼 수 있다는 것은 매우 혁신적이다. 이러한 조합을 압축하여 주고받는 것을 기계적으로 매개하는 것이 바로 반도체 칩이다. 이 반도체 칩을 통해 아날로그 상태의 정보가 디지털 상태의 정보로 전환된다. 정보에는 소리 정보와 색깔 정보뿐만 아니라 명령 정보도 있다. 명령 정보

1) 이 글은 2022년 1월 21일 한국방송통신대학교에서 개최한 ICDE(International Council for Open and Distance Education) 총장단 회의의 4번째 소주제(Leadership for digital transformation and resilience: Equitable and quality education for all)에 대해 발표한 내용의 한글본이다.

가 내장된 반도체 칩이 있다면 우리는 몇 개의 버튼 조작으로 최첨단의 제품을 편리하게 사용할 수 있다.

복잡한 연산을 몇 초 안에 간단하게 처리하고, 엄청난 양의 정보 더미에서 필요한 정보를 검색해서 제공해 주는 제품이 있다면, 이것을 사용하지 않는 게 오히려 이상할 것이다. 과학기술이 발달할수록 다양한 기능이 집적되어 복합적으로 작동하게 된다. 우주항공 분야를 생각해 보면 이것은 쉽게 짐작할 수 있다. 이렇게 기능이 많아지고 사용하기에 편리해지는 것을 '스마트하다'고 말한다. 우리는 이제 스마트한 제품을 선호한다. 이러한 선호는 스마트 가전, 스마트 빌딩, 스마트 도시로 계속 확장되고 있다.

이러한 흐름은 전체적으로 아날로그 방식으로 되어 있는 것을 디지털 방식으로 전환하게 만든다. 실제로 거의 모든 영역이나 분야에서 디지털 전환이 진행되고 있다. 최근에는 디지털 문해가 화두가 되고 있다. 이 점에서 우리는 디지털 전환의 시대를 사는 셈이다. 이러한 흐름은 어떤 세력도 임의로 막을 수 없다는 점에서 시대적인 대세라고 할 수 있다. 디지털 전환이 시대적인 대세이기에 거의 모든 영역이나 분야에서 이에 대한 압력이 작용하고 있다. 이러한 압력은 국가 단위에서도 일어나고 있다. 세계 무대에서 뒤처지지 않아야 한다고 의식하는 국가일수록 이 압력을 더 실감하고 있다.

대한민국의 김대중 정부는 IMF 관리체제에서 벗어나는 다양한 노력을 하면서 그 활로 중 하나로 ICT에 집중하는 정책적 결단을 내렸다. 당시 개발하고 있던 광케이블을 활용하여 정보 고속도로를 깔았고, 컴퓨터 보급률을 높이면서 어디서나 인터넷 접속이 가능하도록 여건을 조성해 나갔다. 현재도 대한민국은 정보통신기술을 계속 발전시키고 있으며, 이를 토대로 다른 영역이나 분야에 접속하여 상승효과를 내고 있다. 예컨대, 대한민국 행정안전부는 2021년 12월 23일 제4회 전자정부의 날 기념식에서 2025년까지 공공서비스의 디지털 전환율을 80%까지 끌어올리겠다고 발표했다.

2. 아날로그와 디지털 사이

아날로그 방식으로 살던 사람의 삶이 한순간에 디지털 방식으로 바뀌지는 않는다. 이것은 디지털 전환의 가장 선두에 있는 사람이라고 해도 예외가 될 수 없다. 우리 삶에서 디지털의 비중을 확대해 나가는 것은 가능하지만, 하나도 예외 없이 모두 디지털 방식으로 전환하는 것은 불가능하다. 사람이 인조인간과 더불어 살아갈 수는 있지만, 사람은 인조인간과 다른 삶의 여백을 가지고 있다. 그 여백은 아날로그 방식의 삶에서 나오며, 기본적으로 서로 다른 삶의 배경을 가지고 육체를 가진 타인들과 더불어 살아간다는 사실에서 나온다.

디지털이 등장한 이후만 놓고 보면, 사람은 전적으로 아날로그도 아니고 전적으로 디지털도 아닌 아날로그와 디지털 사이에서 아날로그와 디지털과 더불어 산다고 말할 수 있다. 아날로그로 인해 편하기도 하고 불편하기도 하며, 디지털로 인해 편하기도 하고 불편하기도 한 상황이 있으며, 아날로그와 디지털이 동시에 존재하기에 편하기도 하고 불편하기도 한 상황이 있다. 물론, 여기에는 각 상황에서 당사자가 느끼는 정서가 있으며, 이 정서의 양태는 선천적인 기질과 후천적인 성격의 영향을 받는다.

대한민국에서는 여러 지역에서 평생학습마을공동체 지원 사업을 추진하고 있다. 마을 단위에서 공동체 형성을 지향해 나가는데 여기에 평생학습을 접목하는 방식을 취한다. 마을에는 다양한 의제가 있고, 이 의제는 공론을 거쳐야 한다. 의제를 발굴하고 논의하는 데는 아날로그 방식이 유리하다. 그러나 여기에 디지털 방식을 접목하면 더 편리할 수 있으며, 전산화된 행정 환경에서 정책화하고 사업으로 추진하려면 디지털 방식이 불가피하다. 마을에는 이에 익숙한 주민도 있고, 이에 전혀 익숙하지 않은 주민도 있다. 그러나 이것이 결정적인 문제가 되지는 않는다.

전산화된 행정 환경에 익숙한 주민이 있다고 하더라도 그 주민이 행정적인 일을 전담하는 데는 한계가 있으므로 사업비 내에서 마을 코디네이터를 배치하고, 사업 자체를 중간지원조직과 함께 시행해 나가는 방식을 취하기도 한다. 그러나 여전히 마을주민들을 만나 이런저런 애로사항을 듣고, 마을의 의제와 해결 방안에 관한 의견을 청취하는 초기 작업에는 일반적으로 아날로그 방식을 취한다. 그러나 코로나19 상황에서 감염 예방을 위한 거리 두기가 불가피한 상황에서는 원격으로 만나는 디지털 방식을 취할 수밖에 없다.

코로나19로 처음에는 언택트(untact)가 불가피하다고 생각하였지만, 정보통신기술을 활용하여 온택트(ontact)할 수 있는 방안이 마련되자마자 급속도로 디지털 방식의 만남이 확대되었다(윤여각, 2020: 10-33). 달리 말하면, 디지털로 아날로그를 포섭하는 방식으로 진화가 일어나고 있다. 영상에서 컴퓨터 그래픽을 사용하는 빈도가 많아지고 비중이 높아진다고 하더라도, 연기자의 말과 몸동작과 표정이 여전히 우리의 관심을 끌듯이, 디지털에 아날로그가 포섭되어도 우리는 여전히 아날로그의 여백을 남겨 두고 있고, 그 여백을 활용할 준비가 되어 있다. 우리는 이미 아날로그와 디지털의 사이 존재가 되어 가고 있다.

3. 차이를 차별로 이어가지 않는 성찰

사람마다 외모와 체형과 기질이 다르게 태어나고, 당연히 다른 모습과 행태를 보이며 성장한다. 그런데 자기에게 힘이 있다고 생각하면, 이 힘을 행사하려고 하면서 다른 사람을 가볍게 여기는 일이 벌어지기도 한다. 자기가 속한 집단이 힘이 있다고 생각하면, 이 힘을 행사하려고 하면서 다른 집단을 가볍게 여기는 일이 벌어지기도 한다. 이처럼 자기중심주의나 자문화중심주의에 빠지게 되면, 인간의 존엄성이 훼손되고, 인권이 무시되며, 차별을 하면서도 이에 관해 전혀 문제의식을 느끼지 못하는 일이 벌어진다.

남다른 부를 축적한 사람으로서 다른 사람들이 그러한 경로에 도움을 주지 않았다면 부를 축적할 수 없었다고 인식하는 사례도 있고, 전적으로 자기 능력만으로 부를 축적했다고 인식하는 사례도 있다. 전자는 다른 사람들을 환대하고 돌볼 마음을 낼 수 있지만, 후자는 그렇게 하기 어려울 것이다. 남다른 권력을 행사할 위치에 오른 사람으로서 다른 사람들이 좀 더 나은 삶을 살도록 그 권력을 행사하는 사례도 있고, 전적으로 자기 안위를 위해 그 권력을 행사하는 사례도 있다. 전자는 다른 사람들을 주체로 세우는 데 관심을 기울일 수 있지만, 후자는 그런 것에 관심조차 기울이지 않을 것이다.

유엔 산하에 전문기구로 유네스코를 설치하기 전 각국의 교육부장관이 모여 제2차 세계대전으로 인한 참상을 되돌아보았다. 이들은 인간이 인간에게 얼마나 잔인할 수 있는지 확인하였고, 이를 해결하는 길을 교육과 교육을 통한 좀 더 진전된 문화의 형성에서 찾았다. 유네스코는 포르 보고서(Faure et al., 1972)에서 교육을 통해 인간의 존재 수준을 향상하는 것 이외에 다른 길이 없음을 주장하였다. 그러나 전 세계적으로 분쟁은 사라지지 않았고, 사람들의 삶의 격차가 더 벌어지는 양극화가 오히려 심화하였다. 코로나19로 인해 이는 더 가시적으로 드러나게 되었다.

부유한 사람들은 따로 주거지를 형성하여 가난한 사람들과 섞이지 않으려고 하고, 그 주거지 인근에는 그들이 혐오하는 시설이 들어오지 않도록 영향력을 행사하기도 한다. 이 시설이 사람이 사용하는 시설이라면, 이것은 차별을 노골적으로 드러내는 행태임에도 불구하고, 이들은 이를 문제라고 인식하지도 않는다. 유네스코의 들로르 보고서(Delors et al., 1997)에서는 우리에게 여전히 부족한 게 다른 사람들과 더불어 살아가는 것이라고 지적하였다. 여기에는 다른 사람들의 아픔이나 고통을 공감하고, 거기서 벗어나게 하려는 마음을 내지 못하는 한계가 있다.

여전히 교육으로 활로를 찾아 나가려는 유네스코는 최근 사흘레-워크 보고서(2022)에서 '교육을 위한 신사회계약'을 통해 미래를 함께 다시 상상해 보자고 권유한다. 여기서 교육은 기존의 질서와 체제를 그대로 받아들이지 않고 이를 소재로 삼아 성찰하고 대안을 모색하는 활동을 말한다. 대한민국에서는 캐나다 북쪽 지역에 사는 사람들이 채소를 먹을 수 있도록 스마트 팜을 도입하게 하고, 몽골 고비사막 지역에 조림 사업을 하게 하고, 아프리카 황무지에서도 벼농사를 지을 수 있게 조력하고 있다. 코로나19 상황에서는 세계의 백신 허브가 되기 위해 노력하고 있다. 이처럼 공유하면서 공존하는 길에는 반드시 집약적이고 지속적인 교수와 학습이 수반되어야 한다.

4. 삶의 현장에서 나타나는 편차

사람은 태어나서 죽음에 이르기까지 배워야 할 뿐만 아니라 배운 것을 익혀 자기 것으로 만들어 삶에서 유용하게 활용해야 하는 상황을 수시로 맞이한다. 사람은 태어나서 다른 사람들이 이루어 나가는 세계에 입문해야 한다. 이 세계에는 많은 하위세계가 있으며, 이 하위세계도 하나의 세계로서, 매우 복합적이고 복잡하다. 사람이 태어나서 이 모든 하위세계에 다 같은 수준으로 입문하는 것은 아니며, 자기 적성과 소질에 맞는 영역이나 분야로 구성된 하위세계를 중심으로 입문하고, 다른 하위세계들은 기웃거리는 정도에 머물기도 한다.

대한민국은 코로나19 팬데믹 상황에서 탁월한 역량을 보여주고 있다. 보건의료 전문가의 의견을 존중하면서 전 부처가 합동하여 팬데믹 상황을 극복해 나가고 있으며, 산학이 협력하여 필요한 보건의료 제품을 만들어 내고, 민관이 협력하여 방역에 최선을 다하고 있다. 코로나19 진단키트를 만들고, 코로나19

에서 벗어날 수 있는 백신을 만드는 일은 최첨단의 생명공학이 뒷받침되어야 하고, 이에 기초하여 제품을 만들어 내는 생산설비를 갖추고 있어야 가능하다. 여기에는 물론 최첨단의 정보통신기술이 접목되어야 한다.

여기에 관여하고 있는 사람은 관여하기 이전부터 관련된 학습을 계속 이어 왔고, 관여한 이후에도 계속 관련된 학습을 이어가야 한다. 진단키트나 백신이나 하나의 정보로 해결될 수 있는 것이 아니라 서로 다른 영역의 정보가 융합되어야 최종적으로 국제적 승인을 획득하는 제품을 만들 수 있고, 널리 보급하여 활용할 수 있다. 코로나19의 전파력 때문에 이전보다 집약적인 학습이 불가피하였고, 과학기술의 발달은 이 학습을 뒷받침해 주었다. 이 전체를 연결하는 고리 중 하나만 빠져도 우리는 앞으로 나갈 수 없다.

코로나19가 비말에 의해 전파된다는 것을 확인한 이후 대한민국에서는 비말차단 마스크를 대량 생산하는 체제로 들어갔고, 전 국민이 마스크를 착용하는 결정을 하였다. 사회적 거리 두기를 시행하였고, 각종 모임의 인원을 제한하고, 원격으로라도 모임을 할 수 있는 방도를 찾아 나갔다. 여기서 대한민국 국민의 시민의식이 전 세계적으로 주목을 받기도 했다. 그러나 이것은 처음부터 가능했던 게 아니라 오랜 시간의 흐름 속에서 가능하게 된 것이다. 대한민국은 1988년 올림픽과 2002년 월드컵을 개최하면서 질서에 대한 시민의식의 중요성을 인식하게 되었고, 수많은 민주화 운동에 이어 2016년 대통령 탄핵을 위한 촛불집회를 거치면서 민주적인 시민의식의 수준을 높여왔다. 이것이 코로나19 상황에서 발현된 것이다.

국가 전체의 흐름에도 불구하고 국민 개인 간 또는 집단 간에는 편차가 있다. 자기 적성이나 소질에 따라 특정 영역이나 분야에서 앎 또는 능력의 수준을 향상해 나가는 것은 매우 중요하다. 이러한 향상의 기회를 누리지 못하는 많은 사람이 있다. 또한 상당한 수준에 이르렀음에도 불구하고 퇴임하면서 이를 다른 사람들과 체계적으로 나눌 기회를 누리지 못하는 사람도 적지 않다. 그리고 무엇보다도 직업을 갖든 퇴직하든 인간으로서 존재 수준을 향상해야 하는 과제는 여전히 남아 있는데 이를 소홀히 하는 사례도 적지 않다.

5. 학습과 교수의 재검토

태어나서 죽음에 이르기까지 많은 것을 배우지만 배운 것을 다 익혀야 하는 것은 아니며, 실제로 그렇게 할 수도 없다. 배우는 것이 단순히 정보를 접하는 수준이라면, 익히는 것은 그 정보를 자기 지식으로 전환하는 수준이기 때문이다. 그래서 배운 건 쉽게 잊게 되지만, 익힌 건 쉽게 잊지 못한다. '어설프게 배운 것은 배우지 않은 것만 못하다'라는 옛말은 배우기만 하고 익히는 단계까지 이르지 못한 얕은 앎에서 비롯된 부작용에 대한 경계일 것이다. 이것은 혼자서 배우는 것에 대한 경계이기도 하다.

일정한 앎의 수준에 도달하면 자기보다 모르는 사람을 가르치고 싶은 욕구가 생기기도 한다. 여기서 가르치는 활동에 나설 수도 있고, 나서지 않을 수도 있다. 직업이 아닌 한 가르치는 것은 선택적이다. 가르치는 활동은 잘 배우고 익히는지 확인하는 활동으로 이어지기도 한다. 가르치는 것은 배우는 것과 달리 배우는 상대를 전제한다. 혼자서 독백하는 것을 가르친다고 말하지는 않는다. 그러나 교실 수업 상황에서 또는 원격 강의 상황에서 잘 배우고 익히는지 확인하지 않고 가르치기만 하고 마는 사례가 적지 않다.

태어나서 배우고 익히는 것이 불가피하지만, 배우는 것도 익히는 것도 태어나자마자 바로 할 수 있는 게 아니다. 주변에 있는 성인의 조력이 있어야 배우고 익힐 수 있다. 학습하여 교수한다는 점에서 교수에 비해 학습이 본원적이지만, 교수를 생략한 학습은 불완전하다. 가르치고 확인하는 성인의 조력이 충실히 이루어질 때 제대로 배우고 익힐 수 있다. 특히 익히는 활동에서는 확인하는 활동의 조력이 있을 때 완결될 수 있다. 배우고 익히는 활동이 제대로 이루어지지 않으면 앎이나 능력의 진전을 기대하기 어렵다.

학습은 숙명처럼 해야 하는 것이지만, 모든 학습이 체계적으로 이루어지지는 않는다. 학습자 스스로 학습할 여건을 조성해 나가기도 하지만, 그렇게 하기 어려운 것이 일반적이다. 그래서 한 사람의 생애에서 학습의 빠진 고리가 생기고, 학습이 진전되지 못하고 정체되는 일이 벌어진다. 여기에 교수자의 적절한 조력은 학습 여건에서 매우 중요한 요소다. 그러나 이것만으로도 충분하지 않다. 학습자와 교수자의 적절한 만남은 각자의 노력만으로 이루어지기 어려운 한계가 있기 때문이다. 여기서 정부 차원의 정책적 개입이 필요하다.

어느 나라에나 비문해 인구가 있고, 이것은 교육제도의 작동에서 사각지대가 있다는 것을 의미한다. 대한민국에도 비문해 인구가 적지 않으며, 고령층이 대다수를 차지하고 있다. 이들은 대한민국이 후진국에서 개발도상국을 거쳐 선진국에 이르기까지 가족이 일할 수 있도록 헌신적으로 뒷바라지를 하면서 문해교육에 참여할 기회조차 얻지 못하고 노년을 맞이한 사람들이다. 이들은 이제 디지털 문해의 과제도 안고 있다. 그런데 이들은 스스로 문해와 관련한 학습의 문제를 해결하기 어렵다. 이 문제는 정부가 책무로 받아들여야 제대로 해결할 수 있다. 여기에는 문해교육기관을 지원하는 것뿐만 아니라 문해교사를 양성하고 재교육에 참여하게 지원하는 것이 포함된다.

6. 교육에서 양질의 평생교육으로

「대한민국 헌법」 제31조 제1항에서는 모든 국민은 능력에 따라 균등하게 교육에 참여할 권리를 가진다고 명시하고 있다. 이 조항은 국민마다 개인차가 있다는 것을 인정하고, 각자에게 적합한 교육에 참여할 권리가 있다고 명시한 것이고, 구체적으로 표현되어 있지는 않지만, 이 권리가 침해되지 않게 해야 할 책무가 정부에 있다는 것을 명시한 것이다. 이 조항을 지키지 않는 것은 헌법 위반이 되므로 정부 차원에서는 국민의 교육 참여 기회 확대를 위해 많은 정책 사업을 추진해 왔다.

대한민국은 학교교육 중심으로 공교육체제를 구축해 왔다. 평생교육 담론이 등장하면서 기존의 학교교육에서 나타난 많은 문제점이 거론되었지만, 그 문제점을 개선하려는 노력도 계속 이어졌다. 최근에는 학교가 교육전문기관으로서의 위상을 유지하면서 학생들이 참여하는 교육의 수준을 높이는 일을 지역과 함께하는 방식으로 전환하였다. 이것은 지역교육공동체 형성이라는 정책적 지향과 맞물려 있다. 학교와 지역의 연계가 확대되면서 학교 밖에서의 교육, 학교교육 이후의 교육에 관한 담론도 확대되고 있다. 이와 더불어 평생교육 담론에서도 지역과의 접속이 확대되고 있다(윤여각, 2018: 3-27).

초등교육과 중등교육과 고등교육의 구분은 교육의 수준 구분이 아니다. 정확히 말하면, 이 구분은 초등학교, 중학교와 고등학교, 대학교에서 다루는 교과 내용의 수준에 따른 구분이다(엄태동, 2003). 각 학교는 교육의 수준에 관한 한 최고의 수준을 유지하기 위해 노력해야 한다. 일반적으로 '양질의 교육'은 교육의 수준을 염두에 둔 표현이다. 교육에 참여하는 학습자나 교수자나 개인차가 있고, 모두 높은 학습 수준이나 교수 수준을 유지하지 못할 수도 있다. 그러므로 학습자가 높은 수준에서 학습에 참여하도록 조력하는 방식으로 교수자가 자기 교수 수준을 높이기 위해 노력하는 제도적 장치가 필요하다(윤여각, 2021: 278-280).

양질의 교육은 학교에서만 요구되는 것이 아니라 다른 교육의 장에서도 요구된다. 교육에 참여할 기회를 누리는 것도 중요하지만, 그 기회가 단순히 교육의 장에 접근하는 기회나 자기 수준에 맞추어지지 않은 기회라면 학습에서 소외가 일어날 수도 있다. 한 단계의 앎의 수준에서 다음 단계의 앎의 수준으로 나아가는 일은 간단하지도 않고 쉽게 이루어지지도 않는다. 그러므로 학습은 개별화될 수밖에 없다. 누구도 특정한 사람의 학습을 대신할 수 없으며, 다만 그가 학습을 잘하도록 조력할 수 있을 뿐이다.

전 생애에 걸쳐 학습하는 것이 불가피하고, 이 학습이 학교에서만 이루어지지 않고 삶의 모든 장에서 이루어진다는 점에서 대한민국에서는 학교 중심의 공교육체제에서 평생공교육체제로의 대전환에 대해 논의하고 있다(윤여각, 2018: 50-51). 언제 어디서든 그리고 어떤 수준에서든 학습에 참여하는 것을 권리로 인정한다면 국가적인 차원에서 공교육체제를 학교 중심으로 한정하는 것은 타당하지 않다. '평생학습도시'나 '평생학습마을'이라는 용어 자체가 시간과 공간과 수준에서 한계를 설정하지 않는 열린 교육체제의 구축을 전제하고 있다.

7. 삶의 회복력 향상에 조력하는 리더십

사람은 다른 사람들과 더불어 살아가면서 그들로부터 영향을 받기도 하고 영향을 미치기도 한다. 교육적 맥락에서 보면, 다른 사람들로부터 영향을 받되 주체로서 자기 주도적인 삶을 사는 데 도움을 받는 방식이 선호되고, 다른 사람들에게 영향을 주되 주체로서 자기 주도적인 삶을 사는 데 도움을 주는 방식이 선호된다. 즉, 자기중심주의나 자문화중심주의에 빠지지 않으면서 주체로서 주도적으로 자기 삶을 영위해 나가는 힘을 키워나가는 것을 중요하게 인식하는 것이다.

생존은 물론 실존을 위해서도 앎의 영역을 확장하고 수준을 높이는 것이 필요하다. 그리고 이에 따라 능력의 수준을 높이는 것도 필요하다. 그런데 문제는 이것이 저절로 이루어지지 않는다는 사실에 있다. 학습을 중단하지 않고 계속해야만 이것이 가능하며, 여기에는 교수의 적절한 조력이 있어야 하고, 이러한 학습과 교수가 적합하게 어우러지도록 지원하는 체제가 갖추어져야 한다. 그리고 이것을 학교라는 교육의 장에서만 유념하지 않고, 직업 세계를 포함한 다양한 교육의 장에서도 유념해야 한다.

비문해자는 점점 더 높은 수준의 문해를 요구하는 사회에 적응하기도 쉽지 않다. 직업 세계에서 현재보다 더 높은 지위에 올라가는 게 거의 불가능하다. 그래서 계속 뒤처지게 되고, 삶의 활력을 점점 잃어갈 수 있다. 최첨단의 정보를 지식으로 전환하여 활용하는 게 요구되는 사회에서 제때 적합한 학습을 하지 못하면 역시 직업 세계에서 뒤처지게 되고, 직업 전환에 실패하여 구직조차도 어려워지고, 결국 삶의 활력을 잃을 수 있다. 자기 삶의 환경에 탄력적으로 대응할 수 없다면, 뒤처진 삶을 회복할 힘도 상실하게 된다.

어떤 상황에서도 학습해야 할 과제가 있고, 여기에는 학습력이 뒷받침되어야 한다. 그러므로 학습력은 사람에게 기초적인 능력이다. 특정한 내용을 교과로 배우고 익히는 것은 중요하다. 그러나 더 중요한 것은 다른 내용을 교과로 배우고 익혀야 하는 상황에 직면해서도 그렇게 해내는 힘이다. 학습력이 있고, 그 수준이 높다면, 아무리 어려운 상황에서도 학습을 통해 앎과 능력을 키워 그 상황을 극복해 나갈 수 있다. 교육적 맥락에서 보면, 교육의 소재는 학습력을 높이는 데 적절하게 활용하는 수단이라고 할 수 있다.

국가적인 맥락에서도 학습력은 매우 중요하다. 역사 속에서 배우고 익히며, 이를 중단하지 않고 현재를 살고 미래로 나아가야 하기 때문이다. 대한민국은 일본의 식민 지배를 받았고, 6.25 전쟁을 겪었으며, 폐허 속에서 부국강병의 꿈을 실현해 왔다. 그러면서도 '널리 인간을 이롭게 한다(弘益人間)'는 건국 이념을 잊지 않고 구현하기 위해 노력하고 있다. 한 국가로서 주권을 바로 세우지 못할 때 나라에 어떤 일이 벌어졌는지 역사를 통해 바로 알고, 이를 반복하는 어리석음을 범하지 않고, 세계 문명의 발전에 이바지하려면, 경직되지 않는 탄력성이 필요하다. 그래야 회복력이 더 강해질 수 있다. 제4차 산업혁명에 따른 디지털 전환의 시대에 이러한 방향으로 나아가는 리더십은 더욱 절실하다.

제12장 인구 문제의 오해와 대안[1)]

우리나라 인구가 빠르게 감소하고 있다. 그래서 인구 감소가 빠른 지역부터 사람이 살지 않는 지역이 되고, 그 지역에 쌓여온 사람의 흔적이 결국은 사라질 것이라는 경고가 확산하고 있다. 이러한 경고 확산과 관련 정책의 추진에도 불구하고 인구 감소의 대세가 꺾이지 않고 있다. 일본에서 인구 감소에 따른 지역 소멸을 예감하고 지역재생을 시도하였다. 성공한 지역의 사례가 보고되고 있지만, 인구 감소의 대세는 꺾이지 않고 있다. 이러한 현상과 관련하여 진지한 논의가 이어졌고, 새로운 대안들이 모색되었다. 여기에는 인구 문제를 바라보는 관점의 전환이 포함되어 있다. 이 글에서는 이러한 전환에 좀 더 주목해 보고자 한다.

1. 인구 감소를 문제로 보는 맥락

인구가 지나치게 증가하여 나타나는 부작용에 관한 논의를 많이 접해 보았으므로 한 지역에서 인구를 수용하는 데 한계가 있다는 점은 상식에 속한다. 도시화나 도시의 팽창, 그리고 이와 맞물려 있는 문제들은 우리에게 익숙하다.

1) 이 글은 2022년 9월 15일 하남공부방 모임에서 발표하였다.

이 문제들을 해결하려고 하지 않은 것은 아니지만, 제대로 해결하지 않아 이 중에는 고질적인 문제들이 있다는 점도 널리 알려져 있다. 인구가 지나치게 감소하여 나타나는 부작용에 관한 논의를 하지 않은 것도 아니다. 인구를 수용하는 데 한계가 있다면, 이것은 적정인구 개념을 전제하고 있으므로, 적정인구수에 현저하게 미달하는 것도 문제일 것이다. 그러나 적정인구수는 절대적인 개념이 아니라 상대적인 개념이다. 어느 지역에나 적용되는 적정인구수는 없다.

제2·3차 산업 기반으로 팽창하는 도시에서는 시골로부터 유입되는 노동자가 절대적으로 필요하다. 그 결과 시골에서는 인구가 급격하게 감소하겠지만, 도시에서는 이 점을 문제로 삼지 않는다. 시골로부터 도시로 노동자만 유입되는 것이 아니라 제1차 산업의 산물도 유입되는데, 후자와 관련하여 시골의 급격한 인구 감소는 도시에도 문제가 된다. 이 문제는 도시에 사는 노동자를 다시 시골로 보내 해결할 수 없으므로 도시의 제2차 산업의 산물인 기계화·자동화로 해결한다. 이러한 기계화·자동화는 도시 안에서도 이루어져 노동자에 대한 수요가 줄어든다. 이들 중 일부가 시골로 돌아가는 선택을 하지만, 이 선택은 계속 유예되는 것이 일반적인 현상이다.

시골에서 인구가 감소하는 것은 학교교육의 맥락에서 심각한 문제가 된다. 학생수가 줄어들면 학급수가 줄어들고, 학생수가 더 줄어들게 되면, 학년별로 교과과정을 운영하기가 어려워지고, 학생수가 더 줄어들게 되면, 학교 운영 자체가 어렵게 된다. 학생수가 줄어들면 타 지역 학교의 분교가 되었다가, 학생수가 더 줄어들면 폐교하는 수순을 밟게 된다. 시골 지역의 주민들도 나서서 폐교되지 않도록 다양한 노력을 하지만, 이러한 노력이 성공한 사례는 드물다. 예컨대, 도시에서 시골로 유학을 오게 하는 프로그램을 개발하여 운영하고, 여기에 행정적으로 지원하더라도 이러한 시도가 성공을 보장하는 것은 아니다. 자녀가 도시에서 학교교육에 참여하도록 지원하고, 졸업 후 가능하면 대도시에서 직장에 다니도록 후원하는 문화가 보편화되어 있어서 이러한 흐름을 되돌리는 건 한계가 있다.

시골에서 인구가 감소하는 것은 행정의 맥락에서 심각한 문제가 된다. 그것은 세수와 맞물려 있기 때문이다. 세금은 사람에게 부과하므로 인구가 급격하게 감소하면 세수 역시 급격하게 감소할 수밖에 없다. 행정을 하는 데 국고와 지방비를 활용한다. 지방비가 부족하다고 국고를 그에 따라 충분히 보전하는 것에는 한계가 있다. 그렇지만 국고에 의존하는 것은 불가피하며, 지역의 지속가능한 발전을 위한 행정에는 제약이 따르게 된다. 무엇보다도 이전과는 다른 가시적인 실적을 내고자 하는 행정기관의 장은 이러한 상황을 원하지 않으므로 시골에서 인구가 감소하는 것을 심각한 문제로 강조하고, 이를 극복하기 위한 정책 방안을 마련하고, 이를 토대로 관련 예산을 확보하려고 노력한다.

시골에서 인구가 감소하는 것은 정치의 맥락에서도 심각한 문제가 된다. 지역구 국회의원은 해당 지역구의 인구수가 중요하다. 인구가 줄어 타 지역구와 통합되면 2명의 국회의원이 1명의 국회의원으로 조정된다. 이러한 상황에서는 상대적으로 타 지역의 인구수가 많게 되어 유권자 수에서 밀리게 되고, 자기 지역 출신 후보자가 당선할 가능성도 줄어든다. 통합된 상태에서 당선된 국회의원이 양 지역의 균형 있는 발전을 위해 노력하면 다행이지만, 그렇게 하지 않고 출신 지역으로 기우는 모습을 보이면 다른 지역의 주민들은 상심하게 된다. 그러므로 시골에서 인구가 감소한다는 것은 정치적 맥락에서 예비후보자에게도 반가운 일이 아니지만, 지역주민들에게도 반가운 일이 아니다.

2. 인구 감소를 막는 정책

인구 감소를 막는 정책은 인구 증가를 목표로 한다. 인구 감소를 인정하고, 일정한 감소 단계에 따라 그에 합당한 지원을 하는 정책을 펴는 사례는 드물다.

국가 전체적으로 인구가 감소하므로 지역에서는 다른 지역과 비교되는 유인가를 정책으로 제시하는 방식을 취한다. 현재까지 가장 많이 나온 정책은 출산 장려금을 지급하고, 육아 및 교육 관련 일부 비용을 지원하는 것이다. 그런데 현재 결혼을 가능한 한 뒤로 미루거나 결혼하지 않겠다고 결정하는 비율이 높아지고 있어, 출산은 그다음 순위로 밀리는 경향이 있다. 이주를 위한 지원금을 지급하고 관련 지원을 하는 정책도 있다. 귀농이나 귀촌하는 흐름이 있어 성공할 가능성이 있지만, 탈시골의 맥락이 여전히 존재하므로 인구 증가와 관련해서는 회의적인 시각도 있다.

인구 감소를 막는 정책에서는 인구의 자연적 증가와 타 지역에서의 이주에 주목한다. 즉, 지역에서 거주하는 인구의 증가를 목표로 한다. 그런데 출산 장려를 통해서 아이가 태어나도 커서 도시에 있는 학교로 가거나 부모도 함께 도시로 이주한다면 인구의 자연적 증가는 일시적인 현상일 뿐이다. 그사이 사망하는 노인이 있다면 인구 감소 문제는 계속된다. 다양한 지원을 통해 타 지역에서 이주하도록 유인할 수 있지만, 이 유인책에 해당 지역에서 계속 살아갈 마음을 내도록 여건을 조성하는 걸 포함하지 않는다면 한계가 있을 수밖에 없다. 특정 지역에 정착하여 살아가는 선택은 무엇보다도 강제할 수 없고, 이 선택에 따른 기회비용 상실의 문제를 도외시할 수 없기 때문이다.

타 지역에서 이주해 오게 하는 정책은 연쇄적인 문제를 일으킬 수 있다. 전체적으로 인구가 감소하는 상황을 고려하면, 타 지역에서 이주해 오면 그 지역의 인구수는 줄어들게 된다. 이것은 자기 지역의 문제를 해결하려고 타 지역에 문제를 만드는 결과를 초래함으로써 '지역 이기주의'에 빠져 있다는 비난에서 벗어나기 어렵다. 물론, 이주는 주민의 자유로운 선택으로서 존중되어야 하고, 주민의 이주를 막는 것은 바람직하지 않다. 그것은 우리나라 헌법에서 보장하는 거주이전의 자유를 제한하는 위법에 해당하기 때문이다. 당연히 이주를 강제할 수 없다. 그러므로 타 지역에서의 이주를 고려하되, 일시적인 유인가로 이주를 유인하는 방식은 가능한 한 피해야 한다.

인구 감소를 막는 정책은 인구 감소가 바람직하지 않다는 전제에서 출발한다. 이것은 일정한 수준으로 인구수를 유지하거나 인구가 증가하는 것이 바람직하다는 전제와 쌍을 이룬다. 기계화하지 않은 농경에서는 많은 노동력이 필요하다. 이러한 상황에서는 다산을 장려하게 된다. 365일 노동력이 필요하지는 않지만, 필요한 시점에 다수를 끌어모아 투입할 준비를 하고 있어야 한다. 기계화하였지만 자동화하지 않은 산업에서도 많은 노동력이 필요하다. 초기의 제조업이 이러한 상황이었는데 이러한 필요 때문에 극단적으로는 노동력 확보를 위한 무력 사용도 하나의 선택지가 되었다. 정보통신기술의 발달에 따른 제3차 산업혁명은 정보통신기술 기반의 자동화를 통해 노동력의 수요를 줄여가고 있다. 그러므로 앞서 언급한 인구 감소를 막는 징책의 전제는 근대적 사유에서 아직 벗어나지 못하였음을 보여준다.

우리나라에서 산아 제한과 같은 출산율 억제 정책은 성공하였다. 그러나 출산율 증가 정책은 일시적인 효과만 있을 뿐 장기적으로 그리고 국가 전체적으로는 효과가 없다는 게 중론이다. 출산하려면 먼저 결혼해야 하는데, 결혼하는 것을 강제한다면, 이것은 민주주의 원칙에 어긋나기 때문이다. 현재 결혼을 아주 늦추거나 결혼을 아예 하지 않는 선택을 하는 인구수가 증가하고 있다. 이것은 순전히 개인적인 문제라기보다는 구조적인 문제라고 보아야 한다. 그러므로 여기서 결혼을 늦추거나 하지 않는 선택을 하게 만드는 요인들이 어떻게 맞물려 작동하는지 알아야 한다. 인구 감소와 관련된 문제는 성격상 어느 한 부문의 관여로는 해결할 수 없다.

3. 한국인이라는 정체성

우리나라는 국제결혼에 대해 호의적인 편이 아니었다. 여기에는 한국인으로서의 순혈성을 유지해야 한다는 생각이 기저에 깔려 있다. 시골에서는 남성이 결혼하기가 쉽지 않다. 여성이 도시로 나가기도 하지만, 도시에 사는 남성을 시골에 사는 남성보다 선호하는 경향이 있기 때문이다. 시골에서 하는 일의 성격상 남성 혼자 감당하는 데는 한계가 있다. 그래서 시골이더라도 결혼하겠다는 외국인 여성을 받아들이게 되었다. 이러한 여성을 '결혼이주여성'으로 부른다. 오로지 결혼을 매개로 이주해 오는 여성이기 때문이다. 불가피한 사유로 결혼하였지만, 결혼한 남성도, 이 남성의 부모도 점점 결혼이주여성에게 호의적이지 않은 반응을 보였다. 한국어를 잘하지 못해 불편한 점이 있지만, 그 이전에 이러한 결혼에 대한 거부감이 있는 것이다.

결혼이주여성뿐만 아니라 우리나라 사람들이 회피해서 공백이 생긴 일자리를 찾아 들어온 외국인 노동자가 증가하고 있다. 시골에서 대도시에 이르기까지 현재 이들을 접하는 것은 어렵지 않다. 특정한 지역에는 이들이 상당히 광범한 지역에서 함께 거주하고 있다. 마치 외국에 한인타운이 있는 것처럼, 우리나라에도 외국인타운이 있다. 이들은 자국의 문화를 공유하면서 사는 지역의 문화를 공유하려고 노력한다. 결혼도 하고 아이도 낳고, 우리나라 국적도 취득할 수 있다. 미국에 한국계 미국인이 있는 것처럼 우리나라에도 외국계 한국인이 있고, 이들의 수는 점점 증가할 것이다. 결혼이주여성과 결혼하여 낳은 아이도 증가하고 있으므로 '한국인으로서의 순혈성'을 강조하는 것은 적합하지 않으며, 시대착오적이다.

우리나라 조선업이 선도적인 위치에 올라서면서 선박 제조 수주가 늘어나고 세계적인 수준의 기술자들이 우리나라에 와서 일하고 있다. 반도체와 같은 분야도 연구와 병행되어야 하기에 세계적인 수준의 연구자들이 우리나라에

와서 일하고 있다. 이러한 분야뿐만 아니라 영화를 포함한 다양한 분야에서 우리나라에 호감을 두는 것을 넘어서서 장기간 머물거나 이민을 선택하는 사례도 늘어나고 있다. 이들도 우리나라에서 새롭게 뿌리를 내리고 정착하여 외국인으로서 또는 외국계 한국인으로서 살아갈 수 있다. 이들이 우리나라 산업 발전, 더 나아가 경제발전에 많은 도움을 준다면, 이들이 원래 가지고 있던 국적 때문에 이들을 차별하는 것은 적합하지 않으며, 시대착오적이다.

한국인이라는 순수한 종족은 없다.[2)] 우리에게는 이미 서로 다른 종족의 DNA가 있으며, 이 중 한국인의 지배적인 DNA가 있더라도, 그것을 기준으로 일일이 검사하여 특정인이 한국인임을 입증하는 것은 효율적이지도 않고 실익도 없다. 우리는 종족적 탁월성을 앞세워 다른 나라 사람을 학살하거나 노예처럼 부려온 불행한 역사를 알고 있다. 일부 중국인은 상당히 오랫동안 우리나라에서 조공을 받았다는 이유로, 일부 일본인은 한때 우리나라를 식민지로 지배했다는 이유로 한국인을 무시하는 경향이 있다. 이러한 경향에 타당성이 있는 것은 아니므로, 그것은 일종의 허위의식이고, 인간 존중에 기초한 UN 정신을 위반하는 것이다. 이것은 우리나라에 들어와 있는 외국인과 관련해서도 똑같이 적용된다.

비록 식민지에서 지배하는 외국인이었더라도 그의 자손의 자손은 이후 해방된 나라에서 계속 살면서 그 나라의 국적을 소유할 수 있다. 이들 중에는 과거의 향수에 젖어 오만한 모습을 보이지 않고 국민의 한 사람으로서 열심히 살아가는 이들도 있다. 이들의 뿌리가 외국계라고 해서 배척하는 것이 과연 적합하고 타당할까? 이미 그 나라에서 뿌리를 내리고 살아가는 사람 중에서 특정인을 자국민으로 인정하는 기준을 과연 적합하고 타당하게 정할 수 있을까? 한국어를 능숙하게 구사하고, 어디를 가든 스스로 한국인이라고 생각하는 사람은

---

2) 이케다 기요히코(池田清彦)는 "일본인이라는 생물학적 인종은 존재하지 않는다"고 하였다.(內田樹 編, 2019: 71)

한국인이 아닐까? 한국인이라고 하면서 우리나라에 해가 되는 일만 골라서 하는 사람은 국적과 관계없이 한국인이라고 보기 어려울 것이다. 그러므로 한국인은 되기(Becoming) 개념이기도 하다.

4. 인구 감소를 수용해야 하는 시대

흔히 선진국이라고 하는 나라에서는 인구가 감소하고 있다. 선진국에서 이민자수를 제한하는 흐름도 있지만, 자국민을 먹여 살릴 수 있는 수용력이 있어도 인구가 감소하고 있다. 반면, 지구촌 전체로는 인구가 증가하고 있다. 그러나 지구에 사는 인간을 먹여 살릴 수 있는 수용력에 한계가 오면 인구 증가는 제동이 걸릴 것이다. 적정한 인구 밀도가 어느 정도인지 정확히 말하기는 어렵지만, 그것은 수용력과 관련이 있다. 인류는 당분간 과학기술의 발달을 토대로 수용력을 높이는 방향으로 움직일 것이다. 그러나 이 과정에서 나타난 부작용이 있고, 이 부작용이 생존을 위협받는 지역으로 나타나고 있다.

농경을 토대로 정착 생활을 하면서 인구가 증가하였다. 증가한 인구의 먹거리와 주거지를 위해 삶의 터전을 더 늘려야 했다. 인구 밀집 지역이 점점 확대되고, 사람이 사는 지역도 점점 확대되었다. 산림을 밀고 들어가 경작지를 늘리고, 사례가 현저히 줄어들었지만, 화전으로 경작하면서 물을 저장하는 산림의 기능이 저하되었다. 나무로 땔감을 조달하는 상황에서는 산림과 그 기능 유지를 더 어렵게 만든다. 그래서 폭우가 내리면 산사태가 발생하는 빈도가 증가하고 있다. 더 깊은 밀림 오지로 들어가는 부족도 있지만, 이들 부족수는 현저하게 줄어들고 있고, 부족원수도 최저 수용력의 한계 내에서 유지되고 있다. 산림의 경계가 계속 뒤로 밀리면서 이전에 사람과 접촉하지 않았던 바이러스가 세상으로 나오게 되고, 교통수단의 발달로 바이러스로 인한 감염병이

팬데믹으로 진전될 확률이 높아지고 있다.

산업화와 도시화는 자연으로부터 많은 것을 취하는 방식으로 진행된다. 생산하는 데 사용하는 원료를 자연에서 취하며, 도시를 건설하고 유지하는 데 사용하는 재료 역시 자연에서 취한다. 이렇게 하여 공장이 돌아가고, 인구가 밀집한 지역에서 사람이 산다. 그런데 이 과정에서 공중으로, 하천으로, 땅으로, 바다로 오염물질이 배출된다. 자연적으로 정화할 수 있는 한도를 넘어서게 되면 그것이 역으로 사람이 사는 지역에 영향을 미친다. 그중 대표적인 것이 공기오염과 수질오염이다. 공기오염은 기후변화로 이어지고, 수질오염은 하천과 강과 바다 생태계의 교란으로 나타나고 있다. 그리고 기후변화도 결과적으로 생태계를 교란한다. 인간의 필요로 댐을 만들지만, 댐에 가두어 두는 물의 양이 지나치게 크게 되고 그 지역이 단층 지대라면, 그것이 지층에 압력을 가하고 지층을 교란하는 요인이 되기도 한다.[3)]

기후 변화는 현재 심각한 현상으로 나타나고 있다. 바닷물 온도가 상승하면서 구름의 양이 많아지고, 이것이 주변의 구름과 합쳐지고 기압대를 따라 이동하면서 태풍으로 발달하여 사람이 사는 지역에 엄청난 피해를 주기도 한다. 기후 변화는 물속 생태계는 물론 육지 생태계도 변하게 하고 있다. 그중에서도 그동안 얼음으로 덮여 있던 지역에서 막대한 양의 얼음이 녹으면서 해수면이 상승하는 현상이 벌어지고 있고, 이 자체가 해발이 낮은 섬이나 나라 해안가가 침수되는 모습으로 가시화될 것으로 예상된다. 물론, 얼음으로 덮인 지역에서 살던 동물의 생태계는 위협받게 되고, 거기서 살던 사람들은 새로운 환경에 적응해야 한다. 그 지역에서 어업을 포함한 관련 산업 또한 지대한 영향을 받게 된다.

지금까지 인류가 살아온 모습을 그대로 유지하면 인류가 직면할 위험은 재앙 같은 것이다. 그러므로 이를 최소화하기 위해 지금까지 인류가 정착시켜

3) 중국의 싼샤댐에 대한 경고는 이에 기초하고 있다.

온 관행을 재검토하고, 적정한 생존과 삶의 질적 수준 향상을 동시에 도모하는 방안을 마련해야 한다. 그중 중요한 것이 씀씀이를 줄이는 것이고, 쓰는 사람을 줄여가는 것이다. 사는 데 비용이 너무 많이 드는데 임금이 이에 미치지 못한다면, 결혼하지 않고 출산하지 않는 게 상책이다. 인류가 직면한 대상황에서 소상황에 이르기까지 인구 감소의 방향으로 압력이 가해지고 있다. 이러한 압력을 선진국의 중산층 이상에서부터 무의식에서 감지하고 있는 것은 아닐까?[4] 현재의 기상 이변과 자연재해를 체험하고, 그리고 현저하게 더 나아질 것 같지 않은 삶의 질을 예감하면서 한 명이라도 더 낳자는 선택을 할 수 있을까?

5. 관계 인구 늘리기

'지역 소멸'이라는 말은 일본에서 조어되었다.[5] 여기서 지역은 주민이 사는 지역을 말하며, 인구가 감소하면서 주민도 감소하여 지역이 소멸할 위기를 예감하였다. 실제로 일본은 초고령화 단계로 접어들었고, 출산율도 감소하여 고령자들이 점점 사망함에 따라 인구가 전체적으로 감소하는 현상이 나타나게

---

4) 우치다 다쓰루(內田樹)는 인구 감소 자체는 천재지변이 아니며, 환경수용능력을 초과한 인구 팽창에 대응하여 인류가 살아남기 위해 무의식적으로 선택한 집단적 행동이라고 분석한다.(內田樹 編, 2019: 15)

5) 2014년 5월 마스다 히로야(增田寬也) 전 총무장관이 주도하는 민간연구단체 일본창성회의는 「성장을 이어가는 21세기를 위하여: 저출생 극복을 위한 지방 활성화 전략」이라는 보고서를 발표했다. 이 보고서는 일본 전체 1,799개 지방자치단체의 절반에 육박하는 896곳이 2040년까지 소멸할 것으로 예측했고, 이 가운데 총인구 1만 명에 못 미치는 523곳이 소멸할 가능성이 특히 높다고 전망했다. 이후 이 보고서는 2014년 8월에 『지방 소멸: 인구 감소로 연쇄 붕괴하는 도시와 지방의 생존전략』이라는 제목으로 출간되었다.(神田誠司, 2020: 146-147) 우리나라 번역자들은 '지방 소멸'이라는 번역어를 선택하였지만, 여기서는 좀 더 포괄적인 맥락에서 '지역 소멸'이라는 표현을 선택하였다.

되었다. 그렇다고 일본이 외국인의 이민에 대해 적극적인 정책을 취하고 있지도 않아서 일본은 출산 장려 정책을 추진하였다. 그러나 이 정책은 성공하지 못하였다. 시골로 이주하는 것에 대한 장려 정책도 추진하였지만, 외지인에 대해 호의적이지 않은 시골 정서로 이 또한 성공하지 못하였다.

시골과 도시의 접점이 전혀 없는 것은 아니다.[6] 도시에서 시골로 여행을 가기도 하고, 도시에서 시골과 연계하여 이벤트를 시행하기도 한다. 도시에서 시골로 이주하는 사람이 전혀 없는 것도 아니다. 시골로 반드시 이주해야 한다는 것을 조건으로 내걸지 않으면 부담을 갖지 않고 도시와 시골이 접속할 수 있는 여지를 만들어낼 수 있다. 도시 사람들에게 시골에서 먹거리가 어떻게 만들어지고 유통되는지 이야기하듯이 전하는 시도가 그중 하나다.[7] 도시 사람들은 매장에 배열된 먹거리를 골라 구매하면 되므로, 그 먹거리의 생산과정에 대해 상세하게 알 필요가 없었다. 그러나 그 먹거리의 생산과정에 사람이 있고, 사람이 사는 이야기가 있다는 것을 알게 되면, 그 먹거리는 이전과는 다른 의미를 갖게 된다. 사람이 배제된 먹거리에서 사람의 이야기가 있는 먹거리가 되는 것이다. 이제 생산자로부터 직접 구매하는 것이 가능해지면서 생산자와 소비자의 직접적인 관계가 형성된다.

인구가 감소하면서 빈집 또는 빈 건물이 늘어나게 된다. 이 건물에 창작자들이 와서 편하게 활동할 수 있도록 여건을 조성하고, 무엇보다 이들을 환대하는 관행을 만들어 나가면 창작자들이 모이게 된다. 이 경험을 자양분으로 하여 창작이 이루어지면, 이 창작은 당사자뿐만 아니라 지역주민들에게도 긍정적인 경험이 된다. 도시가 창작의 무대가 되어야 하는 사례가 분명히 있다. 그러나 굳이 도시가 아니어도, 오히려 시골이라면 더욱 창작에 도움이 되는 사례도

---

6) 도시와 시골의 접점에 관해서는 류석진・조희정・김용복(2020), 조희정(2021) 참조.

7) 다카하시 히로유키(高橋博之)는 ≪도호쿠 먹는 통신(東北食べる通信)≫ 편집장으로서 이 일을 해오고 있다.(內田樹 編, 2019: 225-252)

있다. 창작에 도움이 되는 여건만 조성된다면 여기서 오는 이점을 굳이 마다할 이유가 없다. 작업실을 번잡한 도심이 아니라 시골에 두고 창작에 전념하는 사례는 적지 않다. 이렇게 하여 창작자들과 지역주민들 간의 직접적인 관계가 형성된다.[8)]

코로나19로 재택근무가 불가피하게 되면서 재택근무에 대한 부정적 인식도 점점 약해지고 있다. 코로나19 이전에도 인터넷이라는 가상공간에서 사무를 보는 것이 가능한 기업에서는 재택근무를 도입하였다. 이 기업에서 도심의 복잡함에 불편함을 느끼는 사람은 굳이 도심에 거주할 필요가 없다. 시골에 거처를 마련하고, 거기서 모든 사무를 원활하게 처리할 수 있다. 이처럼 가상공간에서의 활동이 활성화되고 보편화되면, 기업의 연구시설과 같은 핵심 시설을 시골로 옮길 수도 있다. 이러한 실험은 현재 진행 중이며, 효과가 있음이 입증되고 있다. 이들이 편하게 거주하려면 지역주민들의 환대가 무엇보다 중요하다. 이러한 환대를 매개로 이들 또한 지역주민들에게 도움이 되는 일을 할 수도 있다. 이렇게 접점이 만들어지면서 최첨단의 작업을 하는 사람들도 지역주민들과 직접적인 관계를 맺을 수 있다.[9)]

도시와 시골의 접속을 염두에 두면 시골을 알리는 일이 필요하게 된다. 정기적인 교육 프로그램을 개발하여 도시에서 운영하면서 이를 계속 발전시켜 나갈 수 있다. 의미 있는 과정이라는 자부심을 토대로 시골에서의 직접적인 체험이 포함된 프로그램으로서 유료로 진행할 수도 있다. 일방적으로 전달하는 방식으로 진행하지 않고 서로 논의하고, 개인 프로젝트를 진행하는 방식을 취함으로써 시골이 안고 있는 문제를 풀어나가는 새로운 경험을 하게 된다. 해당 시골 출신에게는 고향의 발전을 위한 과제를 수행하는 셈이 된다. 그러나

8) 간다 세이지(神田誠司, 2020: 39-46)가 소개한 가미야마(神山)의 아티스트 인 레지던스(KAIR; Kamiyama Artist In Residence) 참조.
9) 간다 세이지(神田誠司, 2020: 59-103)가 소개한 가미야마(神山)의 위성사무실 유치 사례 참조.

이를 매개로 시골에 이주해야 한다는 부담을 지울 필요는 없다. 자기의 고향일 수도 있는 시골의 발전에 대해 막연한 관심만 가지고 있다가 짬을 내서 시골의 발전을 위해 숙고한다는 것 자체가 의미 있는 경험이 되고, 이 경험을 통해 이들은 체험지가 되는 시골의 주민들과 직접적인 관계를 맺게 된다.[10] 이렇게 되면 시골에서는 주민들과 관계를 맺는 도시 사람들, 즉 '관계 인구'[11]가 늘어나게 된다.

6. 상생하는 느슨한 연대

너무 친밀한 관계는 오히려 관계의 지속을 해칠 수도 있다. 매우 친밀한 관계에서 깊은 상처를 남기는 사례가 많은 것이 이를 예증한다. 김영민(2018)에 의하면, 친밀함을 유지하되 지속성을 유지하려면 관계 사이에 비판을 수용하는 여지가 있어야 한다. 비판적 논의를 가능한 한 피하려 한다면, 그러한 친구 관계는 지속되기 어렵다. 이것은 집단 간에도 그대로 적용할 수 있다. 일정한 거리 유지는 상대편을 존중한다는 의미도 있지만, 이러한 진심은 한 번에 전달되지 않으며, 오랜 경험을 통해 체감하게 할 수밖에 없다. 그만큼 관계 유지를 위해서는 서로 노력을 많이 들여야 한다.

우리나라는 6.25 전쟁을 겪었다. 이때 우리나라에 파병한 나라들이 있고, 파병하지는 않았지만, 인적 · 물적 지원을 한 나라들도 있다. 우리나라는 개발도상국으로서 앞선 위치에 서면서부터 이 나라들에 보은하는 정책을 추진하였

10) 다나카 데루미(田中輝美, 2021)가 소개한 시마네(島根)현과 관련된 '시마코토 아카데미'의 사례 참조.

11) 이 개념은 앞서 언급한 다카하시 히로유키(高橋博之)가 처음 사용하였으며, 다카하시에 이어 다나카 데루미(田中輝美, 2021)도 관계 인구의 형성이 가능함을 보여주었다. 다나카는 시마네현에 거주하면서 자기를 '로컬 저널리스트'로 호명한다.

다. 6.25 전쟁 때 우리나라에서 도움을 준 사람들을 일일이 찾아내고, 이들에게 감사의 선물을 보냈다. 코로나19 팬데믹 상황에서는 이들에게 방역 키트와 식량 키트를 보내기도 하였다. 그리고 정기적으로 이들을 우리나라에 초빙하여 우리나라를 그대로 보여주며 그들의 도움이 헛되지 않았다는 것을 스스로 입증하게 하였다. 자국에서도 잊힌 전쟁이고, 그래서 잊힌 사람들이지만, 우리나라에서는 이들을 잊지 않았고, 이들과의 관계가 주변에 선한 영향력을 미치고 있다.

우리나라에는 한국국제협력단(KOICA; Korea International Cooperation Agency)이 있다. 한국국제협력단은 다른 나라에 사무소를 두고 국제협력을 바탕으로 한 지원을 하고 있다. 이전에는 UN의 선진국의 예를 따라 자금을 지원하고 시설을 짓는 방식을 취하였으나, 기대하는 만큼의 효과가 나지 않는다는 것을 확인하였다. 그 자금과 시설이 그 나라의 발전에 계속 활용되지 못함으로써 공여국에는 국제 원조를 했다는 허울만 남게 되었다. 이렇게 되어서는 안 된다고 판단한 우리나라는 수원국에 자금과 시설을 지원하되 수원국 국민과 함께하는 프로그램을 개발하고, 그들의 자립에 함께하는 방식으로 전환하였다. 한국국제협력단원으로 자원한 사람들이 수원국에서 바로 그 일을 수행하고 있다.

우리나라 농촌진흥청에서는 해외농업기술개발사업(KOPIA; Korea Program on International Agriculture)을 수행하고 있다. 수원국에 사무소를 두고 수원국 농민들과 함께 수원국 농업의 발전을 위해 다양하게 실험한다. 대표적인 것이 그들의 주식이 되는 작물의 소출을 늘리는 품종의 개량이나 개발이다. 더 나아가 새로운 경작 기술의 학습을 통해 그 가치를 알게 하되, 이것이 지역의 공동체 형성과 궁극적으로 나라의 발전으로 이어지게 한다. 오염된 물을 마심으로써 병에 걸리거나 배고픔에 지쳐 죽어가는 사람이 없도록 일방적으로 지원하지 않고 함께 노력하는 방식은 그들의 삶의 방식 변화로까지 이어지고 있다. 한국국제협력단과 마찬가지로 농촌진흥청의 해외농업기술개발사업은 우리나라가 시간이 걸리더라도 상생의 길을 찾아가고 있다는 것을 실감하게 만들고 있다.

기업의 이윤과 맞물려 있지만, 해수 담수화 기술을 개발하여 식수가 부족한 나라의 식수 걱정을 덜어주고, 열대 기후이든 한대 기후이든 스마트팜 기술을 적용하여 채소를 먹을 수 있게 하되, 이것으로 갑질을 하지 않는 방식으로 상대국과 상생하는 길을 모색하고 있다. 우리나라 기업이 외국에서 대규모 공사를 수주한다면, 우리나라 기술과 제품을 활용하되 그 나라 국민의 일자리를 만들어 함께하고, 공사장 주변 주민들의 삶의 질 향상에 도움이 되는 사업을 함께 진행하였다. 외국에서 사업장을 운영하는 기업도 마찬가지로 그 나라 국민의 일자리를 만들어 함께하고, 사업장 주변 주민들의 삶의 질 향상에 도움이 되는 사업을 함께 진행하였다. 전 세계적으로 이렇게 조성해 놓은 우리나라에 대한 긍정적인 이미지가 밑바탕이 되어 한류가 그 위에 형성된 바람을 타게 되었다고 볼 수 있다.

7. 통합적인 지원행정

인구 감소는 하나의 현상이다. 그러나 이것은 여러 요인이 얽혀 있는 복잡한 현상이기도 하다. 국내 요인만이 아니라 국외 요인도 얽혀 있으므로, 정확히 말하면, 세계체제가 맞물려 있는 현상이다. 따라서 당장 인구가 감소하는 지역에 인구가 증가하는 정책 사업을 추진하면 성공할 수 있다고 생각하는 것은 대증적이고, 근시안적이며, 심지어 근대적이기에 비현실적이기도 하다. 시대적 흐름에 따라 삶의 환경이 변하고, 이에 따라 사람들의 심성도 변한다. 그렇다고 누구나 똑같은 심성을 갖는 것은 아니므로 다양성을 존중해야 한다. 이를 고려하지 않고 지위가 높은 사람이 자기가 옳다고 생각하는 것을 정책으로 밀어붙이면, 행정의 관례상 효과가 나타나는 것으로 포장이 되겠지만, 결국은 여러 가지 부작용을 낳게 된다.

앞서 언급한 것처럼, 억지로 결혼하게 할 수 없고, 출산하게 할 수 없다. 귀농하고 귀촌하는 사람도 있지만, 도시와의 연계를 완전히 끊을 수도 없다. 무엇보다 아프면 병원에 가야 하고, 시골에서 도저히 충족할 수 없는 사회·문화적 욕구는 도시에서 충족해야 한다. 귀농과 귀촌처럼 필요에 따라 시골로 이주할 수 있다. 그러나 필요가 사라졌다고 판단할 때 다시 이주하는 선택을 할 수 있어야 한다. 그러므로 이주하게 하는 정책을 추진하면서 다시 원위치로 또는 다른 지역으로 이주할 필요를 느끼지 않게 지역의 여건을 조성하는 것이 중요하다. 이러한 여건 조성을 위해서는 성격상 종합적이고 통합적인 설계가 있어야 한다. 그리고 그 설계는 상황 변화에 따라 탄력적으로 대응할 수 있도록 유연해야 한다.

자녀를 도시로 내보내고, 이웃이 새로운 일자리를 찾아 도시로 떠나는 게 일반화되어 있어서 인구 감소를 불가피한 현실로 받아들이고, 그런 지역에서 살다가 죽음을 맞이하는 것을 자기 숙명으로 받아들이는 것이 관행일 수 있다. 그러나 일손이 부족한 상태에서도 가능한 농경을 생각하고, 이를 구현하기 위해 노력하는 사람도 있다. 정작 주민은 주목하지 못했지만, 시골의 가치를 새롭게 발견하고, 이 가치를 사업 품목으로 삼아 새로운 시장을 열어가겠다고 시골에 오는 사람도 있다. 사람마다 주목하는 것이 다르고, 사람은 자기 필요에 따라 유동한다. 이러한 흐름을 막는 것은 자연스럽지도 않고 타당하지도 않다. 그렇다면 행정은 어떻게 작동해야 하는가?

지역에 우호적인 사람들을 얼마나 확보하는가, 더 나아가 우리나라에 우호적인 외국인들을 얼마나 확보하는가에 따라 지역과 우리나라 전체의 명암이 갈리게 될 것이다. 이것의 전제는 우리가 먼저 손을 내밀어야 하고, 서로 상생하는 길을 모색하는 지력을 발휘해야 한다는 것이다. 이것은 우리나라의 건국 이념인 홍익인간(弘益人間)을 구현하는 것이기도 하다. 이러한 건국이념이 있더라도 이것을 구현하기란 쉽지 않다. 이해관계가 복잡하게 얽혀 있고, 약육강식의 논리가 적용되기도 하는 형국에서 자기를 지켜내기조차 어려운 것이 현실이다. 그러므로 개인 안에만 머무르지 않고 여러 사람이 역량을 모아 내적으로 지켜내는 힘과 외적으로 상생하는 힘을 발휘해야 한다.

어느 지역이든 자생력이 있어야 한다. 타 지역에 도움을 주려면 역시 그 지역이 자생력을 갖추게 해야 한다. 이 자생력은 저절로 형성되는 게 아니라 학습을 통해 형성된다. 지역의 흐름을 읽고, 국가 전체의 흐름을 읽고, 세계 전체의 흐름을 읽는 학습을 병행해야 한다. 물론, 누구나 똑같은 수준으로 이러한 학습을 해야 하는 것은 아니다. 누군가는 이런 학습을 하고, 이를 공유하는 노력을 해야 한다. 이렇게 하여 형성되는 교육공동체를 통해 지역은 선도적인 길을 열어갈 수 있다. 행정은 지역 전체가 이러한 모습으로 작동되도록 지원해야 한다. 행정이 나서서 해야 할 일을 정해주는 것이 아니라 주민들이 해야 할 일을 찾아서 하게 해야 한다. 그중 기본적인 것이 지역주민들이 서로 돌보고 환대하는 공동체를 형성하는 것이다. 이것이 국가 전체적으로, 더 나아가 세계 전체적으로 연대를 만들어 낼 때 인구 감소는 심각한 문제로서의 위상에서 벗어날 수 있을 것이다.

제13장

평생학습기본권리로서 노년교육 참여[1)]

권인탁 등(2021)은 "제5차 평생교육진흥기본계획 마련을 위한 비전 및 주요 과제 설정 연구"에서 '국민이 체감하는 보편적 평생학습'을 비전으로 제시하고, '평생학습기본권 설정'을 첫 번째 과제로 제시하였다. 이에 따라 한국평생교육학회는 2021년 2차에 걸쳐 '보편적 평생학습권 보장과 평생교육 새판 짜기'를 대주제로 하여 '보편적 평생학습권 실현을 위한 평생교육 대토론회'를 개최하였다. 이후로 평생학습권에 관한 논의가 활발하게 이루어지고 있다. 즉, 평생학습이 보편화되도록 제도적 여건을 조성하는 차원에서 평생학습권을 기본권으로 설정하고 이를 보장하는 방안을 모색하고 있다. 노년교육과 관련해서도 이러한 논의가 이어지고 있다.

1. 기본권으로서 평생학습권

'기본권'은 누구도 어떤 상황에서도 침해할 수 없는 권리를 말한다. '인권'이 대표적인 기본권이며, '학습권'도 기본권에 포함되었다. 학습은 인간-됨에 필수

1) 이 글은 2022년 11월 11일 한국노년교육학회가 고령사회전문가포럼(제38차)과 함께 개최한 추계학술대회에서 기조강연으로 발표하였다.

적이므로 학습 활동에 어떤 침해도 있어서는 안 된다는 점에서 학습권이 기본권으로 인정되었다. 인간은 태어나서 인간답게 살아가는 데 필요한 모든 걸 일일이 배워 익혀야 한다. 학습은 다른 사람이 대신해 줄 수 없으며, 전적으로 당사자가 직접 해야 한다. 그런데 학습력에는 개인차가 있고, 학습력에도 수준이 있으므로 학습력이 향상되도록 조력하는 기제가 인간에게 있으며, 이것이 바로 교수다. 그렇다고 학습이 반드시 교수에 의지해야 하는 활동은 아니다. 학습과 교수는 서로 다른 활동으로서 서로 맞물려서 진행되는 교육을 구성하는 두 축이다.

학습권을 기본권으로 설정한 것은 학습권이 보장되지 않는 사태가 과거에도 있었고, 현재에도 있으며, 미래에도 있을 수 있기 때문이다. 근대에 들어와 의무교육제도가 도입되었다. 의무교육제도는 학교교육과 맞물려 있는 제도로서 학교교육에 참여하게 지원할 의무를 부과하는 제도다. 이 의무는 국가적 차원에서 부과하는데, 이 의무는 부모가 이행하게 되어 있다. 즉, 부모에게는 자녀를 학교교육에 참여하게 지원할 의무가 있다. 여기서 국가가 부모에게 이러한 의무를 부과할 정도로 학교교육에 참여할 자녀의 학습권을 인정한다고 말할 수도 있다. 만약 부모가 이 의무를 이행하지 않으면 어떻게 되는가? 국가가 부과한 의무이고, 학습권은 침해되어서는 안 되므로 그 의무는 일정 시점에서는 국가로 이관된다고 보아야 할 것이다.[1)]

학습권은 성격상 의무교육에 참여하여 학습할 권리로 한정할 수 없다. 인간은 언제 어디서나 어떤 수준에서든 학습할 수 있으므로 시간과 장소와 수준에 관계없이 학습을 방해받지 않을 권리가 있다. 학습권은 법적으로 보장하는 권리라는 점에서 제도적인 성격이 있으므로 개인의 모든 학습 활동을 법적으로 보장하는 데는 한계가 있다. 그러나 의무교육과 같이 법에 근거하여 진행하

1) 노년이 기초문해교육에도 참여하지 못하는 상황은 이 일이 제대로 이루어지고 있지 않음을 보여준다.

는 교육이라면, 이 교육에 참여하여 학습할 권리는 보장되어야 한다. 이러한 맥락에서 학교가 아닌 다른 장에서 진행하는 교육에 참여하여 학습할 권리를 '평생학습권'이라고 말할 수 있다.

평생학습권과 일반적인 학습권이 다른 것은 아니며, 일반적인 학습권이 그동안 학교교육과 관련하여 논의된 한계를 분명히 하는 차원에서 의도적으로 평생학습권으로 명명하는 것이다. 그러므로 평생학습권에 관한 논의는 학습권 일반에 관한 논의로 확장되어야 한다. 학습은 교육적 필요에 해당하는 부분을 충족하기 위해 진행하는데, 교육적 필요를 무시당하는 사태나 교육적 필요를 무시당하지는 않더라도 이를 충족하는 적합한 방법을 활용하지 못하는 사태는 태어나서 죽음에 이르기까지 어디서나 어떤 수준에서든 발생할 수 있다. 물론, 언제 어디서나 어떤 수준에서든 자신의 교육적 필요를 충족하는 학습에 외적인 장애가 거의 없는 사람도 있다. 그러나 교육적 필요를 의식하고 있어도 이를 충족할 학습의 여정을 시작할 엄두도 내지 못하는 사람도 있다.

노년의 삶은 각양각색이다. 계속 생계를 걱정해야 하는 노년에서부터 생계의 걱정을 전혀 하지 않아도 되는 노년에 이르기까지 다양하며, 기초문해교육에 참여할 필요가 있는 노년에서부터 최첨단의 지식을 활용하고 있거나 지성인으로서 명철함을 유지하고 있는 노년에 이르기까지 다양하다. 기초문해교육에 참여할 필요가 있지만 사리분별이 바른 노년이 있는가 하면, 최첨단의 지식을 자기 이익을 위해서만 활용하고 다른 사람들의 손해를 전혀 돌아보지 않는 노년도 있다. 이러한 다양성은, 교육의 맥락에서 보면, 앎의 수준을 향상하거나 성숙의 수준을 향상해야 하는 과제가 있음을 말해준다. 노년에게는 교육의 과제가 있고 학습할 필요가 있으므로 그의 평생학습권은 존중되어야 한다.

2. 평생학습권의 법적 맥락과 학문적 맥락

「대한민국 헌법」 제31조 제1항에는 '모든 국민은 능력에 따라 균등하게 교육을 받을 권리를 가진다'고 명시되어 있다. 여기서 '교육'은 제도교육을 의미하며, '교육을 받을 권리'는 제도를 통해 제공하는 교육 기회를 누릴 권리를 의미한다. 여기서 모든 국민이 주체로서 누려야 하는 권리를 언급하고 있음에도 '교육을 받는다'는 식으로 수동적인 표현을 사용한 것은 적합하지 않다. 그러므로 위 조항은 '모든 국민은 능력에 따라 균등하게 교육에 참여할 권리를 가진다'로 수정할 필요가 있다. 그러나 '교육에 참여한다'는 표현도 간결하지 않다. '교육에 참여하는 것'은 '교육하는 것'과 다르지 않기 때문이다. 교육은 학습과 교수라는 두 축으로 구성되므로 교육하는 것은 학습하는 것과 교수하는 것을 다 포함한다.

학습은 교수의 조력을 받지만, 교수와는 구분된다. 일상에서 '배운다'와 '가르침을 받는다'를 혼용하지만, 가르침을 수동적으로 받는 것이 적극적으로 배우는 것을 보장해 주지 않기 때문에 양자는 다르다. 그런데 '가르침'을 '교육'과 같은 것으로 보고 '가르침을 받는다'와 '교육을 받는다'도 똑같은 의미의 다른 표현으로 이해하는 게 상식으로 굳어져 있다. 그리고 법 조항을 만들면서 이 상식을 그대로 받아들인 것이다. '배운다'는 배우고 익히는 '학습'의 반쪽을 언급하고 있고, '가르친다'는 가르치고 확인하는 '교수'의 반쪽을 언급하고 있다. 다시 말하면, 배우고 가르친다는 말로 교육활동을 제대로 드러낼 수 없다. 그런데 교육학계에서 이러한 한계가 있는 교육 관련 상식을 관행적 표현으로 그대로 수용하고 있다. 개념의 엄밀성을 추구하는 학문의 맥락에서 이는 타당하지 않다.

법률 조항은 선언적 표현이더라도 행정에서 집행할 것을 염두에 두어야 한다. 법에 이어 시행령과 시행규칙이 후속되는 것은 이 때문이다. 그래서 법에 근거하여 규제하거나 지원할 수 없는 것까지 조항에 담을 수 없다. 따라서 '모든 국민은 능력에 따라 균등하게 교육을 받을 권리를 가진다'는 헌법 조항은 법적 선언이면서 동시에 제도교육에 한정된다는 제약을 전제한다. 다시 말하면, 이 조항은 학습권으로 이해될 수도 있고, 평생학습권으로 이해될 수도 있으며, 다만, 제도교육에 참여하여 학습할 권리로 한정하여 이해해야 한다. 여기서 '제도교육'은 각 정부 부처가 법적 근거에 따라 시행하는 모든 교육을 포괄한다. 그리고 이러한 교육은 일반적으로 프로그램으로 기획하고 설계하여 진행하는 교육을 의미한다. 「평생교육법」 제2조 제1호에서 '평생교육'을 학교의 정규 교과과정을 제외한 모든 형태의 '조직적인 교육활동'으로 정의한 것은 이러한 맥락에서 이해할 수 있다.

학문적 맥락에서는 프로그램으로 진행하는 조직적인 교육활동만 '평생교육'으로 정의할 수 없다. 무엇보다도 평생교육의 정의에서 학교의 정규 교과과정에 따라 진행하는 교육을 제외할 수 없다. 법적으로는 「초・중등교육법」과 「고등교육법」이 존재하기 때문에 「평생교육법」에서는 양 법에서 규율하는 것을 제외할 필요가 있다. 그러나 법적 필요에 따른 논리를 학문에서 그대로 따라야 하는 것은 아니다. 학문적 맥락에서는 언제 어디서 어떤 수준에서 누가 참여하는 교육이든 탐구해야 하고, 분절적으로 진행되는 교육이라도 이를 평생의 시점에서 조망하는 관점을 확보해야 한다. '평생교육' 개념의 국제적 확산에 공헌한 랑그랑(P. Lengrand)은 다양한 시점과 장에서 다양한 사람이 참여하여 진행하는 교육 각각을 분절적으로 사유하고 실천하는 것을 심각한 문제로 언급하였다(윤여각, 2015).

「초・중등교육법」과 「고등교육법」과 「평생교육법」에 노년이 참여할 만한 교육이 명시되어 있다. 「평생교육법」에서는 장애인의 평생교육 참여를 보장하는 차원에서 법률 개정을 통해 관련 조항을 포함하였다. 이와 같은 방식으로 노년의 평생교육 참여를 보장하는 차원에서 법률 개정을 통해 관련 조항을 포함할 수도 있다. 이를 위해서는 공론의 과정을 거쳐야 할 것이다. 이와 병행하여 노년의 평생교육 참여와 관련한 학문적 논의도 활발하게 진행해야 할 것이다. 한정란(2001)은 노년이 학습자로 참여하는 교육, 노년이 교수자로 참여하는 교육, 노년을 주제로 다루는 교육을 노년교육으로 포괄하고, 이 교육이 세대공동체교육을 지향하는 것으로 정리하였는데, 이는 학문적 논의의 토대가 되어 왔다.

3. 교육의 맥락에서 노년 이해

교육의 맥락에서 보면, 노년은 학습자다. 노년은 태어나서 현시점에 이르기까지 계속 학습해 왔다. 물론, 노년이 한순간도 예외 없이 학습에 참여한 것은 아니지만, 학습하지 않았다면 현시점까지 살아내는 것조차 불가능했을 것이다. 인간은 태어나서 인간으로서 살아가는 데 필요한 것을 일일이 학습하지 않으면 안 된다. 노년 역시 이러한 학습을 하였고, 이를 토대로 다른 사람과 세세한 부분에서 차이가 나는 삶에 필요한 학습도 하였다. 노년의 현재 모습 또는 삶은 그가 지금까지 학습한 결과로 복잡하게 작용하여 형성된 것이라고 말할 수 있다. 노년이 삶의 여정에서 구체적으로 무엇을 어떻게 학습해 왔는지 자서전적 연구와 생애사 연구를 통해 접근하지 않는다면 제대로 알 수 없다.

'학습' 하면 프로그램화된 교육이 진행되는 장에서 하는 학습을 연상하는 것이 일반적이지만, 그러한 장에서만 학습하지는 않는다. 프로그램화된 교육의 대표적인 예는 학교교육이며, 이 외에도 프로그램으로 개설하여 진행하는 교육은 모든 부처와 산하 기관에서 진행하고 있으며, 민간 단체에서 사업으로 진행하는 교육도 프로그램으로 기획되고 설계되고 운영되는 예가 많다. 이렇게 교육 프로그램에서 수강자로 참여하는 사람은 다 학습자다. 노년은 현시점에 이르기까지 이러한 교육 프로그램에 수없이 참여했다고 볼 수 있다. 그 과정에서 자기 진로를 발견하거나 재발견하기도 하고, 이를 토대로 취업이나 재취업에 필요한 역량을 갖추기도 한다. 중앙 정부와 지방자치단체에서 예산을 들여 운영하는 교육 프로그램에 참여하거나 개인이 자비를 들여 교육 프로그램에 참여한 이력은 공식 기록에 포함하기도 한다. 노년이 되어 은퇴해서도 여전히 교육 프로그램에 학습자로 참여할 기회는 있다. 그러나 더 이상 이러한 교육 프로그램에 학습자로 참여하지 못하는 시점이 온다.

노년이 되기까지 프로그램화된 교육의 장에만 참여하는 것은 아니다. 엄밀히 말하면, 프로그램화된 교육의 장보다 프로그램으로 구성되지 않은 채 교육이 진행되는 장이 더 많다. 가정은 물론 학교와 직장에서도 구성원 간의 상호작용을 통해 진행되는 학습과 교수가 있고, 가정과 학교와 직장이 아니더라도 삶의 여정에서 거치는 공간에서 다양한 방식으로 학습과 교수가 일어난다. 앎의 수준이 상대적으로 높은 사람과 낮은 사람이 공존할 때 전자는 교수하려는 경향, 후자는 학습하려는 경향이 나타나고 양자의 맞물림을 통해 교수와 학습이 진행된다. 이것을 의식할 수도 있고, 의식하지 못할 수도 있다. 그러나 이러한 학습을 통해 이전 학습 결과의 강화가 일어나기도 하고, 새로운 학습의 여지가 확인되기도 한다. 노년은 이러한 학습의 여정을 거쳐 현재에 이르렀다.

교육의 맥락에서 보면, 노년은 교수자이기도 하다. 교수자는 일정한 시점 이후에 될 수 있고, 교수의 의지가 있어야 교수자가 될 수 있다. 엄밀히 말하면, 학습자로부터 어떤 식으로든 동의를 받아야 교수자로 인정받을 수 있다. 학습자의 존재가 없는 상태에서 교수자는 존재할 수 없다. 노년이 되기까지 삶을 살아오면서, 인지에 심각한 장애가 없다면, 한 번도 교수자의 위치에 서보지 않은 사람은 없다. 앎의 수준은 상대적이어서 자기보다 앎의 수준이 낮은 사람이 옆에 있고, 그에게 교수하려는 마음을 낼 수 있다. 학습을 통해 인간이 성장하기도 하고 성숙하기도 하지만, 교수 역시 인간의 의미 있는 경험이므로 이 교수를 통해서도 인간은 성장하기도 하고 성숙하기도 한다. 노년은 이러한 교수의 여정을 거쳐 현재에 이르렀다.

학습이든 교수든 언제나 원활하게 진행되지는 않는다. 학습에도, 교수에도 언제나 어려움이 있으며, 이 어려움은 해소하거나 해결해야 하는 과제가 된다. 이 과제를 충실하게 수행해야 다음 단계의 학습이나 교수를 진행할 수 있다. 저절로 학습이 잘 되거나 교수가 잘 되는 사례는 없다. 학습자 편에서의 노력과 교수자 편에서의 노력이 수반되어야 학습자이기도 하고 교수자이기도 한 한 인간의 성장과 성숙이 담보될 수 있다. 그러나 학습자나 교수자 혼자서 해결하기 어려운 사태는 분명 존재한다. 여기서 그보다 수준이 높은 사람의 조력이 필요한데 적합한 시점에 적합한 조력을 받지 못하는 상황은 언제나 존재한다. 이러한 삶의 여건을 포함하여 태어나서 노년이 되기까지 모두 같은 강밀도로 학습과 교수에 참여하지는 않으므로 노년 사이에는 엄청난 개인차가 존재한다.

4. 노년이 학습자와 교수자로 참여하는 교육

노년의 규정은 시대나 사회마다 다르다고 보아야 한다. 이전에는 노년으로 인정받았지만, 현재는 노년으로 보기에는 아직은 젊다고 인식하거나, 통상적으로는 노년으로 인정받지만, 그보다 나이가 많은 사람이 모인 집단에서는 오히려 젊은이 취급을 받을 수도 있다. 그러나 시대나 사회마다 노년기로 조망할 수 있는 시기가 있고, 그 시기에 해당하는 노년이 있다. 정확히 부합하지 않는 사례도 있겠지만, 더 이상 직업생활을 할 수 없어서 직업 세계에서 물러나는 은퇴 시점을 전후하여 노년기라고 명명할 수 있고, 이 시기에 있는 사람을 노년이라고 부를 수 있을 것이다.[2] 노년이라고 해서 삶의 양태가 똑같지는 않다. 노년의 수만큼 다양한 삶의 양태가 있다. 그중 학습자로 살아가는 삶의 양태와 교수자로 살아가는 삶의 양태가 있다.

중세까지만 해도 노년이 학습자가 된다는 생각은 하지 못했다. 근대 이후 시대 변화의 흐름이 빨라지면서 노년이 시대의 흐름에서 지체가 일어난다고 생각하게 되었고, 노년이 참여하는 교육 프로그램도 설계하여 운영하는 시도를 하였다. 김제태 목사는 노년이 된 이후의 생활, 즉 노후생활에도 교육과의 접속이 필요하다고 생각하였고, 그 교육을 평생교육의 맥락에서 이해하였다. 그는 1972년부터 서울평생교육원 노후생활교육부에서 노년이 학습자로 참여하는 교과과정을 설계하여 운영하였다. 그는 이것이 노인학교 운동의 효시라고 보았다. 그는 5년간 노인학교를 운영하면서 쓴 글과 수강생으로 참여한 노년 학습자가 쓴 수기, 그리고 관련 자료를 엮어 1978년 『노후생활과 평생교육: 평생교육현장단상록 및 자료』를 출간하였다. 이후 노인학교 운동은 다른 지역에서도 일어났고, 현재는 노인대학이라는 이름으로 명칭이 변경되고, 여기서 다양한 교육 프로그램이 운영되고 있다.

2001년 노년의 교육에 관심이 있는 사람들이 모여 교육노년학 모임을 결성하였고, 2007년 이 모임의 명칭을 노년교육연구회로 변경하였으며, 그동안의 축적된 경험과 성과를 토대로 다시 명칭을 변경하여 2014년 한국노년교육학회로 출범하였다. 노년교육연구회에서는 성공적인 은퇴가 중요하다고 인식하고, 이를 위한 수업을 구상하고 이를 『인생의 2막을 위한 라이프 디자인 은퇴수업』이라는 제목의 교재로 출간하였다. 은퇴 이후에도 상당 기간 삶이 지속되므로 이에 대한 대비가 필요하고, 이 대비에 교육 프로그램 설계로 대응한 것이다.[3]

---

2) 물론, 이에 대해서는 논란이 있을 수 있다.

3) 한국방송통신대학교에서도 2012년에 단과대학 수준의 프라임 칼리지를 설립하고, 그 안에 제2의 인생 설계에 도움이 되도록 다양한 교과과정을 마련하였다(교육과학기술부 · 한국방송통신대학교, 2013). 프라임 칼리지는 은퇴라기보다는 제1차 퇴직을 전후한 준비에 좀 더 초점을 맞추고 있다. 그래서 여기에는 노년보다는 중장년의 참여가 더 많다.

이전에도 은퇴 이후의 삶에 대한 대비가 필요하다는 인식이 있었지만, 이에 관한 사유와 실천이 활성화된 것은 2010년 전후라고 할 수 있다. 1970년대에는 노년도 학습자로 '참여할 필요가 있다'는 인식에서 출발했다면, 2010년대에는 노년도 학습자로 '참여해야 한다'는 인식이 더 강화되었다고 볼 수 있다.[4)]

노년의 앎의 수준과 그 앎을 소재로 소통하는 수준은 천차만별이다. 정년퇴임을 한 이후에도 전문성이 있는 자기 분야와 관련하여 다양한 활동을 하는 사람이 있으며, 그중 하나가 교수활동이다. 지적 능력이 거의 그대로 유지되고 있고, 다른 사람들과 소통하는 데 어려움이 거의 없다면 그의 전문 분야와 관련하여 교수 요청을 받는 사례는 많다. 최첨단의 지식을 갖춘 사람으로서 현재 직업이 있다면, 교육 프로그램에 참여하여 교수하는 것은 간헐적으로 할 수밖에 없다. 그러나 정년퇴임을 한 상태라면 강사의 신분으로 직장에 얽매이지 않고 자유롭게 강의할 수 있다. 비록 최첨단의 지식을 갖추고 있지 않더라도 상대적으로 앎의 수준이 높고, 교수하는 데서 보람을 느끼고, 앎의 수준이 상대적으로 낮은 학습자의 반응도 나쁘지 않다면, 언제나 교수자로 나설 수 있다.[5)]

노년은 프로그램화된 교육에만 학습자로 또는 교수자로 참여하지는 않는다. 노년은 일상의 사태에서 다양한 사람을 만나고 그들과 소통하면서 한편으로 학습하기도 하고, 다른 한편으로 교수하기도 한다. 온전히 혼자 사는 노년도 학습하는 계기가 생기며, 다른 사람들과 함께 산다면 교수를 요청하는 사람을 만나기도 한다. 앎의 수준이 높은 사람이 보기에 아무리 사소해 보이는 학습과 교수라고 하더라도 당사자에게는 의미가 있고, 귀중한 경험이 된다. 원칙적으로 노년은 죽음의 순간에도 깨달음에 이르는 학습을 할 수 있고, 누군가 깨달음

---

4) 이러한 인식의 강화에도 불구하고, 프로그램화된 교육에 학습자로 참여하는 데 어려움을 겪는 노년이 존재하는 현실은 부정할 수 없다.

5) 교수자가 되고 싶다고 해서 누구나 프로그램화된 교육에서 교수자가 될 수 있는 것은 아니다. 그것은 운영하는 측에서 선정의 과정을 거치기 때문이다.

에 이르게 하는 교수를 할 수 있다. 소크라테스의 예처럼 죽음 이후의 학습에 대해 기대하면서 죽음을 맞이할 수도 있다.

5. 노년을 주제로 다루는 교육

이상적인 상태의 인간인 성인(聖人)을 주제로 논의해 온 역사는 길지만, 특정한 나이 대의 사람을 주제로 논의해 온 역사는 상대적으로 짧다. 이제는 유년, 청소년, 성년을 주제로 다루는 영역의 분화가 이루어졌으며, 성년에서 다시 노년을 주제로 다루는 영역의 분화도 이루어졌다. 유년에서 노년이 되기까지 신체가 변화하고, 경험을 통해 구성되는 앎의 체계도 변화하므로 똑같은 사람이라고 하더라도 시기마다 다른 사람인 것처럼 매우 다른 양태를 보인다. 그러므로 현시점의 모습을 보고 사람에 대해 단정적으로 규정하는 것은 적합하지 않으며, 언제나 살아온 삶과 살아가는 삶과 살아갈 삶이라는 평생의 시점에서 그에게 접근하는 자세가 요청된다.

노년에 주목하면서 노년을 나이 듦의 의미와 그 위대함에 비추어 조망하기도 하고(Beauvoir, 1970/2002), 고대에서 르네상스까지 서양 역사에 나타난 노년의 모습을 기술하기도 하고(Minois, 1987/2010), 노년의 역사를 고정관념과 편견을 걷어낸 모습으로 다시 기술하기도 하였다(Thane, 2005/2012).[6] 은퇴 이후에도 인생을 재발견하는 사례를 중심으로 긍정적 변화에 대해 논의하기도 하고(Radebold & Radebold, 2009/2012), 나이 들수록 더 발전하고, 더

6) 우리나라에서 마을 단위의 사업을 할 때 마을에 사는 노년을 대상으로 '자서전 쓰기'를 하기도 한다. 이러한 자료의 축적을 통해 우리나라 노년의 역사를 기술하는 데 활용할 수 있고, 교육에 초점을 맞추면 우리나라 노년교육의 역사를 기술하는 데 활용할 수 있다. 노년이 현재의 나-됨에 영향을 미친 단서를 찾아 과거를 탐색하는 기록은 본인뿐만 아니라 후세대에게도 의미가 있다.

강해지는 능력을 발견하는 임상 사례를 토대로 '노년은 없다'고 주장하기도 하였다(Agronin, 2018/2019). 이것은 노년에 대한 다양한 학문적 접근이 가능하다는 것을 보여주며, 실제로 노년학은 다양한 학문적 접근을 하는 하위 영역들로 구성될 수 있다. 그 한 예로 노년에 주목하되 노년의 교육활동에 대해 교육학적 접근을 하는 노년교육학이 있다.

노년이 참여하는 활동에 교육만 있는 것이 아니므로 노년의 사회활동, 문화활동, 경제활동, 정치활동, 종교활동, 체육활동 각각에 대해 사회학, 인류학, 경제학, 정치학, 종교학, 체육학의 관점과 방법으로 접근할 수 있다. 이 외에도 노년의 심리, 생리, 정신건강 및 질병, 복지에 대해 심리학, 생리학, 의학 및 약학, 복지학의 관점과 방법으로 접근할 수 있다. 물론, 노년에 대해 철학적 접근을 하는 것도 가능하고, 노년에 상속을 둘러싼 법적인 문제에 직면할 수도 있으므로 법학의 관점과 방법도 필요하다.[7] 이처럼 인간을 대상으로 하는 모든 학문이 노년에 주목하여 고유한 관점과 방법으로 접근하고, 그 결과 알게 된 것을 체계화할 수 있다. 이렇게 되면 영역마다 그 안에서 앎의 수준에 차이가 나타나고 그 차이를 좁히려는 교육적 시도가 나타나게 된다.

여기서 노년교육학의 관심 범위에 관한 논의를 할 수 있다. 노년이 학습자 및 교수자로 참여하는 교육뿐만 아니라 교육학의 맥락에서 노년을 주제로 다루는 교육에 대해 노년교육학이 주목하는 것은 당연하다. 그러나 다양한 학문에서 노년을 주제로 다루는 교육활동 자체에도 주목할 필요가 있다. 이미 다른 학문적 맥락에서 주제로 다룬 노년에 관한 논의를 교육학에서 활용하고 있을 뿐만 아니라 다른 학문적 맥락에서도 교육학에서 학습자이자 교수자로 조망하는 교육학적 논의에 관한 참조가 필요하기 때문이다.[8] 여기서는 다루는 교과

7) 노년학은 간학문적 성격이 있으므로 여러 학문이 연계하여 노년을 주제로 다루기도 한다. 고미숙 등(2016)이 엮은 『나이 듦 수업』이 그 한 예다.

8) 간학문적 접근을 할 때 다른 학문의 성과를 참조하는 것만으로 한정할 수는 없다.

내용 자체보다도 그 교과내용을 학습하고 교수하는 교육의 수준을 파악하고 그 수준을 향상하는 데 더 초점을 맞추게 된다.

노년에 주목하는 것이 학문적 맥락에서만 필요한 것은 아니다. 사람은 태어나서 결국은 노년이 되고 죽음에 이르게 되며, 노년과 어떤 식으로든 같이 살아간다. 그러므로 일상적 삶의 여정에서 노년에 대해 식견을 갖추는 것이 노년과 더불어 사는 삶에 중요하다. 학문적 맥락을 떠나서도 직업적 맥락에서 노년을 상대해야 하는 사람들이 있다. 이들 역시 노년에 대해 식견을 갖추는 것이 좀 더 원활한 직업생활을 위해 중요하다. 노년에 대한 식견은 정책적 맥락에서도 필요하다. 정책 대상을 제대로 파악하지 못한 상태에서 정책을 수립하고 추진하는 것은 타당하지 않다. 가능한 한 노년에 대해 제대로 알아야 하고, 이를 위해 가능한 자료를 최대한 참조해야 하며, 이것으로도 충분하지 않으므로 직접 노년과 소통하는 노력을 게을리하지 않아야 한다.

6. 노년교육 관련 상담 및 컨설팅

노년이 교육에 참여하여 학습할 권리를 기본권으로 보장하는 것은 선언만으로는 가능하지 않다. 노년의 평생학습기본권 선언 및 법적 명시와 병행하여 실질적으로 노년이 교육에 참여하여 학습할 여건을 조성해 나가야 한다. 인권 선언이 공표되었고, 이에 따라 인권 관련 조항이 법에 명시되었어도, 인권의 사각지대가 존재하고, 인권이 무시되는 사태가 벌어지곤 한다. 평생학습권과 같은 기본권도 마찬가지다. 학습권이 선언되었고, 학습권 관련 조항이 법에 명시되었어도, 학습권의 사각지대가 존재하고, 학습권이 존중되지 않는 사태가 벌어지곤 한다. 이 학습권이 인간의 특정한 시기에만 해당하는 것이 아니므로 노년의 학습권이 침해되는 사태는 주변에서 흔히 볼 수 있다.

노년의 학습권이 침해되어 이를 법적으로 문제 삼는 데까지 나가기 전에 그러한 일이 발생하지 않도록 여건을 조성하는 것이 우선되어야 한다. 여기서는 교육 프로그램에 참여하는 노년 학습자 및 그와 함께하는 교수자와 그러한 프로그램을 운영하는 교육기관에 주목하여 논의한다. 교육에서는 학습자와 교수자가 주체다. 학습하는 당사자가 있고, 교수하는 당사자가 있으며, 누구도 그 당사자를 대신할 수 없다. 학습자와 교수자가 하는 활동을 옆에서 지원하는 사람은 교육의 주체라기보다는 교육지원의 주체다. 교육기관의 운영자나 실무자는 개인으로는 교육의 주체가 될 수 있지만, 교육 프로그램에 참여하고 있는 학습자 및 교수자와 관련해서는 교육을 지원하는 위치에 있고, 따라서 지원활동을 하는 주체다.

노년이 스스로 학습활동을 하면서 또는 학습에 어려움을 겪을 때 자기 학습에 관해 세세하게 검토해 보는 작업을 하는 사례는 드물다. 학습에 어려움을 겪는 노년 학습자에게 교수자가 다루는 교과내용을 좀 더 쉽게 풀어주거나 교과내용에 대해 다른 접근을 시도하는 것 이상으로 노년 학습자의 학습 활동 전반에 대해 세세하게 검토하고 대안을 모색하는 사례 역시 드물다. 이것은 대다수 교육 프로그램에서는 다루는 교과내용 자체에 더 주목하는 경향이 있기 때문이다. 학습 활동을 더 잘하기 위한 학습도 필요하고, 이에 조력하는 교수도 필요하다. 여기서 교수에는 학습자의 학습에 대한 상담이 포함된다. 다시 말하면, 학습의 이력에 대해 들어보고, 학습에 장애를 일으키는 요인을 함께 찾아내고, 그 요인에 대처하는 방안을 함께 모색하는 과정이 교수 절차에 포함되는 것이다.

노년 학습자 바로 곁에서 조력하는 사람이 교수자다. 앎의 수준이 상대적으로 높은 사람으로서 누구나 앎의 수준이 낮은 사람에게 잘 교수하는 것은 아니다. 전자가 청소년에게는 교수를 잘하더라도 유년이나 노년에게는 교수를 잘하지 못할 수도 있다. 그래서 학습자에게 학습을 더 잘해야 하는 과제가 있는 것처럼 교수자에게도 교수를 더 잘해야 하는 과제가 있다. 그런데 교수자가 자기 교수활동을 세세하게 검토하고 교수 수준을 한 단계 진전시키기 위한 대안을 모색하는 사례가 흔한 것은 아니다. 무엇보다도 강의 중심으로 진행하는 교육 프로그램에서는 교수자가 자기 교수 수준을 향상하기 위한 과제를 자기에게 부과하는 사례는 흔하지 않다. 교수자의 교수활동을 사례로 하여 교수 수준 향상을 위한 노력이 정례적으로 이루어지지 않는 게 일반적이며, 교수자의 교수에 대한 전문적인 상담이 지원되는 사례도 드물다.

교육기관에서는 교육 프로그램을 기획하여 개발하고 운영하는 데 주안점을 둔다. 학습자를 모집할 때는 교육 프로그램을 매력 있게 홍보하는 데 주안점을 두고, 교수자를 선정할 때는 다루는 교과내용에 관한 전문가이면서 교수 능력이 탁월한 사람을 초빙하는 데 주안점을 둔다. 교육기관에서는 학습자를 염두에 두고 교육 프로그램을 개발하지만, 학습자의 선경험을 고려하여 구성하는 방식으로 교육 프로그램을 운영하는 사례는 드물다. 그리고 교육기관에서 교수자와 함께 이러한 방식으로 교육 프로그램을 운영하는 데 협력적 관계를 유지하며 지원하는 사례도 드물다. 교육기관에서는 교수자가 배정되면 모집된 학습자 수 및 학습자의 만족도에 더 주목하는 경향이 있다. 교육기관이기 때문에 기관 차원에서 학습자와 교수자의 교육적 소통이 활발하게 이루어지고 서로 성장하는 경험을 하도록 지원하는 노력이 있어야 하는데, 이러한 방향으로 조력하는 것이 바로 컨설팅이다.[9]

9) 교수자・학습자 상담과 교육기관 컨설팅은 교육계 및 교육학계에서 더 발전해 나가야 하는 영역이며, 노년교육계와 노년교육학계에서도 이와 관련된 논의를 활성화할 필요가 있다.

7. 길을 먼저 열어가고 후세대를 맞이하는 위치에서

> 이전의 어떤 세대도 지금의 노년 세대와 같이 긴 시간을 수많은 동년배와 함께 하루가 다르게 변하는 세상에서 살아본 적이 없다. 그런 의미에서 현 노년 세대는 아무도 가보지 않은 길을 지도도 없이 여행하면서 노년의 삶의 의미를 새로이 만들어가는 '문화적 전위'의 역할을 떠맡고 있다. 이들이 노년의 삶의 의미를 모색하는 과정에서 남기는 발자국 하나하나는 다음 세대들이 참조할 수 있는 소중한 이정표다. (정진웅, 2012: 16)

노년은 다른 세대가 겪어보지 못한 세상살이를 가장 먼저 겪는다. 그래서 노년은 상대적으로 경험의 기간이 길고, 살아온 기간만큼 경험의 양도 많다. 전례가 없는 상태에서 시행착오가 불가피하고, 이러한 시행착오를 통해 구성해 나가는 세상에 후세대가 입문한다. 그래서 노년은 계속해서 새로운 후세대를 맞이하는 위치에 있다. 그리고 후세대는 이들이 생성해 놓은 것을 토대로 세상살이를 하고, 결국은 다른 세대가 겪어보지 못한 세상살이를 가장 먼저 겪는 노년의 위치에 서게 된다. 후세대에게는 삶의 환경으로서 노년이 있을 뿐만 아니라 노년이 구성해 놓은 세상이 있다. 노년이 구성해 놓은 세상이 후세대에게는 선입견과 편견의 원천이 되기도 하지만, 이를 검토하면서 그 선입견과 편견에서 벗어나는 시도도 할 수 있다. 이렇게 해서 세상은 계속 변해 간다.

노년이 다 성숙한 모습을 보이는 것은 아니다. 노년으로서 어른다운 모습을 보이지 않아 후세대에게 눈살을 찌푸리게 하는 사례도 적지 않다. 그러나 노년이 살아온 세상은 그대로 후세대에게 참조자료가 된다. 후세대도 결국은 노년이 되기에 '평생의 시선'(윤여각, 2020, 2021)이 필요하고, 노년도 자기 생애를 성찰하면서 후세대에게 좀 더 나은 세상을 물려주기 위한 마지막 조율의 노력을 하는 '평생의 시선'이 필요하다. 그러나 이러한 노력이 저절로 이루어지는 것도 아니고, 전례가 없기에 한번에 기대한 결과를 얻을 수 있는 것도 아니다. 이러한 점에서 노년에도 학습은 계속될 수밖에 없다. 물론, 학습의 강밀도가 상대적으로 떨어질 수도 있지만, 축적된 학습경험이 있으므로, 학습을 반복하면서도 차이를 낼 수 있다.

노년이 후세대가 참조할 만한 삶의 여정을 남긴다는 점에서 노년을 '선배시민'의 개념으로 조망하기도 한다(유범상, 2018). 은퇴 후에도 활발하게 활동할 수 있다는 점에서 노년은 자기가 살아오면서 제대로 하지 못했거나 놓친 부분을 여유를 가지고 챙김으로써 후세대에게 실질적인 도움을 줄 수 있다. 예컨대, 정년 퇴임한 교사는 미흡했던 교사로서의 이전 삶으로 되돌아가 이를 개선할 수는 없으므로 지역에서 제자나 지역주민이 힘들어하는 자녀 양육이나 교육에 조력할 수 있다(윤여각, 2017). 노년마다 삶의 경험이 다르고, 앎의 영역이나 수준이 다르므로 서로 학습자나 교수자로 나서는 교육 프로그램을 설계하여 운영할 수도 있다(이해주, 2018). 물론, 이 교육 프로그램은 노년만이 아니라 후세대에게도 개방할 수 있다. 이처럼 교육 참여를 중단하지 않는 노년의 모습은 그 자체로 후세대에게 귀감이 되며, 평생학습사회 구현에 다가서는 데 일조하는 셈이다.

이렇게 보면, 학습권은 젊은 세대에게만 보장되어야 하는 것이 아니라 노년에도 실질적으로 보장되어야 한다. 정책의 우선순위 또는 예산집행의 우선순위에서 노년의 교육 참여를 배제하는 것은 타당하지 않고 헌법의 취지에도 어긋난다. 성숙까지 지향하는 학습이 노년에도 활발하게 이루어짐으로써 개인 차원에서는 품격을 높일 수 있고, 국가 차원에서는 국격을 높일 수 있다. 모든 직업 분야로 한정하더라도 은퇴한 이후에 직업의 전문성과 관련된 학습을 계속하는 노년이 있다는 것은 해당 직업은 물론 국가 차원에서 큰 자산이 된다. 기본권은 쟁취한 권리이기도 하다. 그러므로 평생학습권을 보장해 주기를 기다리지 않고 노년이 적극적으로 학습에 참여하고, 정책적으로 학습할 여건을 조성하라고 요청해야 한다. 이것은 또한 노년이 후세대를 위해 먼저 길을 열어 가는 모습이기도 하다.

참고문헌

〈제1장〉

윤여각(2018). 한국 평생교육정책 추진체제에 관한 비평적 고찰. **평생교육에 대한 성찰과 전망**. 서울: 국가평생교육진흥원. 38-51.

윤여각(2020). 코로나19가 교육의 세계에 던지는 화두. **평생교육에서 숨 고르기**. 서울: 국가평생교육진흥원. 10-33.

윤여각(2021). 성인기초·문자해득교육의 쟁점과 과제. **평생교육론의 시선**. 파주: 교육과학사. 117-141.

윤여각(2021). 지속 가능하나 평생학습마을을 위한 과제. **평생교육론의 시선**. 파주: 교육과학사. 249-266.

〈제2장〉

윤여각(2013). 지역교육의 설계와 교육지도. 윤여각·강영희·김미란·노병윤·박선경·신민선·이규선·이상엽·유정규·유창복·조성희. **지역평생교육: 사례와 과제**. 서울: 에피스테메. 1-26.

윤여각(2016a). 평생교육사의 미래 전망과 과제. 이해주·윤여각·이규선. **평생교육실습**(개정판). 서울: 한국방송통신대학교출판문화원. 135-151.

윤여각(2016b). 학교의 재구조화. 윤여각·김현섭·이화진·박현숙·이부영·양도길·김지연·최윤정·김혜정·이승훈·지희숙. **평생교육의 눈으로 학교 읽기: 학교의 재구조화와 재개념화**. 서울: 에피스테메. 11-41.

윤여각(2019). **평생교육에 대한 성찰과 전망**. 서울: 국가평생교육진흥원(이북으로 자료실 아카이브에서 내려받을 수 있음).

윤여각(2020). **평생교육에서 평생의 시선과 교육의 위상**. 서울: 국가평생교육진흥원(이북으로 자료실 아카이브에서 내려받을 수 있음).

윤여각(2021). **평생교육론의 시선**. 서울: 교육과학사.

윤여각·강영희·김미란·김미윤·송성숙·신민선·이승훈·지희숙·최라영·홍은진(2018). **지역사회교육론**(2개정판). 서울: 한국방송통신대학교출판문화원.

이규선·윤여각·지희숙·장명희(2021). 평생학습마을 성과분석 연구. 시흥시청.

이정우(2004). **개념-뿌리들: 개념사**. 서울: 철학아카데미.

장상호(2020). **교육학의 재건**. 파주: 교육과학사.

조용환(2021). **교육다운 교육**. 서울: 바른북스.

조한혜정(2018). **선망국의 시간**. 파주: 사이행성.

한숭희(2000). 한국의 평생교육: 실천담론의 전개와 그 쟁송지대적 성격. **평생교육학 연구 6**(1). 1-20.

Illich, I.(1979). **교육사회에서의 탈출**(김남석 역). 서울: 범조사. (원저는 1971년 출간)

〈제3장〉

교육부 · 국가평생교육진흥원(2021). **2020 평생교육백서**. 서울: 국가평생교육진흥원.

윤여각(2009). **학교평생교육론**. 서울: 에피스테메.

윤여각(2021a). 디지털 문해교육 연구와 제언. 국가평생교육진흥원 · 한국문해교육협회. **디지털 생활문해교육 연구 모색**. 민 · 관 · 산 · 학 문해교육 관계자 웨비나 자료집. 19-31.

윤여각(2021b). **평생교육론의 시선**. 파주: 교육과학사.

전은희(2021). 나와 '다른' 생명과 더불어 살아가기. 윤여각 · 권효숙 · 배은주 · 서근원 · 서덕희 · 신혜숙 · 전은희 · 조용환 · 최영신. **문화와 교육**. 서울: 한국방송통신대학교출판문화원. 205-226.

〈제4장〉

서울특별시 노원구청(2023). 2022년 한걸음에 닿는 동네배움터 성과자료집.

윤여각(2015). 평생교육 개념의 재검토: 유네스코의 랑그랑 · 포르 · 다베 · 들로 보고서를 중심으로. **평생교육학연구, 21**(4). 31-53.

윤여각(2019). 동네 배움터에서 평생학습을 통한 삶의 균형 찾기. **평생교육에 대한 성찰과 전망**. 서울: 국가평생교육진흥원. 116-125. (홈페이지 알림마당 홍보 아카이브에서 내려받을 수 있음)

윤여각(2021). 「평생교육법」 제정 이후 제도 변화. 윤여각 · 신민선 · 오혁진 · 정민승 · 조순옥 · 홍은진. **평생교육론**(1개정판). 서울: 한국방송통신대학교출판문화원. 87-107.

윤여각(2021). 평생교육법 개정의 필요성과 그 방향. **평생교육론의 시선**. 파주: 교육과학사. 281-294.

이규선 · 윤여각 · 지희숙 · 장명희(2021). 평생학습마을 성과분석 연구. 시흥시.

국가법령정보센터. https://www.law.go.kr/

https://www.law.go.kr/LSW/lsInfoP.do?efYd=20211209&lsiSeq=232611#0000

https://www.law.go.kr/LSW/lsInfoP.do?efYd=20210323&lsiSeq=230389#0000

https://www.law.go.kr/LSW/lsInfoP.do?efYd=20220113&lsiSeq=238325#0000

https://www.law.go.kr/LSW/ordinInfoP.do?ordinSeq=1356989

https://www.law.go.kr/LSW/ordinInfoP.do?ordinSeq=1419753
https://www.law.go.kr/LSW/ordinInfoP.do?ordinSeq=1615067

〈제5장〉

윤여각(2010). 평생교육사의 성장 과정에 대한 사례 연구: 평생학습마을만들기 사업을 중심으로. **평생교육학연구, 16**(3). 1-30.

윤여각(2019). 평생교육사: 물꼬를 트는 사람들. **평생교육에 대한 성찰과 전망**. 서울: 국가평생교육진흥원. 128-141.

윤여각(2019). 평생교육사의 역할과 철학. **평생교육에 대한 성찰과 전망**. 서울: 국가평생교육진흥원. 142-156.

윤여각(2020). 평생교육사: 성찰적 교육주의자를 향하여. **평생교육에서 숨 고르기**. 서울: 국가평생교육진흥원. 94-114.

윤여각(2023). 평생교육사의 영역 확장. 이해주・윤여각・정민승. **평생교육실습**. 서울: 한국방송통신대학교출판문화원. 137-156.

〈제6장〉

엄태동(1998). **교육적 인식론 탐구**. 서울: 교육과학사.

하라 히로꼬(1990). **어린이의 문화 인류학**(최정순 역). 서울: 삼동자.

〈제7장〉

강대중・이윤조 외(2017). 경기도 평생학습마을 평가준거 개발 연구. 경기도평생교육진흥원.

윤여각(2016). 학교의 재개념화. 윤여각・김현섭・이화진・박현숙・이부영・양도길・김지연・최윤정・김혜정・이승훈・지희숙. **평생교육의 눈으로 학교 읽기: 학교의 재구조화와 재개념화**. 서울: 에피스테메.

이규선(2017). 평생학습마을 만들기 참여실천연구: 시흥시 사례를 중심으로. 공주대학교 박사학위논문.

지희숙(2018). 지역교육과 지역재생. 윤여각・강영희・김미란・김미윤・송성숙・신민선・이승훈・지희숙・최라영・홍은진. **지역사회교육론**. 서울: 한국방송통신대학교출판문화원.

〈제8장〉

남기업(2020). **아파트 민주주의**. 서울: 이상북스.

윤여각(2021a). 지속 가능한 평생학습마을을 위한 과제. **평생교육론의 시선**. 파주: 교육과학사. 249-266.

윤여각(2021b). 평생학습도시의 지속 가능한 발전 방향 및 과제. 지역발전을 위한 평생학습도시의 과제 토론회 기조강연 자료.

윤여각(2021c). 긴 호흡으로 이루어 나가는 평생학습마을공동체. 2021 시흥시 마을회담 컨퍼런스 기조강연 자료.

이규선・윤여각・지희숙・장명희(2021). 평생학습마을 성과분석 연구. 시흥시.

〈제9장〉

서근원(2013). **공동체는 어디에 있을까?: 우리 시대의 삶과 문화와 교육, 그리고 질적 연구**. 파주: 교육과학사.

이규선(2017). 평생학습마을만들기 참여실천연구: 시흥시 사례를 중심으로. 공주대학교 박사학위논문.

지희숙・윤여각・김미순・최윤예(2022). **마을공동체 활동과 실천연구: 주민연구자 과정**. 대전: 더블유기획.

内田樹(2023). **레비나스, 타자를 말하다**(박동섭 역). 서울: 세창출판사.

田中輝美(2021). **인구의 진화: 지역 소멸을 극복하는 관계인구 만들기**(윤정구・조희정 역). 서울: 더가능연구소. (원저는 2017년 출간)

Delors, J. et al.(1996). *Learning: The treasure within*. Paris: UNESCO.

Faure, E. et al.(1972). *Learning to be: The world of education today and tomorrow*. Paris: UNESCO.

Nussbaum, M. C.(2020). **타인에 대한 연민**(임현경 역). 서울: 알에이치코리아. (원저는 2018년 출간).

〈제10장〉

강정석(2016). 왜 한국을 버릴 결심을 했을까? 조한혜정・엄기호・최은주・천주희・이충한・이영롱・양기민・강정석・나일등・이규호. **노오력의 배신**. 파주: 창비.

서근원(2020). 지역교육의 대안적 접근. **학교 혁신 다르게 보기: 오류와 대안**. 파주: 교육과학사. 387-425.

안희경(2020). **오늘부터의 세계**. 서울: 메디치미디어.

윤여각(2021). **평생교육론의 시선**. 파주: 교육과학사.

윤여각・김현섭・이화진・박현숙・이부영・양도길・김지연・최윤정・김혜정・이승훈・지희숙(2016). **평생교육의 눈으로 학교 읽기: 학교의 재구조화와 재개념화**. 서울: 에피스테메.

이소영(2019). **홀로 성장하는 시대는 끝났다**. 파주: 더메이커.

조한혜정(2006). **가족에서 학교로 학교에서 마을로: 돌봄과 배움의 공동체**. 서울: 또하나의문화.

조한혜정(2007). **다시 마을이다: 위기사회에서 살아남기**. 서울: 또하나의문화.

조한혜정(2014). **자공공: 우정과 환대의 마을살이**. 서울: 또하나의문화.

조희정(2021). **로컬, 새로운 미래**. 춘천: 강원창조경제혁신센터.

한국공학한림원(2019). **대전환: 한국 산업기술의 대담한 도전**. 서울: 지식노마드.

Beck, U.(1997). **위험사회: 새로운 근대(성)를 향하여**. 서울: 새물결. (원저는 1986년 출간)

Norberg-Hodge, H.(2007). **오래된 미래: 라다크로부터 배우다**(양희승 역). 서울: 중앙북스. (원저는 1992년 출간)

Schunacher, E. F.(2013). **작은 것이 아름답다: 인간 중심의 경제를 위하여**. 서울: 문예출판사. (원저는 1973년 출간)

〈제11장〉

엄태동(2003). **초등교육의 재개념화**. 서울: 학지사.

윤여각(2018). 지역발전과 교육담론. 윤여각・강영희・김미란・김미윤・송성숙・신민선・이승훈・지희숙・최라영・홍은진. **지역사회교육론**. 서울: 한국방송통신대학교출판문화원. 3-27.

윤여각(2018). 한국 평생교육정책 추진체제에 관한 비판적 고찰. **평생교육에 대한 성찰과 전망**. 서울: 국가평생교육진흥원. 38-51.

윤여각(2020). 코로나19가 교육의 세계에 던지는 화두. **평생교육에서 숨 고르기**. 서울: 국가평생교육진흥원. 10-33.

Delors, J. et al.(1977). **21세기를 위한 새로운 관점과 전망**. 유네스코 21세기 세계교육위원회 종합보고서(김용주 외 역). 서울: 오름. (원저 1996년 출간)

Faure, E. et al.(1972). *Learning to be: The world of education today and tomorrow*. Report to UNESCO of the International Commission on the Development of Education. UNESCO.

Sahle-Work, Zewde, S. et al.(2022). **함께 그려보는 우리의 미래: 교육을 위한 새로운 사회계약**(유네스코한국위원회 역). 서울: 유네스코한국위원회. (원저는 2021년 출간)

〈제12장〉

김영민(2018). **동무론: 인문연대의 미래형식**(신판). 서울: 최측의농간.

류석진・조희정・김용복(2020). **로컬의 진화**. 서울: 스리체어스.

조희정(2021). **로컬, 새로운 미래**. 춘천: 강원창조혁신센터.

內田樹 編(2019). **인구 감소 사회는 위험하다는 착각: 저출산, 저성장 시대를 맞이하는 미래 세대를 위한 처방전**. 고양: 위즈덤하우스. (원저는 2018년 출간)

神田誠司(2020). **마을의 진화: 산골 마을 가미야마에서 만난 미래**. 서울: 반비. (원저는 2018년 출간)

田中輝美(2021). **인구의 진화: 지역 소멸을 극복하는 관계인구 만들기**(윤정구・조희정 역). 서울: 더가능연구소. (원저는 2017년 출간)

〈제13장〉

고미숙・정희진・김태형・장회익・남경아・유경(2016). **나이 듦 수업: 중년 이후, 존엄한 인생 2막을 위하여**. 파주: 서해문집.

교육과학기술부・한국방송통신대학교(2013). 40~50대의 제2인생 준비를 위한 교과목 개발 보고.

권인탁・정민승・김진화・현영섭(2021). 제5차 평생교육진흥기본계획 마련을 위한 비전 및 주요과제 설정 연구. 교육부・전북대학교.

김제태(1978). **노후생활과 평생교육: 평생교육현장단상록 및 자료**. 서울: 한국교육공사.

김찬호(2009). **생애의 발견**. 서울: 인물과사상사.

노년교육연구회 편(2012). **은퇴수업: 인생의 2막을 위한 라이프 디자인**. 서울: 학지사.

유범상(2018). No人에서 Know人으로: 시민성 교육을 통한 선배시민 형성전략. **노년교육과 시민성**. 2018년 한국노년교육학회 춘계학술대회 자료집. 3-25.

윤여각(2015). 평생교육 개념의 재검토: 유네스코의 랑그랑・포르・다베・들로 보고서를 중심으로. **평생교육학연구**, 21(4). 31-53.

윤여각(2020). **평생교육에서 평생의 시선과 교육의 위상**. 서울: 국가평생교육진흥원.

윤여각(2021). **평생교육론의 시선**. 파주: 교육과학사.

윤여각・김윤용・김학경・김태정・홍현(2017). 학교 및 지역사회 교육을 지원할 수 있는 퇴직교원 활용 방안 연구. 서울특별시교육청교육연구정보원 교육정책연구소.

정민승・김영빈・김영석(2014). **노인교육론**. 서울: 한국방송통신대학교출판문화원.

이해주(2018). 제3기 인생을 위한 평생교육 탐색; U3A를 중심으로. **인생3모작을 위한 노인교육**. 2018년 한국노년교육학회 추계학술대회 자료집. 107-119.

정진웅(2012). **노년의 문화인류학**(제2개정판). 파주: 한울.

한정란(2001). **교육노년학: 노인을 위한, 노인에 관한, 노인에 의한 교육**. 서울: 학지사.

한정란(2008). 노인을 바라보는 새로운 시각: 노년교육의 관점. **노인교육의 이해: 노인과의 교육적 만남**. 한국교육인류학회·노년교육연구회 추계학술대회 자료집. 1-18.

內田樹(2011). **어른이 된다는 것**(송태욱 역). 파주: 서커스. (원저는 2002년 출간)

Agronin, M. E.(2019). **노인은 없다**(신동숙 역). 서울: 한스미디어. (원저는 2018년 출간)

Beauvoir, S.(2002). **노년: 나이듦의 의미와 그 위대함**(홍상희·박혜영 역). 서울: 책세상. (원저는 1970년 출간)

Minois, G.(2010). **노년의 역사: 고대에서 르네상스까지 서양 역사에 나타난 노년**(박규현·김소라 역). 서울: 아모르문디. (원저는 1987년 출간)

Radebold, Hartmut & Hildegard(2012). **인생의 재발견**(유영미 역). 서울: 알에이치코리아. (원저는 2009년 출간)

Thane, P. ed.(2012). **노년의 역사: 고정관념과 편견을 걷어낸 노년의 초상**(안병직 역). 파주: 글항아리. (원저는 2005년 출간)

찾아보기

인명

내용

『ㄱ』

『 ㅈ 』

『 ㅊ 』

『 ㅋ 』

『 ㅍ 』

『 ㅎ 』

『 기타 』

저자 약력

윤여각

서울대학교 대학원 교육학 박사
(전) 대통령자문 교육인적자원정책위원회 전문위원
(전) 서울특별시평생교육진흥원 이사장
(전) 국가평생교육진흥원 원장
(현) 한국방송통신대학교 울산지역대학장

[저서]
학교평생교육론(2009)
지역평생교육: 사례와 과제(공저, 2013)
평생교육의 눈으로 학교 읽기: 학교의 재구조화와 재개념화(공저, 2016)
평생교육에 대한 성찰과 전망(2019)
평생교육에서 평생의 시선과 교육의 위상(2020)
평생교육에서 숨 고르기(2020)
평생교육론의 시선(2021)
마을공동체 활동과 실천연구: 주민연구자 과정(공저, 2022) 등

평생교육의 접속: 다양한 논의 층위

2024년 5월 25일 1판 1쇄 인쇄
2024년 5월 30일 1판 1쇄 발행

저자와의 협의하에 인지생략

저 자 : 윤 여 각
발행자 : 한 정 주
발행처 : 교육과학사

경기도 파주시 광인사길 71
전화 (031)955-6956~8/팩스 (031)955-6037
Home-page : www.kyoyookbook.co.kr
E-mail : kyoyookbook@daum.net, kyoyook@chol.com
등록 : 1970년 5월 18일 제2-73호

낙장・파본은 교환해 드립니다.
Printed in Korea.

정가 16,000 원
ISBN 978-89-254-1895-7